中世武士团

［日］石井进 著

李春洋 译

长江出版传媒 崇文书局

CHUUSEI BUSHIDAN

© Yasuko Ishii 2011

All rights reserved.

Original Japanese edition published by KODANSHA LTD.

Publication rights for Simplified Chinese character edition arranged with KODANSHA LTD.

through Kodansha Beijing Culture Co., Ltd. Beijing, China.

审图号：GS（2024）3408 号

图书在版编目（CIP）数据

中世武士团 / （日）石井进著 ； 李春洋译 . -- 武汉 ：崇文书局， 2025. 3. --（崇文学术译丛）. -- ISBN 978-7-5403-7816-5

Ⅰ．K313.03

中国国家版本馆 CIP 数据核字第 2025Y0L512 号

出 版 人：韩　敏
责任编辑：鲁兴刚
责任校对：陈　燕
装帧设计：彭振威设计事务所　甘淑媛
责任印制：李佳超

中 世 武 士 团
ZHONGSHI WUSHI TUAN

出版发行：长江出版传媒　崇文书局
地　　址：武汉市雄楚大街 268 号 C 座 11 层
电　　话：（027）87677133　　邮政编码：430070
印　　刷：湖北新华印务有限公司
开　　本：880mm×1230mm　1/32
印　　张：13.5
字　　数：286 千
版　　次：2025 年 3 月第 1 版
印　　次：2025 年 3 月第 1 次印刷
定　　价：98.00 元
（如发现印装质量问题，影响阅读，由本社负责调换）

本书首版为 1974 年小学馆刊行的"日本的历史"第十二卷《中世武士团》。收入讲谈社学术文库时，以同社 1990 年刊行的"文库本　日本史的社会集团"第三卷《中世武士团》为底本，并参照 2005 年山川出版社刊行的《石井进的世界》第二卷《中世武士团》。

目　录

中世武士团的性质与特色

"叫花子大将"后藤又兵卫

大佛次郎有一部叫作《叫花子大将》的作品。从太平洋战争败势已明的昭和十九年（1944）十月开始到翌年三月为止，此书在《朝日新闻》上连载，讲述了"既是大将又是叫花子"的织丰时期勇将后藤又兵卫基次的一生。我至今还记得，当时还是少年的我如饥似渴地阅读这部小说，即便它只是小小地刊载在纸质粗劣而单薄的报纸一角。作者在日本战败后重新为这部小说添写了结局，后来我又读了一遍，依然感到其中有一些无法言明的、不可思议的东西在吸引着我。

作者后来说："我曾经私下觉得，《叫花子大将》是我以过去为背景创作的作品中最好的一部。……一想到在大众文学中，我能拿出这样一部作品，就自觉置身于大众文坛多少还是有一些意义的。"这样的自白在低调的作者身上很少见，也能看出他对这部作品的自信。

后藤又兵卫基次，侍奉在丰臣秀吉阵营中以世间少有之军师、智将而扬名的黑田孝高（如水。最初叫作小寺官兵卫）及其子长政麾下，立下诸多武勋。但他后来还是与主君长政冲突，脱离藩籍，成了举世无双的浪人。最后他进入大阪城，在丰臣秀赖麾下效力，参加了大阪冬之阵和夏之阵，奋勇作战，最终战死沙场。他身上的故事，真可谓波澜壮阔。而贯穿在其中的，便是又兵卫那把强韧又旺盛的"勇战志气"和将"自身名誉"贯彻到底的坚实的精神、刚直之心和不附庸风雅的高洁气质。

中世武将之典型： 宇都宫镇房

在这部作品中，叫作宇都宫中务少辅镇房的武将与主人公又兵卫同样重要。镇房的祖先定居在险阻的要害之地——丰前国城井谷（福冈县筑上郡筑上町），自镰仓时代初期以来已传承十八代了。镇房是典型的扎根于这片土地、土生土长的武将，为人正直而脾气粗犷，是个身长六尺有余，肩宽胸阔、膂力过人的伟丈夫，拿起武器便是有万夫不当之勇的猛将。

秀吉的势力扩展到九州一角时，天真老实的镇房觉得除了服从别无他法，便投奔到秀吉麾下。然而，当秀吉把他的所领[1]城井谷收缴，作为交换而下发朱印状，命令他迁移到伊予国今

---

1 领有的土地。领地。——译注。本书脚注皆为译者所注，后不赘述。

治（爱媛县）时，镇房又很天真地断然将朱印状返还了回去。这并非领土多少的问题。理由是，城井谷是先祖从赖朝公那里领受以来代代相传的所领，不可能抛弃。"散发着土地气味的顽固不屈的神色，蓦地出现在他脸上。"

秀吉见状自然大怒。丰前国六郡被赐予黑田孝高，城井谷便归他所有。秀吉决定不再赐予镇房新的领地。于是，镇房对作为新领主进入中津城的黑田氏，计划以"不许进城井谷一步"的气势进行反抗。全凭弓矢本事，意欲寸步不让。这事关武家的面子，是维护先祖代代在这片土地上积累起来的家族名声的战斗。盘踞在丰前国内的豪族们也群起响应，举起了反黑田的旗帜。由所谓"国众"团结一致发起的反抗在国内蔓延开来。这是天正十五年（1587）的事情。

在此之中，镇房的力量最为强大，抵抗得也最为顽强。血气方刚的黑田长政的正面攻击连续两次遭到了惨败。"一旦进行正经的战斗，城井谷的实力之强劲便超越人们想象。他们是那种会让人感叹'世上还有这么顽固、强大的人啊'的敌人。"但是智将黑田孝高还是技高一筹。就在宇都宫军取得大胜缺乏警惕的那天晚上，黑田军突袭了把守城井谷入口的小城，立刻就攻占了这个坚固的城寨。通过占据这个城寨，他们断绝了平原地区和城井谷之间的联络，换言之，黑田军通过在经济上、军事上实行封锁作战，一步一步地将宇都宫氏的脖子掐住了。

镇房与又兵卫

　　之后封锁持续了一年，宇都宫镇房最终还是被逼到了不得不屈服于黑田孝高的境地，把长子朝房和女儿鹤姬作为人质送进了中津城，就此投降。但是在这之后的一年当中，镇房连一次招呼都没去跟黑田氏打过，依然把要独立的志向摆在明面上。从黑田氏一方来看，这就是无礼。而秀吉那边也不想让做出返还朱印状这种无法无天行为的镇房活命，黑田氏知晓了此事，便计划把镇房邀请进中津城后杀掉他。趁镇房不备杀死他的任务，就落到了家臣当中刚勇无双的后藤又兵卫头上。

　　又兵卫心里一直把镇房看作劲敌。虽然从很久之前进攻城井谷的时候就从心底盼望着和他单挑，但又兵卫坚决抗拒长政"把他邀请来杀掉"的命令，断然拒绝了任务。就在又兵卫和怒从心头起的长政之间仍在对立时，镇房带着一百余骑的手下，突然自行闯入了中津城内。他们做好了和长政发生正面冲突并全员阵亡的心理准备，代代侍奉宇都宫氏的家臣都跟从而来。

　　镇房把家臣留在大门口，只身一人前往里屋与长政会面，应对长政等人趁着推杯换盏间隙发动的袭击，退至走廊欲与家臣汇合时，遇到了又兵卫，最终倒在了后者的枪尖之下。家臣听到声响，拼死力战，最终还是全员阵亡。就这样，城井谷的宇都宫氏一家自此灭亡。

　　《叫花子大将》的故事在此之后，以又兵卫和主人长政的矛盾为线索向前继续，最终发展到了又兵卫说出"自己已经是

无用之人了"，将俸禄为一万六千石的一城之主身份毫不留恋
地舍弃的地步。之后他拒绝了诸位大名投来的任官邀请，作为
一介浪人和乞丐度日。对于这样的又兵卫，仍不肯消气的长政
继续执拗地追寻。另有一人也把又兵卫视作了敌人，那就是宇
都宫一族灭亡之时，受到特别恩准得以活命的镇房的女儿鹤姬。

临近故事的结局，在洛西嵯峨山村的草庐中，鹤姬和又兵
卫两人面对面。突然间，鹤姬被伸出破碗来乞食的又兵卫全身
散发出的自由闲适的气氛感染，面对长年视为杀父仇人的这个
人，还是没能将准备好的匕首抽出来，只是茫然地注视着他离
去的背影。

在这个故事中，作者把又兵卫和宇都宫镇房描画成了两个
一般无二的武人、两个同类之人，所以设定了彼此视对方为劲
敌的关系。读完《叫花子大将》之后，主人公又兵卫自不待言，
在城井谷的土地上生长的武人镇房的风貌，也给人留下极其鲜
明的印象。

镇房背负作为领主定居在同一个地方长达二百余年的宇都
宫家的家族传统。从遥远的故乡下野国侍从而来、世代侍奉他
们家族的家臣之子孙，对镇房怀抱不惜舍弃自身性命的绝对信
赖，并以他的勇气、自信而强韧的性格为核心凝聚在一起。如
立于中心的顶梁柱一般的镇房特有的强大、专心且纯粹的秉性，
朴素而清澈的眼眸，还有那武勇过人、"仿佛能撼动山岳的堂
堂的"姿态，都是作者用心描绘之处，足以打动一众读者。

本书的课题

"日本中世"一般指十一、十二世纪的平安时代后期至战国时代末期这一阶段。毋庸赘言，肩负起这个时代的最具特色的主角，便是武士团。本书的课题，就是把前述"中世武士团"视作"社会集团"，探明他们的真实面貌和特色。但是说到武士团体，近世（江户时代）的统治阶层毫无疑问也是武士。那"近世武士团"和"中世武士团"的区分标准到底是什么呢？

江户时代有名的学者、政治家藤田东湖，评价当时的武士团是"盆栽武士"。只要将军下达命令，大名就必须离开世代居住的领地，转移到新的所领去。这便是所谓的"国替"，或者叫"转封"。他们的家臣也必须跟着一起离开，所以这些近世武士团其实是与"土地"分离的，可谓"盆栽武士"。他们和那些紧密扎根于"土地"的"中世武士团"区别甚大。

从这个角度来看，《叫花子大将》中故意拒绝转封、返还秀吉之朱印状的宇都宫镇房，完全可说是中世武士团最后的典型人物。本书也基于这样的理由，将他置于卷首。

为展现中世武士团的真实面貌和特质，本书适当限定视角，将焦点放在根植于"土地"的本地支配者这个侧面对其解读。

大佛次郎以中世末期，即战国时代的武将作为创作对象。单凭这样的创作来描画中世武士团的特质，可能会使读者有所疑问。《吾妻镜》据说是镰仓幕府官方编纂的日记体史书，其中记录了中世武士团的黄金时代——源平合战时代的武士风貌。接下来我们就来看一看《吾妻镜》中的一节。

镰仓武士的特质（一）：河村义秀的情况

在平安时代末期至镰仓时代初期，有一位叫作河村义秀的武士。他出身于相模国西部，是以秦野盆地为中心崛起的波多野氏一族之人，长于弓马技艺。源赖朝起兵时，他和很多武士一起加入了平氏一方，在石桥山合战中击败赖朝，但在富士川合战之后向赖朝投降。因此，作为河村氏这一苗字[1]来源的河村乡被没收，义秀本人则暂时寄身于大庭景能处。不久之后，赖朝便下令把义秀处以斩首之罪。这是治承四年（1180）十月，镰仓幕府草创期的事情。

但大约十年之后的建久元年（1190）八月，镰仓鹤冈八幡宫的放生会期间发生了这样一件事：在按照惯例应盛大举办的骑射比武活动中，最重要的射手突然出了缺。正在大家都不知所措时，大庭景能来到赖朝面前进言道："安置在我这儿的一名囚犯，名叫河村三郎义秀，长于弓马技艺。治承四年起兵之时跟随敌方的人几乎都得到了赦免。您就趁着这个机会，召见一下义秀怎么样？"（"建久元年八月十六日"条）

1　从同一个氏分出来、以居住之地名而起的家族名。如从源氏分出来的足利和新田，从平氏分出来的千叶和梶原。再如"源朝臣德川次郎三郎家康"这个名字中，"源"是氏，"德川"是苗字。

赖朝闻言怒道："我明明之前命令过要把这个人斩首的。还是头一回听见他还活着，真是岂有此理！"但他接着又说："正值可喜可贺的祭祀期间，我就破例宽恕他吧。快把他召来。但是如果他没那个本事，我可要加重处罚。"这是给了义秀机会。义秀得以大显身手，在场观看者无不心生佩服。赖朝也心情大好，当场饶恕了义秀的罪。

又过了半个月，大庭景能向赖朝报告说："之前的那个河村义秀，我想请您立即对他处以斩首。"（"建久元年九月三日"条）赖朝说："到底是怎么回事？你说的话完全不合道理啊。我以前命令你将他斩首，你私下把他救了下来。我看到他骑射比武的出色表现刚饶恕了他，这回你又要砍他的脑袋，怎么回事？"

景能回答说："是这样的，义秀之前是作为囚犯寄身在我这里，所以我可以施舍于他，让他能够过活。但是不承想，获得饶恕之后，他身为独当一面的武士，便不能再接受施舍了。如今他很是可怜，就快要饿死了。我觉得与其这样，还不如让您把他的脑袋砍了。"赖朝听了把膝盖拍得啪啪响，哈哈大笑，立即就下令把义秀原来的领土河村乡还给了他。

《吾妻镜》中的这段逸事告诉了我们当时武士的特点和真实情况。首先，像河村义秀这样的武士，身为侍奉赖朝的御家人，必须拥有被称为"本领""苗字之地"的所领。没有所领的武士，最后只能接受其他领主的施舍，隶属于后者，否则只能选择饿死。侍奉其他的领主，也就等于进入了那位主人的"家"的内部，服从于该"家"的支配。就算将军赖朝下令处斩，景能仍然能将义秀藏匿十年之久而不为将军所知。这样的事实说明，武士的家，在某种意义上是独立于将军而形成的另一个统治圈。

镰仓武士的特质（二）：涩谷重国的情况

我再来为大家介绍《吾妻镜》中的另一节。佐佐木家有太郎定纲、次郎经高、三郎盛纲、四郎高纲这四兄弟，因为宇治川争先锋等事件扬名。他们都是近江国佐佐木庄的领主佐佐木秀义的孩子。秀义作为源义朝的部下参与了平治之乱，虽然作战勇猛但最终战败，本领佐佐木庄也被平家一方的武士夺走了。

失去领土变成浪人的秀义，在带着孩子沿东海道东投姨夫，也就是奥州平泉的藤原秀衡途中，偶遇了相模国的武士，被称为"大名"的涩谷重国。重国是武藏国的豪族秩父氏的后裔，与畠山重忠是同族。涩谷庄位于相模国中央附近，在相模川东边的台地之上，一直扩展到大庭氏的本领大庭御厨[1]的北方。从重国被叫作涩谷庄司这一点可以看出，重国是通过将这座庄园捐赠给中央贵族或者寺院神社，确保自己庄司地位的当地豪族。

重国结识了向陆奥国方向逃亡的秀义一家后，十分看中这一家人的勇敢品质，就把他们留在了自己家中。之后他将女儿

1　本意是制作供奉给神明的贡品的厨房。作为庄园和领地的名字时，指向天皇家、伊势神宫、贺茂神社、摄关家等进贡贡品的所领。大庭御厨向伊势神宫进贡。

许配给秀义，二人的孩子起名为佐佐木五郎义清。二十年间，秀义一家一直以涩谷重国的客人身份留在他家，而四兄弟中的定纲和盛纲二人前往被流放到伊豆国的赖朝手下侍奉。

这时，战乱突然爆发。治承四年（1180）八月赖朝起兵。定纲等兄弟四人火速投入赖朝麾下，从首战就开始奋力拼杀。另一方面，涩谷重国带着外孙佐佐木义清参与了平氏一方大庭景亲的军队，据说义清在石桥山合战中还拼命向赖朝射箭。可是大庭景亲在石桥山合战中获得胜利之后，立刻去了重国家，说因为定纲四兄弟是造反者，在抓到他们之前需要把他们的妻子儿女作为囚犯拘禁起来，要求重国立刻把他们交出来。重国回答说："虽然我和定纲约好了要照顾他们，但谁也不能遏制他们因为过往情谊而参与源氏军队的意志。我遵照您的催促，带着外孙义清参加石桥山合战，明明立下了战功，您还要无视这份功绩让我交出定纲兄弟的妻子儿女，岂非不合道理？"（"治承四年八月二十六日"条）景亲也认为他所言有理，便就此作罢。

晚上，定纲等人回家后，重国把他们悄悄邀请到仓库款待。因为兄弟当中的经高还没到，重国担心他的情况，派出手下四处搜寻行踪。大家听了重国这人情味十足的行动，无不钦佩。

这就是涩谷重国和佐佐木兄弟的故事。虽说情况多少有些不同，但我觉得这个故事也清楚地表明：失去了本领的武士变成浪人，必须得到领主应有的扶持，而扶持他们的领主有权拒绝外界的引渡请求，也就是说在地武士的"家"支配权的独立性受到社会认可。

西欧人所见"老爷的家"

由镰仓幕府编修的史书中讲述的上述事实，还可以被长期居住在战国时代日本的西欧人的证言证实。

路易斯·弗洛伊斯在十六世纪下半叶从事基督教传教活动长达三十余年，留下了《日本史》等多本著述，可谓是"日本通传教士"。他著有《日欧比较文化》一书，从"男性的风貌和服饰"讲起，以"欧洲人如何如何，日本人如何如何"的句式大量比较、对照欧洲与日本，是一本非常有意思的读物。其中有如下记述：

> 在欧洲，不握有执法权和司法权的人，是不能杀人的。在日本，不论谁都可以在家里杀人。
>
> 在欧洲，人们谴责仆人或者以鞭打从者进行惩戒。在日本，以斩首作为谴责和惩戒。
>
> 在欧洲，已婚和未婚的女性因某种偶然发生的事件而寄身于某处士绅家中时，会在那里蒙受好意，得到援助，安全度过。在日本，如果寄身于某老爷家，这位女性便会失去自由，成为俘虏。[1]

1　本书引文翻译据商务印书馆 1992 年范勇、张思齐译本，见第 108、109、118 页。

虽说是"在日本，不论谁都可以在家里杀人"，但这应该指的是"老爷家"，也就是领主的家，体现了有仆人或随从的主人对"家"的支配权问题。这本书还说在领主的"家"中寄身的女性会失去自由，成为俘虏。有一个能证明这位弗洛伊斯所说的绝好实例，在镰仓时代后期广为人知。

《告白》(『とはずがたり』)中有一节讲的就是这个。高级贵族之女、在后深草院的后宫倍受宠爱的主人公二条，发愿出家后周游列国，途中在船上认识了备后国峡谷地区和智村的地头代[1]。事情就发生在二条逗留在他家时。二条答应了地头代的请求，为他在隔扇上作画，之后未经深思便移居到了附近江田村中地头代哥哥的住处。没想到和智村的地头代勃然大怒道："此人乃长年在我家做事的仆人，逃走之后才刚刚找回，就又被诱拐到江田村我哥哥的家里。这回我一定要把她杀了！"他怒气冲冲地带着一大群人要把她讨回来。幸好这时二条之前认识的地头广泽与三入道参拜神社归来，把二条救了下来。这一事实和两个世纪之后弗洛伊斯所指出的情况惊人一致，说明了在地武士的"家"支配权是有多么强力。

通过阅读上述镰仓时代的《吾妻镜》《告白》，以及战国时代弗洛伊斯的《日欧比较文化》这些性质差异很大的诸种史料

1　在中世时期代理地头执行当地政务的官员。地头，镰仓时代由幕府官方任命的一种庄园官职，拥有庄园及所领的管理权、警察权、征税权。

的记述，我们对于中世武士团拥有与"土地"紧密结合的强大的"家"支配权这一特质，以及其独立性的一面有了初步的了解。

在下面的章节中，我们将阅读《曾我物语》的故事，探寻"中世武士团"的生活和思考方式，然后围绕"敌讨[1]及其周边"这一主题，深入探索上述"中世武士团"的特质。接着在"探访'兵'之宅邸"这一章探寻十世纪的"初期武士团"的实际形态，然后追踪"从兵到镰仓武士团"的发展过程。在倾听现今残留在各地寺院和路旁的"板碑"为我们讲述的武士团历史之后，我们再来重新思考一下"武士团是什么"这一根本性的问题。

接下来题为"小早川的源流（一）（二）"这两章，我们选取安艺国的小早川氏这个唯一贯穿整个中世的武士团为对象，尽可能地解明从镰仓式武士团到南北朝、室町式武士团的变化过程，以及在武士团支配下的庄园的情况等。这大概是本书的一个中心部分。之后在"被埋没的战国城下町[2]"这一章，我以北陆之雄朝仓氏的城下町越前一乘谷为对象，特别结合最近考古学的发掘成果，描画战国武士团的一个侧面。然后在最终章节中，我会回顾剩下来的问题点，思考从"中世武士团"到"近世武士团"的发展意义。以上应该就是本书的构成概要了。

1　日语为"敵討ち"，指君主或父亲等亲人被人杀死时，去杀死犯人以报仇雪恨的行为。与"復讐"不同的是，后者的受害者可以是自己或亲近的他人，受害的形式可以是多种多样的，而前者的受害者必须是与自己亲近的他人，受害的形式必须是被杀死。
2　在大名所住城郭周边发展起来的城镇，相当于大名所在国的首都。

第一章

《曾我物语》的世界

事件的发端

日本三大敌讨

曾我兄弟的父亲河津祐通（又称祐泰）被源赖朝的宠臣工藤祐经暗杀。十几年后的建久四年（1193）五月，赖朝带人于富士裾野围猎之时，曾我兄弟终于杀死了仇敌祐经。这一事件被列为日本三大敌讨的第一位，与赤穗四十七士的忠臣藏、荒木又右卫门在伊贺上野键屋十字路的敌讨并称，自古以来就非常有名。从开场到终幕，完整描写了这一事件的《曾我物语》，在日本文学史上也占有独特的地位。它与讲述了流离英雄源义经之一生的《义经记》一起，被誉为日本中世英雄故事之双璧，为世人长期喜爱。在江户时代的歌舞伎界，以曾我兄弟敌讨故事为背景改编的戏剧也是最受欢迎的题材之一，作为惯例，新年的表演中一定会有曾我故事上演。

《曾我对面》等剧目至今仍在上演。有名的歌舞伎十八番[1]中的《助六》也是从曾我故事中取材，剧中那个锐气十足的男子伊达花川户助六，其实是按照曾我五郎时致的构想来描画的。由此我们也能看出曾我故事的影响之大。

故事发生在以日本代表性名山富士山、箱根山为中心的地域，刚满二十岁的年轻兄弟俩仅靠自身之力，就斩杀了当时幕府的权臣工藤祐经，随后也被杀死的勇敢果决；作为配角登场的镰仓殿源赖朝和以北条时政为首的镰仓武士；两兄弟与母亲以及恋人大矶驿站的虎御前等人的爱情和别离的悲痛；故事中穿插的年轻赖朝的几段罗曼史。《曾我物语》中讲述的这些内容，实在是精彩纷呈，动人心弦。

瞽女的文学

在中世后期的《七十一番职人歌合》（第二十五“盲女”）当中，就描绘了和琵琶法师成对出现的江湖艺人瞽女，一边打着鼓，一边讲述着《曾我物语》中的一节“话说宇多天皇的第十一代后裔，伊东的嫡子中有位叫河津三郎的……”的场景。如果说《平家物语》是随着琵琶法师的讲述而不断成熟的，那《曾我物语》就是由瞽女讲述的文艺。

1　歌舞伎剧中由七代市川团十郎在天保三年（1832）规定的十八个剧目。

信浓国的武士安田庄司友春与表兄弟望月秋长发生口角，最后被杀。之后友春的妻子和其子花若在各地流浪，偶然在近江国的守山和仇人秋长住到了同一个驿站。友春的妻子装扮成当时驿站中很受欢迎的瞽女，让花若牵着她的手来到秋长的座位前，开始演唱《曾我物语》中的一节。之后花若在曾是友春家臣的驿站主人的帮助下成功斩杀了秋长。这便是谣曲《望月》的梗概。其中友春的妻子所唱的那一节《曾我物语》并不见于现今留存的版本，据推测应是《物语》古本的一部分。这样看来，也可以说这部谣曲是证明瞽女讲述《曾我物语》的证据。

如斋藤真一的著作《瞽女——盲眼的江湖艺人》(『瞽女——盲目の旅芸人』日本放送出版协会，1972）等书中那些引人注目的论述所说，直到早些时候，瞽女这些在各地村落云游的艺人还在发挥着很大作用，而在中世，她们主要擅长的表演节目就是《曾我物语》。

十郎的恋人、《曾我物语》的女主角大矶虎，在两兄弟死后为死者祈祷冥福，步行到全国各地进行朝拜，在各处土地上留下足迹。如柳田国男、折口信夫早已论述，她才是《曾我物语》的实际讲述者。她一边行走，一边把自己的切身经历讲述成《曾我物语》，其名字也随着这些讲述更增哀切。

镰仓末期的成书

自中世以来广受喜爱且隐含诸多有趣问题的曾我兄弟敌讨

事件，至今为止反而没有怎么受到专业历史学家的关注。理由
之一应该是能够知晓其时间内容、原因的材料，除了镰仓幕府
编修的史书《吾妻镜》的若干记述以外，几乎只剩下《曾我物
语》了。而据判断，《曾我物语》的成书要等到室町时代，其
中还掺杂了很多故事上的虚构与润色。确实，阅读《曾我物语》
的流布本时，会发现很多史实上的错误，作为史料，它并不能
激起我们的兴趣。

但是《曾我物语》除了作为流布本普及开来的假名本和汉
字假名混合本以外，还有全文使用汉字、用日本风的变体汉文
书写、被称为"真字本"的成体系的古本。据至今为止的研究，
这个真字本才是保持了故事原型的版本，大约成书于南北朝时
代。近年日本文学学者角川源义通过研究作品内容，将其成书
年代又提前了一段，推定其成书于镰仓末期（参照"参考文献"）。
阅读真字本，几乎看不到流布本中的诸多事实错误，而且书中
对东国，特别是相模、伊豆地区的地理记述十分详细而准确，
令人相当震惊。在内容上，本书讴歌赖朝和北条氏一门的繁荣
这一点也很值得注意。另外，如果其成书于南北朝，有些地方
明明可以记述足利氏和新田氏的事迹，但书中这些地方并没有。
从这些点来看，我也赞同角川的真字本镰仓末期成书说。

这样的话，与历史学家喜欢使用的《吾妻镜》相比，真字
本的成书时期没有相距很远。当然，它并非在怀有写成一本史
书的意识之下写就的。但正因为如此，站在幕府高层立场的重

要事件中心主义的《吾妻镜》中所见不到的武士之生活方式、思考方式，以及他们的信仰等，都在这部作品中得到了生动的表现。从这一点来说，真字本是一部饶有趣味的作品。

那么作为进入中世武士团世界的最初窗口，我们先来阅读一下《曾我物语》的真字本吧（此后说到《曾我物语》的时候都默认是真字本，引用原文时则将其改为汉文训读文）。

物语的发端

《曾我物语》的第一幕发生在安元二年（1176）十月上旬，地点在伊豆半岛中央耸立的天城山的东北斜面和山麓地带，被称为伊豆奥野的原野上举办的伊豆、骏河、相模、武藏四国武士参加的围猎场。在今天，山体陡峭的天城山脉中也有许多野兽生息，对于猎人来说是屈指可数的猎场之一，在中世也应该是一样的。

现在的伊东市市区西南部一带的山地，以大室山、一碧湖、伊豆仙人掌公园等景点闻名。伊豆奥野指的是这附近更深处的山野。在这片猎场上聚集的武士总共有五百余骑，接受伊东庄的豪族伊东祐亲的招待，同时在这进行为期七天的大规模围猎。

到了围猎的最后一天，在红叶似火的山中，武士们正恋恋不舍地举行酒宴。酒宴正酣之际，一位年长者说道："诗歌、管弦、蹴鞠、小弓都是公家、仙洞 [1] 的游戏。骑马、步行、掰腕子、跳越障碍，这些才是武士所为。大家一起来比试相扑吧！"于是大家就在野外开始相扑。

当时的相扑运动中还没有土俵 [2]。特别是武士的相扑，是一对一地扭打在一起，实际是一种兼有实战训练意味的技术。比赛粗暴，殴打对方的脑袋，扭打在一起然后擒住对方，或者把对方摔倒、踢倒就算胜利。自诩力气大的武士们一个个报上名来，挑战自己的对手，双双打成一团，最后以大力闻名的相模国武士俣野五郎景久胜出，没有人能敌过他。

年长的相模国武士土肥次郎实平说："真是精彩的相扑对决，要是我实平能再年轻一点的话……"话音还没落，就让因胜利而骄傲自满的俣野一句"来和我比试一场吧！相扑和年龄是没关系的"堵住了嘴。俣野看着在场之人，一边说"没有人要跟我比一场的吗？"一边不慌不忙地准备回去结束这场比赛。

这时报上名的，是伊东祐亲的嫡子河津三郎祐通。他实在气不过俣野那目中无人的表现，也为了给自己元服时的乌帽子亲 [3] 实平雪耻，毅然决然地对俣野发起了挑战。《曾我物语》中说祐通是"温和至极之人"，长于"弓矢之道"，"容姿秀丽，

1　指太上天皇的住所，转而成为太上天皇的别称。
2　日本相扑比赛时的圆形黏土擂台。
3　代理亲人的一种。在武家男子的元服（成人礼）时，代替父亲为其戴上乌帽子、赐予名字的人。一般是可以托付将来的有力人士。

伊东氏的支配地域与《曾我物语》的相关地名

艺能过人，力大刚猛，能挽强弓，射速极快"。他三十一岁，正值壮年，身长七尺，力量和身高都要胜过俣野，还是个皮肤白皙的美男子，正可谓是当时武士的理想形象、万能选手。

比赛开始之后，河津一下子就把朝自己骂骂咧咧的俣野摔了出去。但俣野硬说自己是被地上的树枝绊倒，要求再战，于是又开始了第二次比赛。河津这次把俣野摔飞了出去，在场武士纷纷发出"啊"的惊叹，"哈哈"的笑声一时间传遍了整个山谷。

因说大话而沦为满座笑柄的俣野，拿起武器准备攻击河津以一雪前耻。五百余骑武士或站在俣野一方，或跟在河津身后，一下子分成两队，"这便是往昔武士之习气"。他们立刻穿上甲胄，拿起弓矢进入战斗态势，两阵营之间大约空出二三十米的距离，喊了三次振奋士气[1]的口号。眼看一场大乱斗就要发生，身为年长者的相模国的大庭景能和土肥实平二人及时调解，两军才终止"私战"，达成和解，这次围猎也就此顺利结束。

不久夕阳西下，武士们踏上归途。在回程途中的奥野入口，即赤泽山山麓与八幡山、岩尾山山脚下一个叫儿仓追立的险处，河津祐通突然被后方射来的暗箭射中，落下马来。紧随其后的父亲伊东祐亲也中箭负伤，但还是立即赶到祐通身边护理他的伤势。然而祐通没过多久便气绝身亡。在这红叶似火的山野之中，惨剧就在这一瞬间发生了。

工藤家的由来

暗杀祐通的凶手是天城山北方的大见庄的住民——大见小藤太和八幡三郎两个人。两人很早便是伊东氏一族的工藤祐经的从者，很久以前就收到主人祐经要他们杀掉祐通及其父伊东祐亲的命令，一直在伺机行动。那么为什么同为一族的祐经要

1　战斗开始之前，为了鼓舞士气，对敌人宣告战斗开始而发出的叫声。通常为大将喊出"诶、诶"，之后全军一起喊出"哦"的声音，如此重复三次。

暗杀祐亲、祐通呢？这源自争夺所领失败的怨恨。

祐亲的祖父叫作工藤大夫祐隆（又称家次），出家之后称作久须美入道寂心。工藤氏自称是在平将门叛乱时作为常陆国国司与其战斗的藤原维几的子孙。因为维几的儿子为宪被任命为木工寮的次官木工助一职，便取木工寮的"工"和藤原氏的"藤"二字，称作工藤大夫。这便是工藤氏的起源。之后工藤氏的几代子孙接连历任远江、骏河等国的国司，最后在东海道东部的骏河、伊豆等地定居，成为当地的豪族。世系图中如此记录，但不知真伪。

确凿无疑的是，这一族以伊豆国中部狩野川流域的狩野庄为根据地，是伊豆国衙世袭的有力在厅官人，因此被通称为工藤介，或者狩野介。祐隆应该出自工藤介一族，进入了伊豆东海岸一带，然后成为伊东氏的鼻祖。相传他的祖父是伊豆国的押领使[1]，由此也能看出此族是当时东国地区很常见的那种家族，一边和国衙维持深厚关系，一边成长为有力武士团之一员。

伊豆东海岸一带被称为伊豆东浦庄，据说伊东便是其略称，或者单纯只是"伊豆东边"的略称。根据《曾我物语》，祐隆领有以现在伊东町一带为中心的伊东庄，及其北部的宇佐美庄和南部的河津庄等地。这些地区统称为久须美庄，相传其支配

1　平安时代设置的令外官之一。在平安时代负责统率士兵镇压地方叛乱，多为国司的掾（三等官）兼任。

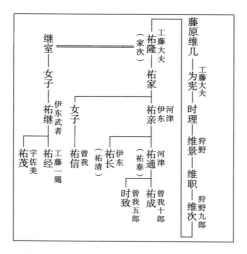

工藤氏世系图。据《尊卑分脉》《曾我物语》绘制

者便是祐隆。这应该是十二世纪上半叶的事情，祐隆应该是当时在各个地方以惊人势头扩张势力的开发领主之一。久须美也好，宇佐美也好，乃至河津，在《和名类聚抄》中都被记为伊豆国下属的乡。大概祐隆是作为伊豆国府的在厅官人之一，一边完成从这些乡收取年贡的任务，一边指导新田地的开发和修建，从而巩固自己支配这些地区的领主位置。

　　如今在流经伊东市中心地带的松川右岸，丘陵从南向北逐渐变窄的那个山冈附近，存在被认为是《延喜式》式内社的古社楠见神社。被称为久须美入道的祐隆的根据地宅邸，应该就在这一带。

祐亲和祐经

祐隆有几个孩子，可惜都很短命，没有合适的后继者。如果没有位于开发和支配中心的人物，这片所领转瞬之间就会消失。祐隆没有办法，只得将继女的孩子收为养子，起名为伊东武者祐继，并把伊东和宇佐美等庄园的主要部分让给了他。另一边，他又觉得幼小的嫡孙很可怜，也把他收为养子，列为次子，起名为河津次郎祐亲，把庄园的一部分，也就是河津给了他。

从某种意义上说，这种处置实属无奈，但对于伊东一族及其后代来说，这确实是埋下了灾祸的种子。祐继本是祐隆与继女生下的孩子，是祐隆的亲生子。然而不知道这一事实的祐亲，在成长过程中开始觉得养子祐继夺走了自己身为嫡孙的地位，十分不满。祐隆死后，祐继和祐亲的关系逐渐变得微妙了起来。

偏偏祐继在比较年轻的时候就患上了重病。他在病床前和祐亲达成了和解，并把年幼的嫡子金石（后来的祐经）托付给他照顾，之后便撒手人寰。祐亲一开始遵照祐继的遗言，让金石娶了自己的女儿，在他元服、改名为宇佐美工藤祐经后，带他一起进京，拜谒支配久须美庄的领家平重盛，最后让他侍奉在庄园的最高领主本家的大宫（对皇太后或生有皇子的内亲王的敬称。不确定具体是谁）身边，一直住在京城。

在这期间，祐经的本领久须美庄实质上处于祐亲的支配之下，且祐亲最终搬到伊东宅邸居住，改换苗字为伊东次郎祐亲。

他还把河津宅邸赐给了嫡子，让他改名为河津三郎祐通。因为祐亲让祐经改氏为宇佐美，所以应该是只打算把庄园内宇佐美这一处地方给他。如此一来，祐经那边可不会善罢甘休。

侍奉大宫这几年，祐经一直在与皇室相关的武者所任职，并晋升到最上位的"一臈"，被人称为工藤一臈。不久之后他便向本家、领家上诉。自此，堂兄弟之间的所领诉讼就开始了。

所领诉讼的发生

一开始是国衙领的久须美地区一带，应该在之前的某段时间被捐赠给了中央的权门势家，之后便被改名为久须美庄了。这就是所谓的"捐赠地系庄园"。开发领主伊东氏虽然将名义上的支配权捐赠给中央，但他们能在本家和领家的权威下担任下司等庄官，从而将在地的支配权更加牢固地掌握在自己手中。

在《曾我物语》中，祐继在中央的武者所任职，自称伊东武者，而《吾妻镜》（"建久四年五月二十八日"条）中称他为工藤泷口，记载他是侍奉在御所泷口的警卫宫廷的武士。这个时候伊东氏和中央皇室的侍奉关系已经成立，其所领久须美庄应该也成了皇室御领。

不久之后，随着平治之乱之后平氏的兴隆，伊东氏为了谋求与平氏结合而开始运作，久须美庄的领家为平重盛、本家为大宫这一关系就此成立。这应该是发生在祐经还在京城的时候。《吾妻镜》（"元历元年［1184］四月二十日"条）也记载祐经曾经在平重盛家中侍奉，所以此时伊东氏可以说已是平氏的家臣，在庄园关系上平氏也是支配者的这一体制就已经成立了。

对于祐经和祐亲的诉讼，本家和领家做出了将庄园平均分配的裁定，但祐经无法接受，最后要以武力攻打祐亲。祐亲也勃然大怒，把女儿带了回去，让她与土肥实平的嫡子早川远平再婚。另一方面，祐亲向本家和领家申诉，主张久须美庄全都是祐亲的所领，全面否认了祐经的支配权。

祐经和祐亲的对立由此变得无法调和，祐经不仅认为祐亲侵占了自己的所领，还将后者视为破坏自家夫妇关系的仇敌。正因为两人是近亲，一旦憎恶的念头燃起，便会愈加激烈。最终，祐经对大见和八幡这两个从者下达了暗杀祐亲和祐通的命令。

曾我之里

一万与箱王

祐通被暗杀的时候，在河津宅邸中留下了五岁的一万和三岁的箱王两名遗孤。《曾我物语》中描绘了这样一个催人泪下的场景：有人指着两个并排而立的卒塔婆[1]，告诉这两个寻求着父亲身影的遗孤"你们父亲就在那中间"，两个孩子便跑到那

---

1 立在墓地上的塔形木牌。

中间四处寻觅。书中还说，父亲祐亲为祐通举行了盛大的佛事，还为了他建立了一座寺院。

现在伊东站南边不远处山冈上的东林寺，前身便是平安末期祐亲建立的菩提寺，再向东五百米便是相传为祐亲墓的五轮塔。在本堂的东侧不远，约三十米的山冈上，有据说是祐通墓的五轮塔，以及相传是曾我兄弟的首冢。附近也有石头堆成的墓，在从前发掘过的经冢当中也出土了陶瓷的壶和钵、青白瓷的盒子、水晶的念珠，以及据判断是平安最末期的六面和镜。

对照《曾我物语》的叙述，东林寺及其附近的经冢等很可能都是祐亲为了祭奠祐通而建造的。

突然失去丈夫的那位遗孀，也同属伊东氏的同族工藤介一门，是狩野介茂光的外孙女。这位遗孀在生下祐通的遗腹子之后，在丈人祐亲的强力劝告下，不情不愿地和相模国的武士曾我太郎祐信再婚。祐信是祐亲的外甥，也是茂光的外孙，和祐通的遗孀是表兄妹。因为祐信的夫人刚刚去世，又是伊东氏的同族，所以事情很快就谈拢了。一万和箱王两个孩子，就跟随母亲搬到了曾我去居住，刚生下的孩子则被祐通的弟弟伊东九郎祐长（又称祐清）收为养子。

探访曾我之里

于是物语的主人公一万、箱王两兄弟由此在曾我之里生活。现在乘坐东海道新干线赶去东京的旅人们，从小田原站发车，驶过酒匂川的铁桥到列车钻进一个叫弁天山隧道的小隧道之间的短暂时刻，在前方左手边能看到一片高约三百多米的连绵丘陵，以及沿着丘陵山麓线呈带状横向分布的一群村落。

这座丘陵便是沿着神奈川县中部海岸坐落的余绫丘陵的西段最高点曾我山，村落便是曾我村。曾我村落的中央附近，离日本铁道御殿场线的下曾我站不远处就是曾我谷津村落。据推测，这里就是一万和箱王兄弟居住的曾我之里，也是两兄弟的继父曾我祐信的宅邸所在地。

在梅花早已盛放而樱花时节尚早的某年三月下旬，我拜访了这处曾我之里。在小田原站搭乘前往下曾我站的公交汽车并在终点下车之后，从站前商店街中间的缓坡稍微往回走了一点，一块写着"曾我兄弟遗迹 城前寺"的巨大看板映入我的眼帘。以此为目标前行不久就能到达城前寺。我沿着通往向曾我山山麓抬升的台地，换言之，通向顶点寺院的台阶爬升，虽说是早春，身上也渐渐渗出汗来。背面被自东北走向的曾我山山棱线遮住，西边和南边则有酒匂川冲刷出的广袤平原铺展开来。相模湾海面的光芒也并非那样遥远。这附近有很多梅林，从村落附近到山顶，向南的斜面都被橘子园所覆盖，风景十分明媚。

城前寺本堂背后的小土堆上，排列着曾我兄弟、他们的继父祐信和母亲满江这四座墓的五轮塔，一旁还立着两兄弟的从者鬼王、丹三郎的纪念碑。本堂内部还供奉着两兄弟和虎御前的木像，还收藏了小时候的一万向不动明王献上的起誓复仇的祈祷文、在富士裾野完成敌讨之后弟弟五郎时致被赖朝饶恕的赦免状，以及虎御前给十郎写的离别信。这里的每一件物品都可以说是讲述曾我兄弟传说演变轨迹的材料。

江户时代后期的天保十二年（1841）完成的地志《新编相模国风土记稿》中有如下记载："曾我太郎祐信的宅邸遗迹，在城前寺的后方，有二三町（一町约一百零九米）见方。四面皆以道路为界，一部分尚有土垒的形状。这些都属于外部围墙，现在里面开垦为旱田，还有民家在此居住。中央部分是一町见方的内部围墙的遗迹，四边是高八九尺（一尺约三十厘米）的土垒。内部也是旱田，曾我氏的子孙这一历史悠久的家系就居住于此。内部围墙东边有一个高达五尺、直径三四间（一间约一点八米）的瞭望用土堆，上面有稻荷神的祭坛和熊野神的祭坛。据说是祐信请神佛用的。"

城前寺西南的尖端，现在明显残留着一个长约三百米的方形台地部分，西侧被从背面的曾我山上流下来的小河"殿泽"所围。这块土地作为中世武士团的宅邸遗迹来说十分合适。据说殿泽的水是用于灌溉的，在宅邸的旁边形成了一个小水池。殿泽[1]这个名字本身也说明，这条河是宅邸主人所支配的河川，可以认为它在宅邸防守上也发挥着重要作用。

在这块土地的内部，似乎还存在曾经用土垒堆成的内部围

---

1 "殿"是接在人名、官阶后的敬称，故作者如此推论。

墙的痕迹。现在痕迹几乎都磨灭了，但位于城前寺本堂后面的曾我兄弟、祐信墓这部分区域，从前可能是南北走向的土垒的一部分。另外位于以前内部围墙处的小字[1]叫作"堀之内"，是非常多见的指称用墙围起来的武士宅邸的称呼。还有几家据说是曾我氏后裔的家庭在附近居住。昭和九年（1934），这里好像还挖出了葬有两兄弟遗骨的骨壶。

堀之内正西侧、城前寺北侧附近的小字名叫"御前田"。"前田"指的是紧靠宅邸前方的田地，是个很常见的地名。特意加上"御"这一敬称，表示这一部分田地曾经是由宅邸主人直接支配的。另外城前寺这一寺名本身，也说明寺院位于城郭的前面。寺院东面、宅邸遗迹外围南部的小字名叫"城横"，也为我们提供了参考。

古代神社寺院的所在

在宅邸遗迹的西北处，坐落于殿泽对岸的便是宗我神社了。其前身是曾我六村的总守护神社小泽明神社，据传曾我祐信把鹤冈八幡宫的神明也请到这里来一并供奉。这座神社的存在使我们得知，连绵在曾我山麓附近的曾我六村的中心地带在这附近。宅邸西北方还有一座名叫法轮寺的古寺。

距宅邸遗迹东方一百五十米左右的地方，有一条源自曾我

---

[1] 过去日本町、村之下的小行政区划名称，常常保留古代名称，目前已废止。

山的剑泽川向南方流去。位于宅邸遗迹东北方，有一条沿着这条河的小字名叫"崇泉寺"。现在这里基本上都是橘园，但自古就时常会挖出五轮塔，应该是真的存在过一座叫崇泉寺的寺院。据说这是曾我祐信给两兄弟祈祷冥福而建的，祐信的法名"崇泉院智岳"也源于此。

需要特别注意的是，有这么悠久的历史，或许还和曾我祐信有关系的古社古寺，正好分布在宅邸遗迹的东北、西北方向。今天日本还存在一种习俗，把东北方向叫作鬼门，做什么事都会避开这个不吉的方向。这种习俗来源于阴阳道，在中世武士的宅邸遗迹也广泛可见在鬼门的方向或者西北角建立神社寺院的现象。

据民俗学者的说法，日本人自古以来就很看重西北方向，认为这个方向存在祖先的灵魂，并加以信仰。这样看来，可能西北方一角自古才是神圣的方向，神社寺院可能就应该建在这个方向。所以在这个曾我宅邸遗迹中也是一样，宗我神社、崇泉寺和法轮寺等神社寺院，和作为宅邸主人的武士之间肯定有密不可分的关系。

山彦山的垭口道

远望于曾我之里东北方连绵的曾我山，能看见曾我谷津村正东方有一个山坳。最高峰海拔三百二十七米的曾我山向南逐渐降低，紧接着便是一座海拔二百四十六米的山峰。一条从曾

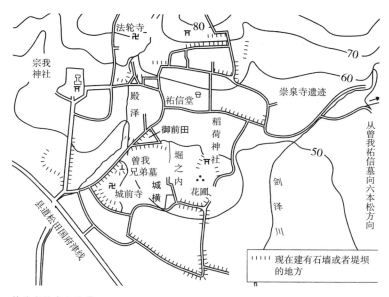

曾我庄的中心地带

我之里向中村庄延伸的道路，就从这两座山峰间的山坳通过。因为此地曾经有六棵古松树，所以得名六本松岭，在《曾我物语》中被称作"山彦山手向"，也就是山彦山的垭口。

现在，"曾我兄弟史迹游览"这条徒步旅行路线以城前寺为起点，通过宅邸遗迹西侧留有曾我五郎为测试力气而踩上足印的"沓石"旁边后东折，接着就翻越这座山彦山的垭口。道路穿过宅邸遗迹北侧之后，过了崇泉寺遗迹，越过剑泽川之后终于开始爬升，到垭口为止的中间位置，正处于翻越曾我山山脊处，立着一座一米有余的宝箧印塔，据说是曾我祐信的墓。

这里是正好能将曾我村庄尽收眼底的绝好地点。这条道路从山彦山的垭口通向曾我宅邸遗迹和宗我神社，说明很久以前人们就在使用它了。

我们围绕着城前寺附近的宅邸遗迹，探索了小字等地名、古代神社寺院和古道。虽然缺少历史学家最为依赖的古文书、记录、著述等同时代的文献，但从以上举出的诸多事实来看，可以基本断定这片宅邸遗迹就是中世时期曾我氏根据地的主要房屋遗迹。

与母亲一起搬到曾我之里的一万和箱王兄弟，应该也生活在此处。

曾我兄弟与东国的武士团

赖朝的前半生

河津祐通在伊豆奥野被杀之后不到四年，源赖朝便起兵，在相模国的镰仓创立了军事政权性质的幕府。赖朝虽然也参加了奥野围猎，但在《曾我物语》中只是仅有一行介绍的流放罪人："流放罪人兵卫佐大人，现居伊豆国，有南条和深堀两位侍从跟随。"即便如此，赖朝在十二世纪末叶点燃了东国对于中央政权的强烈不满与积愤，最终以东国为基盘成功创立了新政权。而在幕府形成这一激烈的历史起伏当中，伊东氏一族的命运发生了巨大的转变。

前面说到，伊东祐亲通过与自己所领久须美庄的领家平重盛紧密结合，成功夺取了祐经等人的权利。所以在赖朝起兵的时候，祐亲和相模国的大庭景亲一起成为关东武士团中最有实力的平氏势力。不应忘记的是，在石桥山合战中袭击了赖朝军后方，使其败走至箱根山中的也是祐亲军。

另外，祐亲和赖朝就祐亲的女儿还有过一段纠葛。据《曾我物语》，赖朝最初对祐亲的三女儿一见钟情，之后两人两情相悦，育有一子，名叫千鹤御前。祐亲进京归来后知晓这一事实，害怕消息传到平氏那里，便把千鹤沉到伊东的松川中淹死。三女儿被从赖朝身边强行分开，嫁给了伊豆的武士江马次郎。不仅如此，祐亲还夜袭赖朝的住处，计划把他杀掉。赖朝接到祐亲之子九郎祐长的紧急通报后从伊东逃了出来，跑到了北条时政那里。这时是安元元年（1175）八月下旬，正好是祐通被暗杀的前一年。

不久之后，时政和第一任妻子生下的女儿，就与赖朝结下了深厚情谊。这位便是北条政子。与祐亲一样进京完成大番役[1]的时政知道这个消息后十分震惊，把政子从赖朝身边带了回来，想要让她嫁给伊豆国目代[2]山木判官兼隆。但是政子坚决拒绝了

1　平安时代后期及镰仓时代的内里和上皇居所各门的警卫。

2　代理官。特指平安末期以后，由国守私自任命，代替不前往任任国的国守在当地管理政务之人。

这场婚事，从兼隆的家里溜了出来，走夜路逃到了伊豆山密严院。不久之后，赖朝也到了伊豆山，两人再次生活在一起。听闻这个消息，兼隆想要攻击赖朝，但因惧怕在伊豆山聚集的僧兵而作罢。书中还说，以后只要赖朝和政子去伊豆山闭居斋戒祈祷，伊豆山权现[1]就会显灵，或者两人还会做暗示着今后将支配日本国的灵梦。

伊东家的没落

这些故事难说都是史实。两位男女的爱情在伊豆山权现面前开花结果的故事，或者像以"开花爷爷"[2]为代表的民间故事中讲述的一样，把北条和伊东两个氏族分别嵌到好人和坏人模子里的讲述方式很需要警戒。但是诸如一开始看管流放罪人赖朝的伊东祐亲，因为女儿的问题开始敌视他；与之相对的北条时政果断地选择在赖朝身上赌一把，最终下定决心起兵等应该可以认为是事实。总之，无论是从所领问题上讲，还是从女儿问题上看，祐亲都是绝对的反赖朝派。

据《吾妻镜》记载，祐亲在富士川合战之前，为了参加平氏一方的大将平维盛的军队而从伊豆半岛南方的鲤名港上船，

1　佛教语，指佛或菩萨为了普度众生而显现化身，或指其化身本身。"权"为"暂时、权且"之意。日本中世的权现信仰认为，佛菩萨为普度众生，变作日本众神的姿态现世。

2　日本著名民间故事，讲述一对善良老夫妻和一对邪恶老夫妻，因为得到一只拥有神奇力量的小狗，前者因为善心变得幸福，后者因为欲念变得不幸的故事。

结果就在这时被生擒，因为女婿三浦义澄的恳求才留得一命，之后在义澄家里被看管了三年。政子怀孕的时候他得到了赦免，但反而选择了自杀。一开始祐亲想要加入的平氏军队的大将平维盛，就是久须美庄过去的领家平重盛的嫡长子。祐亲和平氏的密切关系由此可见一斑。另一方面，祐通之弟祐长（在《吾妻镜》中称为祐清）的妻子，是作为赖朝的乳母而为其尽心尽力的比企尼的女儿，据说祐长还是北条时政的乌帽子子。

不知道是不是因为这些关系，祐长把父亲祐亲夜袭的计划火速报告给赖朝，救了他一命。虽然赖朝把祐长的行为视作恩情并打算重用他，但据说他因为重视对父亲祐亲的孝道而不听征召，反而进京参加了平氏的军队，之后在北陆道合战中与源义仲的军队战斗而身亡；还有传说说他无论怎样都要加入平氏军，最后被赖朝杀掉。无论如何，在平安末期的动乱之中，祐亲一家都踏上了灭亡的道路。

工藤祐经其人

另一方面，对于之前被祐亲一家压迫的祐经等人来说，可谓是一阳来复、暖春又至了。祐经之弟、之前似乎以宇佐美为所领的宇佐美三郎祐茂，在赖朝起兵之初就最先加入其军队中，但在《吾妻镜》中，工藤一臈祐经的名字作为赖朝的亲信出现，是很久以后的平氏西逃之后的事了。祐经应该是一直待在京都，一边在与皇室有关联的武者所侍奉，一边观察天下大势，直到赖朝的胜利已成定局之后，才回到关东在幕府任职的。

不过仅从《吾妻镜》的记载来看，常年身处中央、拥有文化教养的祐经，在赖朝的部下中可谓大放异彩。赖朝在款待平重衡和静御前等从京都而来的俘虏时，祐经作为接待人员不可或缺。特别是静御前在鹤冈八幡宫的神社前庭边唱着"阿静复阿静……"[1]边起舞的时候，祐经正作为演奏者在一旁打鼓，他在关东武士当中也是屈指可数的精通音律歌舞之人。

据《吾妻镜》（"建久五年三月十五日"条）记载，祐经死后，赖朝在观看专门从京都邀请来的流行歌舞名家的表演时，时常落泪感叹道："啊，要是祐经还在的话……"这处记载详细描绘出祐经的才能以及赖朝对他的喜爱。《曾我物语》中称他为赖朝的"宠臣"，实际上他确实是与梶原景时并列的赖朝的有力亲信。除了把其旧日领地久须美庄还给他之外，赖朝还在各国给了他诸多所领，一家甚是繁荣。

曾我祐信的立场

祐亲一家没落、祐经一家上升，旧日势力完全逆转。在这当中，两兄弟的继父曾我祐信又经历了什么呢？祐信和伊东氏

1　源义经爱妾静御前在被俘获送往镰仓后，被赖朝命令在鹤冈八幡宫前起舞之时，基于《伊势物语》第三十二段中和歌而作的和歌。全文为：阿静复阿静，倭文麻线球。安能今反昔，欢叙似从头？（しづやしづしづのをだまき繰り返し　昔を今になすよしもがな）

一门一样，名字中有"祐"字，虽然不知道父亲叫什么，但可以确认他是祐亲的亲族。最开始他跟着平氏一方的大庭景亲一起攻击赖朝，后来投降，罪过也被赦免，作为御家人侍奉在赖朝麾下。《吾妻镜》记载他武艺高强，特别是箭术高超，经常在神社祭祀等活动上担任射手一职。

但在祐亲一家没落之后，曾我祐信的势力绝非很大，只是东国一个小小的御家人而已。他的身份和祐经这样的赖朝亲信、有力御家人根本无法相比。

《曾我物语》说，两兄弟九月十三日夜晚来到庭院中，在明月之下眺望着空中飞翔的征雁，思绪万千。"五只飞雁中大概一只是父亲，一只是母亲，剩下三只是孩子吧。就连不会说话的鸟都是如此，为什么我们的父亲就不在呢？父亲在的话，我们也能骑在马鞍上挽弓搭箭了。如果我们从小开始就是被世人看重的人的孩子，就能随心所欲地行走、射箭了。真是羡慕他们啊。"两兄弟如此互相倾诉的背后，正是前述事情。

曾我兄弟的成长，正好与镰仓幕府的发展处于同一时期。赖朝获准在全国任命守护[1]和地头的文治元年（1185）秋天，哥哥一万在十三岁元服，成了独当一面的大人，取继父曾我祐信名字中的一字，名为"曾我十郎祐成"。弟弟箱王则做了和尚，

---

[1] 镰仓、室町时代的官职名。负责督促兵役，审理谋反、杀人、盗窃等案件，之后也负责治安维持，管理神社、寺院、驿站等事务。最初与国司政务和庄园事务独立，后逐渐侵占这些权力，于室町时代发展为强大的守护大名。

为了给父亲祈祷后世幸福，先作为童仆进入了箱根权现的别当[1]居所。

箱王元服

岁月流逝，到了建久元年（1190）九月上旬，讨伐奥州藤原氏结束之后的赖朝，第一次为了与后白河法皇会面而准备进京。就在这之前，师父箱根山别当终于告诉已十七岁的箱王，让他明天正式剃发出家。

满怀着对祐经的敌意，一直伺机进行敌讨的箱王，这时终于溜出了箱根权现，通宵下山回到了曾我之里。之后在哥哥祐成的陪伴下，箱王拜访了北条时政的宅邸，拜托时政作他的乌帽子亲，进行了元服仪式，并从时政的名字中得到了一个字，改名为曾我五郎时致。

所谓元服，就是当时的成人仪式。在仪式上，幼儿的垂发等头发会被束起来剪齐，然后得到一个乌帽子。年龄上一般是十三到十六岁，比起现代的成人式来说是早了几年。负责把年轻人的头发束起来，给他把乌帽子戴上的，一般是父亲或者家族、近亲中的年长者，抑或是特意拜托的有力人士，这类人就叫作乌帽子亲。经过元服之后，一个人才会在社会上被承认是独当一面的人，所以乌帽子亲就是社会意义上的父亲。

---

1 僧官的一种。总裁一寺的寺务。

镰仓幕府进行诉讼审判的时候，如法官与当事者有一定亲族关系，被告方可以申请其回避。根据幕府的法令（「追加法」72），亲族范围如下："祖父母、父母、养父母、子孙、养子孙、兄弟、姐妹、女婿（含姐夫、妹夫和孙女婿）、丈人、亲家（男女双方的家长）、伯父叔父、外甥侄子、从父兄弟、丈夫或妻子的兄弟、丈夫（妻子进行诉讼时）、乌帽子子"。这则法令作为揭示当时武士社会所公认的亲族范围的材料来说十分有趣，但我想请大家注意的是，其中包含了乌帽子子。

前面介绍过，在《曾我物语》中的伊豆奥野的狩猎场，河津祐通见到自己的乌帽子亲土肥实平被侮辱，毅然决然地向俣野景久发起相扑比赛的挑战。这也表现出了乌帽子亲和乌帽子子的关系。

这样看来，元服正可谓社会人的诞生，当时人的名字也就此正式确定下来。在这之前，比如说一万或者箱王之类的名字都是童名、幼名，只是家庭内部的称呼。元服之后的曾我十郎祐成、五郎时致才是公共意义上的姓名。其中，十郎、五郎是被称作假名的"通称"，而祐成、时致则被称为"实名"。按照惯例，实名中需要含有其家族中共通的"通字"，或者乌帽子亲的实名中的一个字。祐成的"祐"是伊东氏一族的通字，时致的"时"则来自乌帽子亲时政。

北条时政与曾我兄弟

一个很重要的事实是，曾我时致的元服是在北条时政的家中，以时政为乌帽子亲举行的。《吾妻镜》（"建久元年九月七日"条）也记载说，时政代替五郎的父亲给他元服，并送给他一头茶色皮毛的马。在这之后书中又特别说明，虽然两兄弟的祖父祐亲曾经攻打过赖朝公，但其子孙已经得到饶恕。哥哥祐成跟着继父祐信居住在曾我庄，但因是"不肖"之身，所以不能作为御家人侍奉将军家，而是一直出入时政的家。所以这一晚五郎的元服绝无其他的深意。

很明显，这段文字是在知晓两兄弟敌讨事件的情况下写就的。从这部分我们能够看出，以北条氏一族为中心编修的史书《吾妻镜》的立场之微妙。但是，哥哥祐成不是正式的御家人，而是经常出入时政家中的武士；弟弟时致是时政的乌帽子子，也不是御家人，那我们就不得不认为，曾我兄弟的身份实质上就近似于北条时政的从者。

《曾我物语》中有一些段落说，时政是两兄弟的姑父。目前还没有发现有史料能够印证这一传说，但如果是真的，时政的妻子就是伊东祐亲的亲生女儿，或是义女了。另外《曾我物语》还说，两兄弟的叔叔伊东祐长是时政的乌帽子子。北条氏和伊东氏曾经并立于伊豆中央地带和东岸附近，两者通过婚姻或亲族关系连结在一起也毫不奇怪，只是家族没落之后，两兄弟仍接受时政的庇护就很值得注意。

与两兄弟有关的东国武士

违背母命私自下了箱根山，作为时政的乌帽子子而元服的五郎，被母亲断绝了母子关系。但无论怎么说，伊东氏都是伊豆的豪族，家族一门和亲戚当中实力者众多。《曾我物语》中记述道："三浦介义澄是两人的姑父，他们游玩了五六日。和田左卫门义盛是两人的姨夫，便又去那里游玩了二三日。涩谷庄司重国是两人母亲那边的表姐夫，也待了五六日，本间、海老名和两人母亲的娘家关系密切，也玩了二三日，涩美（现在的二宫）那边有两人的姐夫，在这里也待了十四五日，早河（川）那边有两人的姑父，在那里也玩了十四五日。秦野权守是两人的堂姐夫，在这里也待了五六日。就这样这边游乐，那边骑射，两三月的时光飞驰而过。"可见相模一带的有力武士团几乎都是两兄弟的亲戚，他们似乎就游走于各个人家里得以度日。把书里记述的逗留天数看作是亲疏关系的量表的话，这些数字就很有意思了，其中距离曾我之里较近的姐夫二宫氏和姑父土肥（早川）氏的日数最多。

这时候武士团的婚姻关系其实还不甚明了。而《曾我物语》对伊东氏一门亲族关系的记载是非常珍贵的史料，将其整理起来就成了46、47页的世系图。在镰仓幕府成立期活跃的相模、伊豆的有力武士团几乎全部在这里，像闪烁的繁星，蔚为壮观。

曾我兄弟的母亲是伊豆豪族狩野介茂光的外孙女。茂光是伊豆国府中有力的在厅官人，实力可能远超北条时政。他随赖

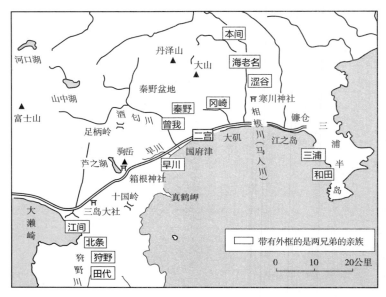

曾我兄弟的亲族

朝起兵，在石桥山合战中战败之后自杀，但留下了九个女儿，分别嫁给了各地的豪族，家族成员极多。两兄弟的外祖母也是其中之一。据《曾我物语》记述，两兄弟的母亲一开始嫁给当时伊豆国的知行国主源赖政的嫡子伊豆守仲纲的乳母之子，即担任伊豆国目代的左卫门尉仲成，生有一男一女。但仲成辞任目代进京之后，她便留在伊豆由外祖父茂光照顾，后来与河津祐通再婚生下了两兄弟。

在当时的地方社会，地方豪族让女儿与来自中央的国司或者目代结婚生子，丈夫任期结束后回京，其孩子就留在母亲身边,由母亲的家族抚养,长大成为新的当地豪族。这种例子很多。在《平家物语》中可以看到,同样是狩野介一门,茂光的一个女儿与当时的伊豆国守为纲之间生下了田代信纲,并在茂光家中抚养。之后信纲成为狩野庄内田代乡的领主,作为武士建立起了一个新"家"。

曾我兄弟的母亲与知行国主源赖政的目代结婚,在时间上可能有些不自然,但她的首任丈夫是身份相似之人应该是事实。两兄弟的异父兄姐就是这样出生的,其中姐姐嫁给了相模武士中村、土肥氏一门的,位于曾我东边的涩美的地头二宫朝忠。哥哥名叫京小次郎,之后在曾我和母亲住在一起。

亲族关系的作用

两兄弟的一位表姐妹,是相模大名涩谷重国的妻子,母亲的一位异母姐姐是相模中部的豪族本间权守的妻子。三浦氏族人、幕府初代侍所别当和田义盛也是两兄弟的姨夫,所以两兄弟的一位姨妈应该是嫁给了义盛。另外相模国分寺附近的豪族海老名和两兄弟母亲一方也有亲缘关系。很多姐妹都和相模的武士有关系,是母方亲族的特色。

父族伊东氏已如前所述。父亲祐通的弟弟九郎祐长(又称祐清)娶了赖朝的乳母、武藏国比企郡郡司比企扫部允的三女儿,与自流放罪人时代就服侍赖朝左右的安达盛长是连襟。

祐通和祐长的姐妹当中,长姐嫁给了相模豪族三浦氏的长

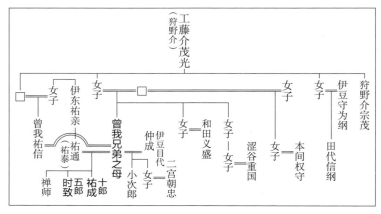

曾我兄弟母亲一方的亲族图

子三浦介义澄，二姐最初嫁给工藤祐经，后来又嫁给了相模豪族土肥实平的长子早川远平。三女儿就是最初赖朝的恋爱对象，后来据说和伊豆的武士江马次郎结婚了。另外还有，北条时政的第一任妻子相当于两兄弟的姑姑，相模的大名冈崎义实也是两人的姑父，以相模的秦野盆地为根据地的豪族波多（秦）野权守能常好像也是两人的堂姐夫或者堂妹夫。

总之根据记载，曾我兄弟周围的相模和伊豆的有力武士几乎都是他们的亲戚。这应该是能够说明当时武士团的通婚圈之广的一个良好案例。

虽然近邻的武士团相互之间几乎都有着婚姻关系或者亲缘关系，但我们也不能认为当时东国社会亲缘关系的纽带总是把大家都牢牢连结在一起。毕竟这些武士团自赖朝举兵以来就分

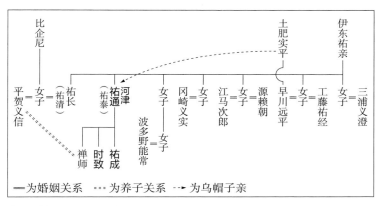

曾我兄弟父亲一方的亲族图

成两派互相攻击的事实，已不用我们特意去回顾。

　　至于曾我兄弟，虽然有很多亲族对他们抱有好意，但一说到实行敌讨，那就没那么简单了。《曾我物语》中有这样一个场面，哥哥祐成想要去请求姐夫二宫朝忠的帮助，而弟弟时致劝告哥哥说："如果是丈人和女婿的话，两人就会合作实行敌讨。毕竟丈人的敌人会想要女婿的命，女婿的敌人也会伺机加害丈人。但小舅子身上就不会发生这种事了。这个世上怎么会有参与小舅子的谋反，自己身死，还让妻子流落街头的姐夫呢？"

　　连同母的哥哥京小次郎在听到他们的敌讨计划时都说："现在已经不是敌讨的时代了。如果有怨恨或不满就去找镰仓殿提出诉讼，或者到京都去找庄园领主申诉，取得院宣或者宣旨，让他们把这个人作为公敌惩处。"根本不参与他们的计划。

富士围猎

动身去敌讨

　　成人之后的兄弟二人，互相鼓励着想杀掉仇敌祐经，实行地点首先选在了越过箱根山通往镰仓的各处驿站。他们想要在小田原、佐河（酒匂）、古宇津（国府津）、涩美（现在的二宫）、小矶、大矶、平冢等地的驿站中，杀掉在镰仓和根据地伊东庄之间往返的祐经。作为权宜之计，十郎祐成去拜访了聚集在各处驿站的游女和白拍子 [1]。在这个过程中，他和大矶驿站的游女虎御前逐渐亲密了起来。据说她是在平治之乱中遭受连坐成了流民的京都下级贵族与驿站游女所生的女儿，这一年十七岁，是个美女。十郎和虎御前的悲恋故事，是点缀《曾我物语》的花朵，此故事进入歌舞伎的世界之后更是萌生出了多种意趣。

　　建久三年（1192）七月，后白河法皇去世，从很早以前就和赖朝处于合作关系的九条兼实掌握住了朝廷的实权，赖朝获得了征夷大将军一职，多年夙愿得以实现。名实两方都确保了将军地位的赖朝，好像等不及法皇的一周年忌日过去似的，翌年三月到四月在下野的那须野、信浓的浅间山麓的三原野，五月在富士的裾野连续举行了几次大规模围猎。之前在东海道的各个驿站袭击祐经失败的曾我兄弟觉得这是天赐良机，振奋起

1　平安时代末期兴起，盛行至镰仓时代的一种歌舞，也指以这种歌舞为业的舞女。

来准备参加围猎。故事终于极速推向最后的高潮场面。

在下须野和三原野的围猎中，两兄弟没有特别的许可，只带了一两个带着蓑衣斗笠和兵粮米的下人，自己也是徒步前去。虽然两人打算一有机会就接近祐经，但在没有马匹，连弓矢都没有的状态下，这肯定是没有希望的。两人只能毫无收获地回家，把下次在富士裾野的围猎看作最后的机会，抱着必死的觉悟出发。

临行前两人与亲密之人诀别的段落，是《物语》最为哀切的部分。出发去裾野的那天早晨，十郎和虎御前在曾我之里一夜春宵之后，互相穿了对方的小袖[1]，想要分别却无法分别。虎御前从曾我之里出发，向东越过山彦山的垭口，踏上了通过中村庄的"中村大道"，之后回到大矶驿站。十郎送她回去，不禁送到了垭口处。在这里两人又是反复哀叹离别。

与母亲诀别

一边频频回顾，一边急忙下山的十郎，在曾我宅邸劝解母亲再次接受断绝关系很久的五郎。得到原谅之后，三人对酌诀别。两兄弟说，就算看一眼富士围猎的样子也好，想要当作今后的回忆。对着这样的两兄弟，母亲一句一句教训道："千万不要和别人打架、吵架。特别是不要和大名的孩子交往。富人鄙

1　一种贴身的窄袖长衫便服。

视穷人，会对穷人出言不逊，不要责备他们。要是责备了，他们就会说你们脾气大而怨恨你们，如果不责备的话他们只会嘲笑你们不谙世事罢了。我们和三浦、镰仓、和田、畠山、本间、涩谷、中村、松田、河村、涩美、早河的人们关系都很不错，要跟他们一起行动。不能因为自己内心急躁，就去射猎场中的鹿。你们还没有拜谒过赖朝公，所以不要带着弓矢去。谋反人伊东祐亲的子孙还没有获得赦免，陪在将军身边的话可能会受到惩罚。千万不要惹出事端啊。"她对两兄弟寄予希望，还把小袖借给他们，叮嘱他们从猎场回来之后一定要还回来。已经决定要做最后诀别的两兄弟，与没意识到这一点的母亲对比，更加激起读者的哀伤之情。

两兄弟走过长年住惯的宅邸的各处地方，对着庭院中的花草树木依依惜别，还特意避开了宅邸门口，选择从马厩后面的围墙破洞离开。在死者出殡的时候，遗族会畏惧被灾祸波及，便去造一个临时的门，从这个门把棺材运出去。这种风俗广泛分布于各地。两兄弟这时已经把自己当作死人来行动了。

跟着两兄弟的有丹三郎、鬼王丸这两个长年侍奉的从者，还有三个随从。这回两人选择乘马西去。曾我之里的西面是被酒匂川的湍流冲刷出来的低湿的冲积平原，而从曾我出发，经永冢、桑原等村落，然后从富士道桥跨过酒匂川是久为人行的道路。这里是丰后国大名大友氏苗字的发祥地，其本领大友村就在离这北部不远处，而曾是小早川氏一族所领的成田庄和饭泉村，则位于这条道的南方。

《曾我物语》中记述说，两兄弟"从桑原的田地中出发"，回望故乡、吟咏和歌过后，到了"田村大道"上。"田村大道"是从足柄路、箱根路通向镰仓的道路，是一条贯穿秦野盆地、在距离现今河口约八千米的上游平冢市田村跨过相模川的古道，据说两兄弟走的就是这条路。

跨越箱根

在这里，十郎说想要跨过左手边的足柄之后尽早赶往富士裾野，而五郎说要参拜完箱根权现之后再去，最后两人还是来到了箱根路上。通常蹚水可过的酒匂川（也叫丸子川。当时的河道应该位于现在的西面），正巧因为梅雨，已经涨到看不见浅滩了。两人下水涉过波涛滚滚的河川，从早川向箱根赶去。他们从汤本踏上汤坂的上坡路，到汤坂岭时，回首远望，还能看到曾我之里早上的炊烟尚未散去。从酒匂川和国府津的驿站每次远望高丽寺山的时候，都会不由得想起自己的故乡，还会想起大矶虎的身影。

给自己加油鼓劲过后，两人再次进发，在大崩的下岭（箱根的大崩岭，指在海之平和山伏岭中间地带跨过芦之湖西边的外轮山的巨大垭口。下岭指的应该就是那前方从汤坂到箱根权现之间的这段垭口）偶然遇见了姐夫二宫太郎朝忠。二宫太郎说自己生了病，正在从富士围猎回家。他看到两兄弟骑的瘦马，

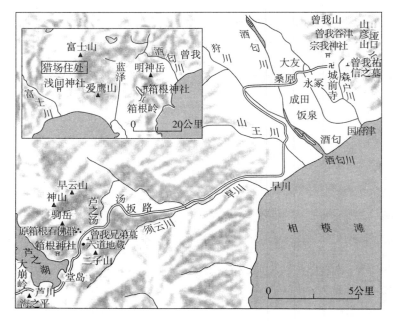

从曾我到富士猎场

　　觉得两人根本不像是要参加围猎的样子，便邀请他们说，与其去围猎，不如到家里来一起骑马射靶。但两兄弟拜托他给姐姐传话之后就与他分别了。

　　不久他们到了矢立杉。就和站立在各处垭口道路和群山边界的同名杉树一样，这棵杉树也是古来武将、旅人向权现进奉上矢（指上差矢，即插在箭筒表面的镝矢或双头箭）的神木。两兄弟也向矢立杉射出上矢，之后参拜箱根权现，拜别五郎曾经的师父箱根别当，路过浮出芦之湖的堂岛旁边，走过芦川驿站，跨过名叫巅七里、山七里、野七里的大崩岭。这是我们得以知晓中世跨越箱根的古道情况的重要记述。它表明急着赶往富士裾野的曾我兄弟之所以要特意跨越箱根山，是因为这本《曾我物语》的叙述者是与箱根权现关系颇深的盲人女性。

富士裾野的狩猎

在伊豆奥野的猎场开幕的《曾我物语》，现在终于要在富士裾野的围猎场闭幕。书的序幕和终幕都选在了猎场绝非偶然。中世的武士经常被叫作"弓矢取"或"执弓矢者"，骑射技术是他们最大的技能。除了实战以外，狩猎是武士技能最好的展示场，也能当作战斗训练。视中世是日本狩猎史上的黄金时代也是理所当然的。建久四年（1193）的这次富士裾野围猎，拥有中世第一狩猎的象征性意义。

直到今天也被称作"matagi""山立"等的狩猎民，持有很多保障他们特权的祖传文件。他们把参加富士围猎这件事看作是自己的特权证明，经常十分骄傲地把这些经历写入文书之中。《曾我物语》中，富士野狩猎是全篇最精彩的篇章，对这一部分的记述也是惊人的详细。我们先从《吾妻镜》（"建久四年五月八日"条以下）的记述开始介绍。

五月八日，赖朝率领众多将士从镰仓出发去骏河国富士野的蓝泽进行夏狩。上个月二十八日，他才刚刚结束历时一个多月的那须野和三原野的狩猎回到家中，由此可见他多么热心于此。富士山的山脚向着东南方向缓缓伸展，在这个方向，富士、爱鹰两座山与箱根外轮山之间铺开的原野就是蓝泽，是个横跨骏河、伊豆两国的宽阔猎场。同月十五日，在蓝泽的狩猎结束，他们大概是越过了富士与爱鹰的鞍部，这次移动到了位于富士山的西南斜面，即现在富士宫市北部一带的富士野猎场。

骏河国的守护北条时政与伊豆国的在厅官人合作，向南建造了一座柱间有五间[1]的临时住所，参加围猎的御家人们的临时住所也在附近鳞次栉比，盛况空前。因为十五日是六斋日，忌杀生，所以停止狩猎，他们从附近东海道的手越驿站和黄濑川驿站召来了许多游女，在酒宴中度过了一天。

赖家射鹿

十六日，狩猎重新开始。这一天，赖朝与政子的嫡子、虚岁十二岁的赖家，精准地射中了一头鹿。赖朝大喜，极力赞赏了在场辅佐赖家的相模武士爱甲季隆，此日的狩猎也随之终止。入夜之后，在现场举行了矢口祭，就赖家捕获猎物一事对山神表达感谢。赖朝和赖家在竹子丛生的原野上铺上行縢[2]席地而坐，千叶介常胤、北条义时、三浦介义澄等杰出武士也多在旁作陪。

这时，在射鹿现场附近立下巨大功劳的弓箭名手工藤庄司

1　柱间指宫殿、房屋、桥梁等柱子与柱子之间的长度。间，日本长度单位，一间约为1.818米。

2　指武士进行旅行或狩猎时包裹两腿的布帛或者毛皮。

景光、爱甲季隆，还有两兄弟的继父曾我祐信被叫了进来，相继向山神进贡由北条义时准备的黑、红、白三色的矢口饼，分三口把饼吃掉之后发出战斗的呐喊。赖朝好像也想亲自加入这项祭神活动，期待着有人能对他说"敬请将军亲自参与"。虽然他对祐信问道："第三个是谁啊？"但祐信不吭一声地迅速完成了仪式，让赖朝非常遗憾。由此可以看出祐信这位弓箭名手死板而不知变通的性格，十分有趣。赖朝给了三人马匹、马鞍、直垂[1]等赏赐，三人也向赖家赠送了礼物。接下来酒宴开始，全员酩酊大醉。势子[2]们也都得到了势子饼。

射中的意义

武士子弟参加狩猎第一次射中猎物，不仅是他们事实上的成人式，是他们武艺得到的证明，也是被山神赐予了猎物，即获得神明祝福的证明。赖家射中鹿之后，当天的狩猎就此终止，就能证明其重要性。

赖朝还立即派遣自己的心腹家臣梶原景高赶去镰仓，将事情经过报告给政子，可见其喜悦程度非比寻常。但是政子的反应极为冷淡。"武将的嫡子在原野上射中鹿或鸟是理所当然的。就为这个紧急派遣使节来报告，鲁莽也要有个限度才是。"景

1　日本古代到中世时期，庶民和地方武士穿着的一种上衣。方领、带胸扣、附带绑袖口的绳结，将下摆掖进袴（一种下装）中穿着。

2　指狩猎时帮助轰赶鸟兽的下人。

高被狠狠地骂了一顿，丢尽面子，再次回到富士野向赖朝复命。《吾妻镜》没有记述这件事的后续。这段轶事一直被当作突显日后之尼将军的政子贤妇形象的素材，以与溺爱孩子的赖朝对比。但是收到这份报告的赖朝，恐怕会在心里慨叹"她真是什么都不懂"吧。

《狩猎传承研究》（参照"参考文献"）的著者千叶德尔，对于为什么赖朝要在这个时期举行一连串前无古人后无来者的大规模狩猎这个问题，大致给出了以下解释。

他认为，赖朝在文治五年（1189）成功完成奥州征伐，翌年建久元年（1190）首次入京与后白河法皇进行会谈，并被任命为右近卫大将。建久三年法皇去世，他多年以来就任征夷大将军的夙愿终于得偿。由此成为名副其实的全国性军事政权首长的赖朝，在此时举行大规模围猎、祭祀神明活动，应该也是感到有必要向神明询问今后是否仍然拥有作为统治者的资格。

如此思考，赖家第一次射中鹿这件事的意义就十分重大了。这说明神明已经承认，他年幼的嫡子拥有继承幕府这一军事政权之首长地位的资格了。赖朝对于这件事所表现出的非比寻常的喜悦，不这样看待就没法解释。

此后不久，对于已经铲除掉义经的赖朝来说，身边仅存的一名血亲范赖，也被他以近乎只能认为是找茬的理由逮捕、幽禁，不久之后被杀掉。这就是确立后继者赖家的地位之结果吧。范赖没有参加这些围猎，不，应该说他没有被允许参加。我们必须注意这一点。

以上就是我用自己的话概括的千叶氏的部分见解。这一说法明显补充了历来被忽视的重要观点，特别是指出了这次围猎的政治性意义，可谓卓见。

老武者遇山神

《吾妻镜》对于富士野狩猎的叙述还在继续。五月二十七日，武士们从天亮起就把势子们动员起来，狩猎了一整天。射手们都展现出了高超的技术。这天有一只"无双大鹿"从赖朝面前跑过。以善射而闻名的甲斐豪族工藤庄司景光请求一定要让自己来射这只鹿，接着策马追去，瞄准左边的鹿放出一箭，然而没有命中。他接着又放了两三箭，但都没能命中，鹿跑回原来的山里去了。景光扔掉弓箭，双手支撑在地上，跪伏在赖朝跟前。

"我从十一岁开始以狩猎为业，到今天七十多岁，还没让从左手边看见的猎物逃过一次。可是今天面对那头鹿，我感到精神恍惚，最后还是落得如此结局。这只鹿肯定就是山神的化身，我的命运也将终结于此。之后大家就知道我说的是对的。"

这天傍晚，景光就生病了。赖朝本想因此终止狩猎回镰仓去，但在老臣的劝阻下还是继续进行了。

在这之前经常在《吾妻镜》中登场的景光，之后一下子就消失不见了。他恐怕是因为这次事件去世了。中世的书籍中记载狩猎的情况时，会出现"鹿之大王""野猪大王"这样的表达。在《曾我物语》中也是一样。它指的就是巨大的鹿或野猪，可能被时人视作有山神附体。这只"无双大鹿"应该也是如此，只是因为老练射手景光的话而流传了下来。狩猎中带有的宗教性质正好也得以体现。

围猎的情景

另一方面，《曾我物语》又是怎么描绘富士野围猎的呢？向三岛大明神祈祷过后，两兄弟望向左手边向着自己出生的故乡伊豆伊东和河津蔓延的群山，之后一边仰望着右手边高耸入云的富士山山顶，一边向西边的裾野前进，跟随赖朝到达了猎场。两兄弟混入猎场的人群中，准备一有机会就射向祐经。

有一次他们遇上了追赶野鹿的祐经，但就在十郎想要调转马头准备绕到祐经右侧的时候，胯下的马被杜鹃花的根绊了一下，让仇人逃走了。因为是左手持弓，右手拉弦放箭，所以左边的目标更容易射。因而刚才的工藤景光才会说"还没让从左手边看见的猎物逃过一次"。无论是狩猎还是实战，这都是一样的。这一天，两兄弟最终还是没能射杀祐经。

从第二天开始，围猎举行了三天。所谓围猎，就是派出大量的势子，把山上的野兽赶下山来，在山脚下的原野上把猎物围起来任意射杀。那天，在赖朝的御前，人们选出了四十名有名的射手，两人一组，互相比试技艺。

在左侧山丘和右侧山丘列阵的射手们，奔向正好被赶到中间的跑下山的猎物，准备挽弓便射。

在《曾我物语》中，第一到第二十组在猎场的打扮都是同样的，里面穿着小袖，外面套着直垂，下半身裹着鹿皮或熊皮的行縢，头戴竹笠，持弓骑马。不仅如此，书中把这些人装束的花纹都一一描写，如同一幅色彩斑斓的画卷。这些描写连同他们获得的猎物，实际上反复讲述达二十次。从这可以看出，参加这次围猎，特别是被选为射手这件事，对于武士来说是何等的荣耀。

历时三天的围猎到了最后的傍晚，从上面的山峰上，"两头大鹿大王"冲到曾我兄弟的面前。就在两兄弟即将完美射中猎物之前，他们想到要避免无益的杀生，就故意把它们放跑了。

紧接着，从上面山峰上又冲下一只身中两箭的"野猪大王"，一边怒吼着，一边奔着赖朝御前冲去。伊豆国御家人仁田四郎忠常见状立即丢掉弓矢，跳下马来，纵身骑到野猪背上，拔出腰刀连刺。野猪跑了三町[1]左右，最终还是被刺死了。这成了那天最值得看的好戏，人们的欢呼声久久不能停止。

---

1 距离单位。1町为60间，360尺，约为109米。

夙愿得偿与《曾我物语》的成书

敌讨成功

终于到了五月二十八日夜里。赖朝的临时住所位于富士山西山麓、现在的白丝瀑布附近，在曾经的骏河国小林乡井出这个地方向南而建，外边围着两层篱笆墙，四面设有大门。在内侧，诸国武士或是建造临时住所，或是围上巨大幔帐，抑或是枕着树根草根，紧张地警备。跟随来的多数下人和势子也都在这周边露宿。十郎为了观察四周情况而在各处走动，受到了敌人祐经的盘问，被他请进了住所当中。十郎加入了他们的酒宴，看准了房间内部构造，之后逃了出来，回到了五郎所在的地方。

两兄弟在这里给母亲写了最后一封信，把一直跟着他们的下人丹三郎、鬼王丸叫了过来，让他们带着信回到曾我之里。之后两人举着小火把冲进了祐经的住处，斩杀了祐经及同屋的备前国吉备津宫神官王藤内，完美地为父亲报了仇。王藤内之前犯下与平氏合作的罪过，长时间被拘禁在镰仓，靠着祐经说情总算是得到赦免，其旧日领地也物归原主。作为感谢，他选择了和祐经一起行动。从他的例子也能看出祐经的权势之大。

之后，已经决心赴死的两兄弟齐声喊道："我们的声音应该可以传得很远，你们也都看好了。就在刚刚，曾我冠者[1]们在主

---

1 元服之后戴冠的少年。可引申为年轻人的意思。

君的宅邸阵营之中，击杀了我们的杀父仇人工藤左卫门尉祐经，现在就要去往别处了。有胆量的就来把我们留下！"据《吾妻镜》记载，二十八日的深夜里，雷雨声像打鼓一般，听到声响赶来的很多武士都被两兄弟砍死或砍伤。

但是奋战的两兄弟还是寡不敌众，终于显出了疲态。十郎被刚才杀死大野猪的、武名显赫的仁田忠常抓住机会斩杀，断送了虚岁二十二岁的生命。五郎毫不屈服，奔着赖朝的宅邸冲去，与赖朝的马厩小舍人童 [1] 大力的五郎丸等人扭作一团，最终被生擒。

五郎与赖朝的问答

第二天早上，五郎被带到了赖朝临时住所的前院。《吾妻镜》对这一场景的描述十分简洁。在北条时政、千叶介常胤等有力御家人面前，狩野介等人审问了夜袭的理由。五郎大怒道：

> 我祖父祐亲被杀之后，子孙没落，就连见赖朝公一面都不被允许。但我这回是最后一次上报我内心所想了，就不通过你们了。我要直接禀告，你们都给我退下！

赖朝想了想，直接和他开始一问一答。

1　侍奉公家或者武家的干杂活的少年。

"为什么要杀祐经？"

"为了给我父亲的尸骸受到的耻辱雪耻。我们两兄弟从小就想着向祐经复仇，一刻也不敢忘，现在终于报仇雪恨了。"

"那你为什么要向着我的住处冲过来呢？"

"祐经是赖朝公的宠臣。不仅如此，我祖父祐亲是被赖朝公所杀。我对此有恨意，想要当面拜见您之后再自杀。"

五郎这样毫无惧意的回答，令在场之人不禁咋舌感叹。赖朝看他是个非比寻常的勇士，想要饶恕，但因祐经的遗孤犬房丸哭着请求，最后还是把五郎交给了犬房丸。中午时分，五郎被镇西中太斩首，时年二十岁。

在斩杀了仇敌祐经之后，两兄弟为什么还想杀进赖朝的住所呢？对于众人心中抱有的这个疑问，五郎的回答真可谓平实易懂。《吾妻镜》的其他地方（"寿永元年二月十四日"条）明确说了，赖朝饶恕了他的祖父伊东祐亲，是祐亲自己耻于曾经的所作所为而自杀，但这里却明确记载是赖朝杀了祐亲。这一点和《曾我物语》是一样的。

对于五郎来说，祐经是父亲河津祐通的仇敌，那么赖朝正是祖父祐亲的仇敌。和赖朝直接会面，诉说怨恨之后再自杀的说法实在太过冒险。他应该是想着运气好的话，与祐经一样，给赖朝也来上一刀。这发言真是胆大包天。正因如此,《吾妻镜》才会在之前北条时政在五郎的元服仪式上当乌帽子亲这件事上,花费那么多额外笔墨去解释吧。

敌讨故事的后日谈

丹三郎和鬼王丸赶着夜路跨越足柄路到达了曾我之里。听了两人的报告,母亲和一家人才知道了事情的原委,又惊讶又伤心。不久之后,奉赖朝之命,两人的首级送达,一家人更是泪流不止。从富士裾野回镰仓的路上,赖朝在东海道的酒匂驿站命令土肥实平把曾我祐信叫来,饶恕了祐信的罪过,然后又跟他说,看在两兄弟母亲的份上,免除曾我庄的年贡。曾我庄原来属于谁我们无从得知,但从这里可以知道,此时实际上是由赖朝支配的。

祐通被暗杀之后,在伊东出生的两兄弟的弟弟成了叔父伊东祐长的养子。祐长死后,妻子和源氏一族的有力武将武藏守平贺义信再婚,这位弟弟又成了义信的养子,之后在其所领越后国的九上山出家,被称为伊藤禅师。过了一阵子,六月十三日,他收到赖朝的召唤,在去往镰仓的途中自杀了。赖朝本来只是想问问他是否和两兄弟合谋,听到了他自杀的消息,感到十分遗憾。两兄弟的异父兄京小次郎,不久也受到赖朝肃清其弟范赖的波及,最后被杀。

另一方面,十郎死后日日以泪洗面的大矶虎,为了在箱根权现举办悼念逝者的百日祭奠，和两兄弟的母亲在九月初一登上了箱根山。她们带着丹三郎等下人，沿着两兄弟走过的道路，渡过丸子川，踏上汤坂路。每走过一处，都不由自主想起两兄弟的足迹，令人悲叹。

时年十九岁，正是如花似玉年纪的虎御前，在箱根权现面前出了家。与两兄弟的母亲分别之后，她独自一人从西边下了山，造访了富士裙野的事发现场。虎在之后还去了京都，参拜熊野山之后，巡回礼拜了畿内各地的寺院。之后她再次回到曾我，举办了一周年忌日的祭奠。丹三郎和鬼王丸两个下人在这时也出了家，此后周游各地进行修行。不久之后，虎把两兄弟的白骨挂在脖子上，从武藏、上野来到东山道，把遗骨供在信浓国善光寺的曼陀罗堂，之后再次去上野和下野等地寻找两兄弟跟着赖朝狩猎的痕迹。

两兄弟的三周年忌日时，家人在曾我之里举行了盛大的法会。以此为契机，母亲也出了家，闭门待在很久以前建成的曾我大御堂里。祐信把所领让给了剩下的三个孩子后也出家了。大御堂也收到了来自赖朝捐赠的田地，成了拥有十二名供奉僧和十二名尼僧的寺院，僧众念佛六时不断[1]，十分兴盛。我在第32页提到的曾我宅邸遗迹东北方向的崇泉寺，可能就是这个曾我大御堂的遗迹。不久之后，两兄弟的母亲和曾我祐信接连得

1　每日昼夜六时勤行佛事而不断绝。昼夜六时，指晨朝、日中、日没、初夜、中夜、后夜。

以无疾而终，在各地修行的丹三郎和鬼王丸也在两兄弟十三周年忌日的时候一同往生了。

不知不觉四十余年过去，此时已是六十四岁的虎御前，在某个春天的傍晚，站在曾我大御堂的大门前，回首往昔，潸然泪下。恍惚之中，她把庭院里樱花树斜垂下来的枝条错看成是十郎，就在向前跑去想要抓紧他的时候，脚下不稳摔倒在地，紧接着就去世了。她常年以来的辛勤修行没有白费，做到了真正完美地无疾而终。就这样，《曾我物语》的讲述迎来完结。

曾我物语的叙述者们

前文已经说到，在后续故事中登场的人物们，其实是《曾我物语》的叙述者，这些形象也是他们这些管理者的自画像。就像柳田国男指出的一样，虎御前周游各国之纪念的虎之石（虎御石）广泛分布在全国各地，与之相伴，也存在很多据称是曾我兄弟之墓的地方。很难认为这是一名实际存在的女性留下的行动轨迹，而应该把这些视作她们这群自称为"虎"的盲人女性、巫女、故事讲述者和演唱者的集团性质的纪念碑。

箱根山脉中的二子山与曾我兄弟缘分颇深，山上立着三基保存完好的镰仓时期的五轮塔，据说是两兄弟和虎御前的墓。在这二子山山麓处的精进池周边，八百比丘尼的墓在夏天茂盛的杂草下面悄然而立。据说八百比丘尼是一位出生在若狭国的女性，因为吃了人鱼的肉，获得了极长的寿命，遁入空门活到了八百岁。她周游各地，和虎御前一样在各地都留下了遗迹。她经常诉说源平争斗的事迹，还说自己曾遇到过装扮成山野修行僧人的源义经一行人往奥州方向去，是位很惊人的女性。

《义经记》是与《曾我物语》并称的中世英雄物语，柳田国男已经很好地论证过，其成立与一名叫常陆坊海尊的不死流浪者有关。在义经最后的战斗衣川合战时，有几个从者从现场逃走活了下来。其中一名是与武藏坊弁庆并称的海尊，原本是个僧兵。

据说他吃了人鱼肉之后成了不死仙人，后来一直周游各地，把义经主仆的生死故事以自身体验的形式讲述出来。他和流浪的犹太人、基督教中的犹大一样，是八百比丘尼的男性版本。这位海尊应该就是之后结集为《义经记》的义经传说的叙述者，也是管理者，而《曾我物语》中的虎御前也是起着同样作用的人物。旅行的盲女同时是神圣的巫女，也是艺人。她们的讲述既是诉说对神或者佛的信仰的说经，也是歌曲，也是说唱故事。

亡魂的镇魂者

接近《曾我物语》的结尾处，在过完两兄弟的七周年忌日之后，虎御前再次回到富士裾野，寻访事发现场遗迹。她发现骏河国小林乡的某片森林里，立着一座鸟居，建有一座神社。虎御前见状便询问当地村民，得到回答说："这就是曾我十郎大人和五郎大人在富士郡六十六乡变成的御灵神，在富士浅间大菩萨的客人宫¹受我们供奉。"所谓"御灵神",就是畏惧像菅原道真一样在政治上斗争失败、进而死于非命的牺牲者的怨灵作祟,而把他们当作神明来供奉的信仰。特别是很多人都害怕年纪轻轻就遭受到如此命运之人的激烈怒火,所以去祭祀御灵。可以说,用曾我兄弟来说明这一现象再合适不过了。

南北朝、室町时期之后成书的流布本《曾我物语》(卷十一"贫女一灯之事"及之后),这样叙说两兄弟被作为神明供奉的经过:

> 这之后可能是因为两兄弟的愤怒和执念,在富士裾野,昼夜不绝地响着"十郎祐成""五郎时致"这样通报姓名、挑起战斗的声音。即使是偶然经过,听见这声音之后,有人会立即死去,还有很多人会被两兄弟的灵魂附身,变成狂人。于是赖朝召来时宗²的游行上人这位高僧大德,吊唁两兄弟,还遵循上人的意见,把两兄弟尊为胜名荒人宫之神,为他们建造神社,捐赠所领。就这样,在上人成了开山祖师,特别是在五月二十八日为两兄弟举行盛大的祭祀仪式之后,亡灵的战斗就消失了。只要参拜这座神社祈求"帮我报仇"的话,愿望就一定会实现。

---

1 即主殿中供奉的主神请来的客人神明。客人宫即供奉这些客人神明的宫殿。

2 镰仓时代末期兴起的日本净土宗流派之一,又作时众、时众宗、游行众或游行宗。

一遍所创立的时宗的僧众，作为云游僧走遍各地，对"与交通和流通有关的人们"进行教化，留下了伟大的业绩。虽说在镰仓初期赖朝的时代还不可能存在"游行上人"，但可以认为在镰仓后期，传播时宗的僧人已经开始云游，诉说着包含劝导对曾我兄弟进行镇魂和信仰内容的说经了。在真字本《曾我物语》的后续故事中，时宗的痕迹也随处可见。"曾我大御堂"就是一座时宗的寺院。

歌比丘尼的物语

就像后来人们熟知的歌比丘尼、熊野比丘尼一样，云游巫女装扮成尼僧，唱着歌念佛[1]，举着地狱和极乐的绘图宣传信仰，弹着琵琶周游诸国寻求捐赠，是中世就很盛行的场景。她们正是"与交通和流通有关的人们"，与八百比丘尼和自称为"虎"的盲人流浪艺人也属同类。其实《吾妻镜》（"建久四年六月十八日"条）中记述的曾我十郎的爱人大矶虎出家后的样子，和那些比丘尼几乎一模一样：虽不剃发，但穿着黑色袈裟。换言之，她站在圣与俗之间，属于当时被叫作"毛坊主"的带发僧人，是继承了自古以来悠久传统的广大民间宗教家之一。

通过前述《七十一番职人歌合》和谣曲《望月》等材料，

---

1 歌念佛，江户时代的一种俗曲。在形式上，起初是把念佛加上曲调唱出来，后来演变成一边敲打伏钲，一边演唱说经节或者净琉璃中的歌曲或词句。

我们明确知道，她们云游四方时表演的主要才艺之一就是曾我兄弟的故事。"虎"这个名字是她们的通称之一，也是她们在云游中讲述的故事的女主人公名字。并且她们和八百比丘尼、常陆房海尊一样，是叙述者，即"在现场见证之人"，这些故事又是在讲述她们自身的体验。如此，叙述者便转换为了女主人公自身。

就像箱根山中的八百比丘尼墓所暗示的一样，曾经在箱根权现有很多比丘尼聚集和居住。仅从我概括过的内容也应该能看出，《曾我物语》真字本的内容在大力宣传箱根权现的神威，特别强调敌讨的成功是拜权现所赐。不仅如此，真字本特别热衷于叙述箱根权现、伊豆山权现和三岛明神等寺院神社的建寺传说。这些寺院神社的缘起的叙述实在太过于庞大，在通常的文学作品当中根本无法想象。而且这些内容，与收录在据传是京都安居院[1]所作的中世东国寺院神社创始传说大成的《神道集》中的内容高度相似。安居院中代代都会出现以简单易懂地向世人说明佛教教义为宗旨的"说经"这一艺术的名人。这些事实都可以充分说明，现在的真字本《曾我物语》与箱根权现渊源深厚，是为了宣传这种信仰而被讲述出来的故事的笔录。

神圣的巫女是神明的配偶，之后则会嫁给凡人，最后会承担游女的功能。东海道大矶驿站的富翁的养女虎御前这一身份

1　安居院唱导教团，日本南北朝时代的佛教教团之一，以编纂神道书籍《神道集》而知名。

设定，其实无疑就是故事叙述者自身身份的反映。

成书于镰仓后期的真字本向前发展，在扩展、进化到南北朝、室町时代以后的流布本《曾我物语》中，出现了一个和十郎的恋人虎御前分庭抗礼的人物，那便是五郎的恋人，镰仓化妆坂的游女少将。书中还添写了各处驿站中召妓作乐时的样子，甚至出现了曾我兄弟与和田义盛、朝比奈义秀等有名的镰仓武士为了虎和少将进行恋爱竞争的事，旨趣变得近似于近世的花街柳巷文学了。这让人深感歌舞伎中曾我物的世界，很快就要诞生了。

工藤祐经身死那晚，在富士裾野的旅馆中，骏河手越驿站的少将、黄濑川驿站的龟鹤等人就等候在枕边。这些东海道上的著名游女，也扩大了自己活跃的范围。少将把敌讨成功的消息派急使送到虎御前的身边，出家之后和虎御前一起在法然上人身边听从教诲。这些事实也说明，以各个驿站为根据地的游女们的世界，就是《曾我物语》故事成长的基盘。

敌讨背后

曾我兄弟和北条时政的阴谋

前面我们都沉浸在民俗学和日本文学的世界中，似乎有些深入过头了。接下来不得不稍微回到像是历史学家的领域中。

前面已经说过，两兄弟的敌讨事件此前并没有怎么受到专业历史学家的关注。但其中有一个例外，而且是极为优秀的例外。那就是日本现代史学中中世史研究的开拓者三浦周行。

在大正四年（1915）开始写《曾我兄弟与北条时政》（「曾我兄弟と北条時政」『歴史と人物』，东亚堂书房，1916，收录于『日本史の研究』新辑二，岩波书店，1982）这一论文的三浦，意识到我们在 42 页提及的《吾妻镜》中对五郎时致的元服和为时政辩护的记述有问题，所以提问道："如果只看两兄弟复仇的相关记述，无论怎么看都无法对时政产生疑问，但只要看一下建久元年九月七日条，就会提醒自己不要被骗了。……我们读过这些之后，就感觉像是从时政自己的口中听到'我和两兄弟的复仇毫无关系'这种假惺惺的借口一样。如果他心里真的没有愧疚，不用这样煞有介事地说明自己没有斟酌加冠（元服）这件事的理由也行吧。"之后他还对时政的姿态进行了这样的特写："在两位纯真而勇敢的青年背后操纵着的""一个巨大的黑影"。

时政自赖朝起兵以来立下了汗马功劳，但没有得到太多的回报。眼看以义经为首的赖朝的亲人一个个在政治斗争中落败，他一方面企图以"极度的沉默"保证自身安全，另一方面可能也在谋求"某种积极的手段"。这种手段或许就是帮助曾我兄弟，唆使他们去取赖朝的命。三浦周行这样的推理真可谓敏锐。

毕竟赖朝接受了三浦义澄的请求而赦免了伊东祐亲，时政向赖朝推荐曾我兄弟，让他们进入御家人的行列应该也不是很困难。我们也很难认为时政这个人没有眼光，觉得两兄弟没能力成为御家人。时政没有这么做。"可以想到，不能采用通常办法的时政，把他超出常人想象的天生狠辣手段用在了出入于他住所的两位纯洁青年身上。"时政应该是通过夸大祐经仗着赖朝的宠爱施展权力的事实，煽动两兄弟的憎恶情绪，然后把两兄弟的恨意转嫁到赖朝身上吧。

估计时政还对两兄弟灌输说，他们之所以还成不了御家人，没法出人头地，都是因为赖朝对祐亲怀有敌意。三浦的这一推测真可谓一针见血。五郎觉得祐亲不是自杀，而是被赖朝所杀这件事也是其旁证。另外，身为骏河国守护的时政负责在富士野狩猎中设置宿舍，而这和两兄弟能夜袭成功肯定脱不开干系。

曾我物语的背景——北条氏得宗政治

另有一点必须注意，就是包括富士裾野的西南部一带的富士郡地区，在镰仓初期就已经是北条时政的所领这一事实。弘安元年（1278），在富士郡下方的热原地区，身为日莲信徒的农民受到了来自北条氏嫡流家的被官[1]的强力镇压。

这一事件被称为"热原法难"。包括热原在内的富士郡下方被认为是北条氏嫡流家的所领，而我认为包括上方地区的富

1　隶属于上级武士的武士。主要指从属于一国守护的下级领主。

士郡全郡都是北条氏的所领，而且其历史可以上溯到两兄弟敌讨以前。这样的话，真字本中说的两兄弟作为富士郡六十六乡全体的御灵神接受供奉这件事，如果没有北条氏的意愿是不可能发生的。不如说这一祭祀应该就是北条氏自身推行下去的。

另外值得注意的是，曾我氏的子孙后来好像拥有了侍奉北条氏嫡流家的"御内人"身份这一点。镰仓后期由北条氏嫡流实行的"得宗专制政治"之基盘就是御内人，而曾我氏一族既是御家人，也兼有御内人的身份，特别是还担任了管理北条氏的重要所领陆奥国津轻的任务。从镰仓初期的和田合战稍稍往后开始，他们家就成了北条氏嫡流的家臣。虽然不能证明两者有直接关系，但这些人应该是曾我祐信的族人或者后裔。

我们已经在《吾妻镜》或《曾我物语》的记述中看到，曾我兄弟并非直属于将军的御家人，而是出入于北条时政家的从者和乌帽子子。这些事实可以充分说明《物语》是在被时政以来的北条氏嫡流家势力环绕下被讲述出来的。

作为真字本《曾我物语》是在镰仓末期之前成书的论据，角川源义指出，《物语》中不仅把赖朝的权威绝对化，也把尼将军北条政子象征化成圣女的形象，还赞颂了北条氏的执权政治体制。这并非只是因为真字本的成书可以追溯到镰仓末期，也因为其诞生的地盘和北条氏嫡流家有着好几层关系。这是一个很容易为人所接受的事实。如此来看，三浦周行完美揭露出的时政暗杀赖朝的阴谋，在《曾我物语》当中没有一丁点儿展现，也是极为理所当然的了。

另外,《曾我物语》中充满与富裕的御家人和镰仓武士相比,身为没落家族的孩子、不被承认为正式的御家人身份的曾我兄弟的叹息。比如说,第49—50页引用的母亲对两兄弟的教训上,就清楚展现了这一点。虽说到了镰仓后期的得宗专制时代,实际状况发生了逆转,但在此之前,侍奉北条氏的御内人在身份上是要比御家人低一头的。事实上,成为御内人的大多是从御家人身份上没落下来的人,或是家族当中没有所领的庶子。

我不禁感到,贯穿于《曾我物语》全书中的没落贫家子弟之叹息,和被吸收进御内人层级的没落武士层的存在方式之间,有着某种奇异的重合。

并且,这些御内人在另一方面也属于"与交通和流通有关的人们",占据着全国性的商业或流通、交易的据点。而《曾我物语》则在以瞽女为首的云游宗教家、艺人或者游女们的周游、讲述中得到发展。这两件事之间难免有某种关联。

第二章

敌讨及其周边

敌讨的系谱

流血复仇与刑罚

所谓"敌讨"，便是由子女（或近亲）击杀杀父仇人从而达成复仇的行为。毋庸赘言，这属于私人制裁，是一种私刑。可能很多人都会这么说：不依靠公权力，而是依靠私人性质的近亲来施行对某一犯罪的制裁，在今天的我们看来无疑就是野蛮的私刑。

即便如此，以《曾我物语》为代表的敌讨行为一直都受到人们的赞赏与赞扬，这到底又是为什么呢？就算是把范围局限在中世这个时代，答案也会有两种。

第一种看法来自新渡户稻造的《武士道——日本之魂》(The Leeds & Biddle Co., Philadelphia, 1900，后收录于『新渡戶稻造全集』十二，教文馆，1969）。这本书明治三十三年（1900）初版于美国，被视作日本武士道论的古典派名著。书里特别单开了"自杀（切腹）及复仇（敌讨）的制度"这一章，讨论战胜自己的欲望与邪念的克己精神之极致——切腹，以及同属一个类型的敌讨。新渡户首先说："同样的制度——或者称之为习惯也可以——曾经在一切民族中流行过，而且直到今天也并没有完全废除，这从决斗和私刑仍然存续这点便可证明"，"在没有刑事法庭的时代，只有被害人亲属的蓄意敌讨，维持了社会的秩序"。他还说："常识授予武士道以复仇制度来作为一种伦理的公正法庭，使那些按照普通法律没法审判的事件，可以在这里起诉。"[1]

著者在其中嵌套了古今中外的各种实例，特别是通过与西欧文明进行对比来谈论日本武士道的特点，让人觉得其视野之广确是名副其实。

确实，在西欧和很多其他的社会，率先出现的是血亲复仇，之后变成由公权力实施的刑罚，并作为制度固定下来。作为日本首位法学博士而知名的穗积陈重，就从这一视点来评价过日本的敌讨行为。他在著书《法律进化论丛》（『法律進化論叢』）中的一册《复仇与法律》（『復讐と法律』岩波书店，1931；岩波文库，1982）中，就从与新渡户相似的视点出发，进行了法

1　译文引自商务印书馆 1993 年张俊彦译本，根据本书原文对原译有所改动。

学学者特有的那种肌理十分细腻的讨论。

第二种看法对上述说法进行批判，是以石井良助（参照"参考文献"）为代表的现今日本法制史的普遍见解。换言之，他们认为第一种应该称之为"刑法进化论"的见解在日本并不适用。其要点是，敌讨这一事实本身在古代确实能见到几例，但是不存在其进化成刑法的事实；敌讨在法律上被公认，始于一两个战国大名的分国法，实际上则由江户幕府的法律确立下来。

第二种看法并没有特别提及《曾我物语》等敌讨故事受到世人广泛欢迎的理由。

但如果硬要推测的话，即便敌讨为当时社会的法律所禁止，但这种冒着死刑的危险也要坚决实行、无法抑制的行为更能打动人心。这也许就是敌讨故事受人欢迎的理由吧。

敌讨之类的已经过时

以上两种看法，哪个更准确地解释事实呢？这个问题很难回答，但在《曾我物语》中，曾我兄弟将敌讨计划向他们的异父兄京小次郎和盘托出，希望能获得帮忙时，后者这么说：

> 现在已经不是敌讨那种得自己下手杀掉敌人的时代了。如果有怨恨或不满就去找镰仓殿，或者到京都去找庄园领主申诉，让他们把这个人作为公敌惩处就好。

这段话正面提及了选择私下复仇，还是由公权力审判下达处罚这个问题。可以看出私下复仇在这里被否定了。换言之，这是一则证明第二种看法，即日本法制史学之通说的好资料。

但是，如果注意到小次郎的"现在已经不是敌讨的时代了"这个说法，即以前是敌讨的时代，而现在是委任公权力审判的时代，则从逻辑上说，它反而成了支持第一种刑法进化论看法的证据。同时我们必须要注意，这位哥哥被称为"京小次郎"，是与以曾我兄弟为代表的东国武士相区别的人士；并且《曾我物语》对小次郎的评价一向很低，在两兄弟敌讨事件之后，他被卷入源范赖从者的谋反事件，在镰仓的由比滨身负重伤，最终去世。书里如此叙述完他临终的情形之后，严加批评道：

> 人们听闻这个消息，没有不怨恨他的。反正都是要死，那还不如接受两位弟弟的请求，三人死在一处，那该多么光荣啊。

如果这么看，《曾我物语》中虽然出现了否定私下复仇、主张遵从公共审判的论调，但其所占比重极小。应该可以推定，在创作这段故事的镰仓后期以前，社会上已经广泛接受私下复仇是正义行为这一观念了。

敌讨与法然上人

接下来我们把范围放宽一些，再来调查一些表现中世社会对敌讨看法的材料吧。首先来看《吾妻镜》，其书名本身就是"镜物"，说明是一本作为教训的历史书。这本书中十分详细地记载了曾我兄弟的敌讨事件，且一直在赞叹两兄弟的武勇，对其行为的记述是肯定性的。据推测，《吾妻镜》的编修是由镰仓幕府自身，或是由势力正盛的北条氏一族推进的。即便是考虑到这一事实，这种态度也值得注目。

据《吾妻镜》（"建久元年正月六日"条）记载，被赖朝击溃的陆奥、出羽国之雄藤原泰衡的家臣大河兼任等人，在文治五年（1189）岁末举起反旗之时，如此扬言道：

> 从古至今，向父母、兄弟、亲子乃至于夫妇的怨敌雪恨，皆为寻常之事。但还没有讨伐主人仇敌的例子。我兼任是为了开这个先例才攻击镰仓的。

这段话明显表现出为近亲复仇是理所当然的"寻常之事"的认识。

讲述从平安时代中期开始的敌讨实例，以及与其相关的世人认识的材料为数不少。现在我们就来看几个。

一个例子是成书于镰仓末期的《法然上人绘传》中的故事。据说平安末期，美作国久米郡的押领使漆间时国，与稻冈庄的预所[1]明石源内武者定明之间起了冲突。某天夜里，定明带着武者夜袭了时国家，时国身负重伤。这时，年仅九岁的时国的儿子从暗处拉开小弓射向定明，射伤了他两眼之间的位置。定明知道了这伤来自谁之后，害怕会被时国的亲戚实行敌讨，立即逃之夭夭，之后很长时间都没有踏入稻冈庄一步。

这个孩子就是后来的法然上人。《法然上人绘传》说，他父亲时国在弥留之际留下遗言："我是没有救了，但一定不要去怨恨敌人。不要想着去复仇。"之后就去世了。就算上面的故事没有一句话是事实，但也可以说，正因为地方武士团之间的私斗和私人复仇行为常见，上人传中才会出现这样一节故事。

下一个例子也在平安末期，是康治元年（1142）发生的一起案件（『平安遗文』2467）。琵琶湖南边，从现在的近江八幡到安土附近有一个名叫佐佐木庄的庄园，一个自称为佐佐木氏的武士团在此定居，就是在本书最初的章节中露了一下脸的佐佐木秀义和他的儿子高纲等人的家族。这时家族内部偶然起了纷争，有好几个人都遭遇夜袭被杀了。当事人是源七郎道正和新六郎友员，两人是堂兄弟。先是友员杀了道正的弟弟和母亲，道正为了报复，杀了友员的两个哥哥和母亲，且最终杀了友员。虽然案件发生的原因尚不明了，但这一文书清楚地表现出了地方武士团之间的私斗之惨烈。

1　庄园管理官之一。负责指挥当地下级庄官进行年贡征收、土地管理等庄园经营的工作。

私斗的世界

第三个例子，我们把时间稍微往前回溯，来看一看平安中期的长久元年（1040），在京都的正中央，前肥后守定任在某天晚上被武士袭击而殒命的案件（『春记』"长久元年四月十一日"条、同年"十一月五日"条）。案发后不久，检非违使[1]便开始了活动，经过种种调查之后，弄清了犯人应该是前大宰权帅藤原隆家的第一部下、肥后国的豪族平正高（也写作藏隆或藏高）一伙人。

定任做肥后守的时候，曾经杀害了大宰府的有力在厅官人府老某某和他的哥哥。正高是这位府老的近亲，府老等人的遗孤也都是武勇之辈，应该是为了复仇才杀害定任的。虽然朝廷向正高等人发出了传唤命令，但几个月之后大宰府方面发来报告说，这些人都走海路逃到其他地方去了，最后此事仍真相不明。当时北九州地区的武者和武勇之辈之间的私斗，以及血亲复仇之习惯的发展，都通过这一案件很好地表现出来了。

第四个是平安末期的长宽二年（1164）六月，在河内国发生的案件。当时有一个住在北河内、时任主计允[2]和皇太后宫属的下级官人，名叫惟宗忠行。他写的断绝关系状（『平安遗文』3286）偶然流传到了今天。其内容是这样的：

---

1 平安时代初期设置的令外官。负责逮捕都城中的犯人、维持治安与民政等。
2 主计寮的三等官。主计寮，律令制下属于民部省，负责计算当年的调、庸和其他上贡，以及计算来年收支预算的机构。

楠叶河北牧场的下司清科行光是我忠行的哥哥。去年四月初，行光的三子光贞醉酒，砍伤了这座牧场的住民、前武者所定康的从者。作为报复，定康和其近亲左卫门尉光弘一起，把光贞和他父亲行光捉住，然后捆住他们的手脚监禁了起来，对他们施以种种暴行。不仅如此，他们还立起布告牌，威胁说要连我忠行也一起杀掉。我忠行完全不好武勇之事，连弓箭都不知道该怎么用。我没有办法，只能和行光、光贞断绝关系，把他们从户籍中除名。今后就算是光弘要杀害行光和他的子嗣，我忠行也绝不会报官告状。另外，就算是行光的子嗣想要为父亲雪耻复仇，我忠行也绝不会帮忙。

这份材料清楚地展现了京都附近的武士团之间的对立与私斗，以及复仇世界的一个侧面。文书主旨清晰易懂：忠行为了逃脱私人复仇，与哥哥和侄子断绝关系，切断了作为亲人的缘分。由此可见，流血复仇的对象不仅限于亲子之间，还会波及叔侄。

"梵论梵论"的敌讨

最后一个例子，我们来看《徒然草》中的一节（第115段）。

在东国一个叫宿河原的地方，聚集着很多被称为"梵论梵论"的虚无僧，正吟唱着九品念佛[1]。这时有一位虚无僧从别处来，问道："各位当中是否有一位叫作色忍房的？"有人回答道："我就是色忍。是哪一位找我？"外来僧人说道："我名为白梵字。听说我师父在东国被一个叫色忍的虚无僧所杀，我想要见到那人为师父报仇雪恨，故而至此。"色忍闻言决定道："真亏你能寻到此处，值得钦佩。确有此事。但在此动手会玷污道场，来，我们去前面的河滩交手吧。请各位不要援助任何一方。"接着两人同去河滩对决，拼死力战，最终双双提刀刺穿对方身体，同归于尽了。

著者兼好法师在写完这段故事之后，接着又加注释说：

所谓"梵论梵论"，过去是没有的。这些人都是近年来才出现的，看上去抛却尘缘，实则执念深重，看上去追求佛道，实则专事斗争。皆是放逸无惭（肆意妄为，打破戒律也毫不知耻）之辈，但又不拘泥于生死，这点倒是痛快。

这便是之后戴着深斗笠、留着长发、不穿僧衣、以吹着尺

1　希望往生进入九品净土而进行的念佛。另有一种说法是把音调改变九次的念佛。

八乞讨为业的虚无僧的初期形象。他们和云游讲述《曾我物语》的盲女、云游巫女等人一样，都是周游各国的宗教者、半僧半俗的圣者，和一遍的教团好像也有很深的关系。

这里说的东国的宿河原，应该就是面向多摩川下游的地方，是与镰仓相连的镰仓街道的一个渡河地点。在这种既是交通要冲的驿站，也是河滩的地方，出现了一个"梵论梵论"们的道场。与镰仓末期的《曾我物语》讲述者同属一类的"梵论梵论"们之间也存在着敌讨行为。《徒然草》这一节指出了这一点，令我们十分感兴趣。

皆为顺应天道

在看过几个这样的实例之后，我们接着来读一下收录在《今昔物语集》中的这篇说话[1]（卷二十五第四）吧。

> 从前，平贞盛之弟繁盛的子嗣当中，有一位名叫上总守兼忠的兵。他出任上总守的时候，其子余五将军维茂久违地从陆奥国来看他。维茂的首席部下中有位叫太郎介的兵。曾经有一个男子要从维茂面前骑马而过，太郎介见他无礼，便射杀了他。谁知被太郎介杀死的男子

---

1 指人们口口相传的故事，包含神话、传说、民间故事等。在日本文学史中，指史书、传记、日记、类书、历史物语、军记物语、随笔等文学类型中插入的记录事实或被认为是事实的短篇故事。

084

的孩子，成人之后作为侍从就侍奉在兼忠身边。兼忠告诉侍从"就是那个男的杀死了你的父亲"之后，侍从眼中泛起泪花，站起来不知去往何处了。其实他是去了厨房，解下腰刀放入怀中，决心要杀死杀父仇人了。

到了傍晚，太郎介也回到了自己的住处。明明这一天是九月三十日，夜色漆黑，但庭院中却处处点着火把，仿似白昼一般。为了不让箭射进来，卧房周围特意围着两层大幔帐，全副武装的手下们也来往巡逻不停。酒足饭饱后的太郎介，在枕边准备好太刀，又在旁边放好弓箭、箭筒、铠甲、头盔之后，便高枕而卧，陷入熟睡了。之前说的那个侍从，就偷偷混入如此森严的警备中，时至半夜，出色地杀死了仇敌。

第二天早上，尸体被人发现，引发巨大骚乱。维茂认定此乃侍从所为，要求父亲把他交出来。但兼忠却说"替父报仇，是顺应天道的"，果断地拒绝了儿子，维茂最终也接受了这一事实。

在这个故事当中，"替父报仇之事，皆为顺应天道"这一主旨，以不同的形式出现了好几次。如果将其与前面举过的几个敌讨实例一起来思考，我们就能知道，当时的社会中认同"杀死父亲的仇敌是理所当然、顺应天道"这一理念。

在《曾我物语》中，曾我兄弟在斩杀工藤祐经之后，一度离开了现场，然后再次回来用刀刺穿祐经的喉咙，"连着拳头带着刀一并贯穿"，为了防止他没死透又向他刺了三刀。书中记载说，因为这就是"讨敌之法"，以后鉴定尸体的时候，要是被发现没有遵循这个方法，就会被人在背后嚼舌根。实行敌讨之时的规矩，也就如此定型了。

侵犯人妻的蛇的故事

与"敌讨"并称的是"女敌讨"或"妻敌讨"。这是针对与妻子通奸、偷腥的男人，由丈夫进行的流血复仇。比如江户时代根据真实事件改编成剧的近松门左卫门的名作《长枪权三重帷子》《堀川波鼓》等都是很好的例子。这种妻敌讨是否也像前述日本法制史学的普遍见解一样，在中世被法律禁止，到了江户时代才首次被制度化，被世人所承认呢？

由于事件性质，此种问题在文书史料当中很难出现。而《今昔物语集》和镰仓中期成书的《沙石集》等说话集中，收录了几个能够告诉我们这种事件在当时实际上是怎么处理的说话，十分有趣。首先我们就来读一下《沙石集》中的一个故事（卷七"蛇犯人妻之事"）吧。

这是发生在远江国某个山村里的故事。一天，丈夫不在家，妻子在家午睡，一条五六尺长的蛇缠在了妻子身上，用嘴去吻妻子的阴部，就这样横卧在那。丈夫回到家发现了这一幕，用手杖打蛇让它从妻子身上离开，并说道："都说奸夫和杀父仇人是自己前世的敌人。我本应该立即把你杀掉，这回就放过你。今后不准你再犯第二次。"他又用手杖打了好几次之后，把它扔到山上了。

五六天之后，成千上万条蛇包围了屋子，个个伸着颈子吐着信子，来到了庭院边上。丈夫见状不慌不忙地开始解释道："大家为什么要到这里来？其实前几天发生了这样的事，你们是不是觉得我做了什么违反道义的事呢？无论是人类还是畜类，道理都应该是相同的。我妻子遭到侵犯受到侮辱，我大发慈悲饶了对方一命，这样反而要被杀掉，大家难道要做这样违反道义的事吗？"他这样条理清晰地对它们说了一番，之后以其中一条特别大的、一丈二三尺长的大蛇为首，这些蛇都纷纷低下了头。然后它们一个接一个地都去咬那条在大蛇身旁、像是前几天的蛇，将它咬死之后纷纷回山上了。

正因为是人类与蛇的故事，"奸夫和杀父仇人是自己前世的敌人"，应当立即杀死这种观念才得以明显地表述出来。

夫妇交换的故事

下面我们再来看一个《沙石集》中的故事（卷九"共有义而富之事"）。

　　侍奉西园寺家的贫穷武士中有一位叫刑部丞的人。他家斜对面住着一个名叫光寂坊的富裕经师[1]，只要刑部丞不在家，光寂坊就会去他家与他妻子密会，十分快活。

　　这事不久之后就为世人所知了，然而刑部丞还是先装作不知道，某一天确认光寂坊确实进入他家之后，突然回到了家中。之后他立即叫来四五位附近的老名（有权势者）开起了酒宴，然后当场叫藏起来的光寂坊出来。光寂坊听见叫声，颤抖着从涂笼（一种储藏间）中爬了出来。

　　刑部丞见状说道："今天请大家来，是因为有事要找大家商量。其实我听说外面传言这个男的和我妻子私通，今天总算是抓了个现行。既然是前世之敌，当然要羞辱对方一番。但对方是个出家人，想必是命中有此因缘，所以才来与我妻子相会吧。所以我想把我妻子送给光寂坊。人世上没有比自己的妻子更贵重的了，所以就连我的家财和眷属也一起都送给他吧。但话又说回来，既然我也受了屈辱，让我变成一文不名的流浪者可不行。作为交换，我想要得到光寂坊的老婆、奴婢，以及他的全部财产。大家觉得怎么样，觉得我说的不合道理吗？请大家做我这提议的证人吧。"

1　原指以书写经文为业的人。到中世也指以制作经卷、绘卷，装裱书画、屏风为业的人。

听了这话的老名们都异口同声道："没有的事，您说的真是太对了。"光寂坊则一言不发。于是刑部丞说："失去了妻子和家财却什么都得不到，我只会被当作不仅遭受屈辱还损失惨重的愚人，既没办法侍奉主人，也没有脸去面对同僚。那就只能这样了。"说着，刑部丞就要抄起太刀向对方砍去。光寂坊见状，终于颤抖着答应了，于是以这些老名为证人，双方当场签订了契约书，今后刑部丞便成了荣华富贵之身。大家听了此事，都说"杀了这个和尚的话，不仅行为罪孽深重，也不是什么光荣的事情，但他运用自己的才智，采取的对策真可谓高明"，没有不佩服他的。

这个故事到底是不是事实，还是一个问题。但正因如此，它反而表明掌握了明确通奸证据的丈夫可以把奸夫作为"前世之敌"当场杀死这一习惯明确存在。

妻敌讨的基础

胜俣镇夫在广泛探讨了这些实例的基础上，发表了有关于中世妻敌讨的优秀研究成果（参照"参考文献"）。据他所说，至少平安后期到镰仓时代这段时间，确实存在丈夫应该杀害通奸的奸夫复仇的观念，特别是在自己家的通奸现场杀害对方更被认为是理所当然。

与敌讨不同，发生妻敌讨的一个重要条件，是从丈夫来往于妻子家的"婿入婚"转变为妻子进入丈夫家的"嫁入婚"的这一婚姻形式的变化。所以我们必须慎重，不能一提到妻敌讨就立即将其起源追溯到遥远的古代。但至少在平安后期以后的中世社会，妻敌讨与敌讨都是被广泛承认的习惯，被视作丈夫理所应当的行为。之前引用过的《吾妻镜》中"从古至今，向父母、兄弟、亲子，乃至于夫妇的怨敌（即奸夫）雪恨，皆为寻常之事"的记述，以及《沙石集》中"奸夫和杀父仇人是前世之敌"的说法，都明确指出了当时两者被等同视之。

特别需要注意的一个事实是，如果丈夫在家里的通奸现场不实行妻敌讨的话，人们也不会对这种行为抱有异议。这正暗示了妻敌讨和中世武士团的"家"支配权的独立性原理相通。可以推测，包括敌讨和妻敌讨在内，不通过公共刑罚而是诉诸私人的流血复仇的习惯，与"家"支配权的独立性在社会意义上被承认的状态之间，存在一种共通的基础。

中世法律的思考方式

无原告则无审判

然而我们都知道，日本的中世是一个以幕府制度为首的审判制度相当发达的社会。但另一方面，如果前述推论正确，我们又不得不认为敌讨、妻敌讨这种私人复仇是当时的普遍习惯。

那么两者到底是一种什么样的关系呢？两者是矛盾的吗？审判制度成熟这一事实本身，可以立刻颠覆私人复仇习惯一般化的结论吗？敌讨和妻敌讨在近世社会得到公认这一学说固然正确，但可以认为它就能够证明两者是矛盾的吗？

而在这之前，我们不得不问的是，中世的审判到底是怎么一回事。我们就从刑事审判这种场合开始讨论吧。

在南北朝时代，有一句"牢前的死人，没人告官就没官司"的俗语作为"闲话"广为流传。这话意思是说，就算是在监狱前面发生杀人案件，只要没有原告，就不会变成刑事案件。也就是说，就算是在拥有警察权和刑事审判权的家主的家门口发生杀人行为，只要无人诉讼，就不会举行刑事审判。有很多事实能够证明这句俗语的真实性。而且就算是提起了诉讼，也必须要指明到底谁是犯人，单纯只是上报受害事实的话，法庭是不会受理的。

以日本法制史学的开拓者而闻名的中田薰（「古法制雑筆」『国家学会雑誌』34—7,后收录于『法制史論集』三,岩波书店,1943）指出的这一事实，充分说明了当时的审判制度距离我们想象的有多么遥远。

并且这样的特色并非只是中世日本独有的。如中田所说，中世纪的德国也几乎是同样，有很多"无原告则无审判"这样的法律相关俗语。某种意义上，这可以说是深深扎根于东西两方中世纪社会基本性质中的特色。

如果说在某一方面看起来十分发达的审判制度也有上述基本特质，那么它与敌讨、妻敌讨这样的流血复仇就没有任何矛盾了。因为我们可以认为，依赖于公共审判解决，还是选择依靠自身实力实行复仇，其实是由当事者自己的意志决定的。

弹劾主义与当事者主义

然后我们来看一下在当时社会中最受重视的不动产相关诉讼，即与构成武士团权力基础的所领支配相关的诉讼案件吧。我们就以此为材料，来思考一下因其制度上的完备、以"道理"为宗旨进行的公正裁决、御家人权利意识的发达与高涨，而被视作为中世法庭典型的镰仓幕府的审判吧。

在看幕府进行不动产诉讼的手续时，最引人注目的就是身为当事者的原告和被告双方起到的作用之大。首先由原告递上诉状，法庭受理后会下发写着"某某人就某某事告状。诉状已经送来了，你要进行申辩"的命令文书，这就叫作"问状"。把这个问状送到被告手里的并非法庭自己，而是原告。如果被告针对此事提交回答书，原告就要做出反应，再次提交诉状，被告也要再次进行申辩。这种文书问答会反复进行三次，被称为"三问三答"。以上是书面审理的阶段。在这个阶段，来回上交递送文件是原告和被告双方的任务。至于法庭，可以说只起了中介作用。

下一个阶段是两者在法庭对决，进行口头辩论。虽说判决会在其后下达，但这个时候法庭只会基于当事者的陈述事项下判断，除此以外不会提出任何问题。审判者也只会基于当事者提交的证据下达判决，在原则上也不会利用职权之便独自收集证据。

对于提交上来的证据也是一样，只要对方不主张这是假文书，法庭就不会觉得"这个很可疑，那个是伪证"，然后独自进行调查。更有甚者，就算是对其中一方极其有利的法令已经出台，只要当事者不指出这一点，不把法令抄来提交上去，法庭很有可能就无视这条法令。这也是当时审判的一个实际情况。

法制史学者一般称呼这种以原告和被告为中心进行诉讼的程序为"当事者主义"。刚才谈到刑事审判时提到的"牢前的死人，没人告官就没官司"这句俗语所象征的基本态度，中田称之为"弹劾主义"。现在我们可以看得很明显，这种弹劾主义和当事者主义本质是一样的，两者同根同源。

"家"的独立性

另外在镰仓时代的不动产诉讼中，经常会有当事人在诉讼中商量好条件达成和解的情况，这被称为"和与"。幕府自身也提倡这种解决方式，如果达成了和与，法庭经常会采取与下达判决状几乎相同的方式下达确认和解的文书。所以说，和与和法庭的判决拥有同样的效力，换言之，事实上当时的审判在本质上也只是与和与同类之事罢了。

和与这种当事者双方通过直接交涉和让步以解决纷争的方法，与敌讨和妻敌讨这种由当事者通过武力对决解决问题的习惯，正好位于两个相对立的位置上。可以说，当时的审判制度不只是与这种私人复仇的习惯并存。正因为两者都拥有着本质性类似的侧面，所以它们才能互补着发挥其审判的功能。

构成其基础的，是每一位当事者可以被视作一个"家"的支配者，一个虽然小但也是一个小宇宙，或者说小国家的君主这一中世社会特质。镰仓幕府原则上不受理主人与从者之间的对立诉讼。用当时的话来说，幕府的法庭不会处理"主从对论"。

从前的普遍说法都会附加解释，认为根据上述说法，在当时的主从关系当中，主人一方具有压倒性的强大力量，从者一方只能单方面服从，也即处于一种绝对顺从的地位。但还是这么看更为正确：禁止"主从对论"，是在幕府与御家人的关系中承认御家人一方的自主性，承认他们作为主人对从者的"家"支配权。仅就将军和御家人的关系而言，主从关系绝不是绝对服从，反而完全相反。

换言之，幕府不能干涉御家人"家"的内部问题。希望大家能回想起本书卷首部分叙述的源平合战时代武士河村义秀和大庭景能、涩谷重国和大庭景亲等人的情形。我们也可以以后世誉作"镰仓武士之鉴"的武藏国的畠山重忠为例思考。据《吾妻镜》中的一节（"文治三年一月二十一日"条），就连被认为是对赖朝忠诚无比的重忠也说："如果被人传言要谋反，那对于武士来说反而是一种荣誉。"这应当视作为镰仓武士"家"的独立性和自立性。

另外从幕府的制度上来看，来自父母的所领转让，与来自幕府的继承安堵（承认、保证）之间会有冲突。按照惯例，御家人从父母那里得来的所领，幕府要对其进行安堵。但是另一方面，对于父母先前让渡给孩子的所领，幕府法又允许父母取消并重新转让给别人，并把这种行为称作"悔返"。就算是已经接受了来自幕府的继承安堵的所领，"悔返"也是有效的。这也是一种幕府承认御家人"家"的独立性，不干涉其内部问题的表现吧。

引渡"下手人"

我们再回来看一下《曾我物语》。在富士裾野完美斩杀仇敌祐经之后，五郎接着又冲向可谓是祖父之敌的赖朝的住所，但最终还是遭擒，被带到了赖朝面前。赖朝敬佩五郎的勇敢，想要饶恕他，但禁不住祐经的遗孤犬房丸的哭诉，后来还是将其交给了工藤家，最终五郎被斩杀了。

本书 84 页之后引用的《今昔物语集》的那篇说话中，遭遇敌讨被杀的太郎介的主人维茂，虽然要求他认为是凶手的那个侍从的主人，即自己的父亲交出下手人，但被拒绝了。敌讨成功之后，本人被引渡到对方手里杀死的结局不见于此故事之中，但由当事者双方解决案件这一点，和我们至今为止看到的当时社会的结构以及审判制度的样貌完全一致。

这不禁让我想起来一件事。室町幕府初期，如"二头政治"一般分担幕政的将军足利尊氏和弟弟直义之间，最后还是发生了以暴制暴的凄惨斗争。据《太平记》（卷二十七"围困御所之事"）说，冲突始于被委任政务的直义，与直属于尊氏且世代侍奉足利家的心腹属官高师直、师泰兄弟之间产生了对立，所以前者想要暗杀师直。知晓了此事的师直和师泰动员大军讨伐直义，直义死里逃生，逃入了哥哥尊氏的宅邸，于是师直他们便将宅邸团团围住了。

这时，师直要求交出直义的执事和第一亲信，同时也是反师直派的头目上杉重能、畠山直宗两人。尊氏闻言大怒道："不仅被世代侍奉我家的从者率领大军包围，还要让我交出'下手人'，不知廉耻地把他们送出去。世上哪有这样的事？好啊，与其被天下人耻笑，我还不如亲自上阵赴死！"但尊氏最后还是把上杉和畠山两人交给了师直，还让直义从政务上辞职以收拾事态。

这里出现的"下手人"到底指的是什么呢？在中世，这个词很多情况下会被误发音成"geshinin"，然后写成"解死人"。它原来写作"下手人"，也就是直接下手的加害者之义。发生杀人等犯罪行为时，加害者本人被交给被害人一方由其任意处置，是一种解决事态的方法。

后来，也有不交出直接加害者本人而交出替罪羊赔罪的，对方是否处斩那个"下手人"全凭自由，据说也有直接释放的情况。无论如何，中世盛行的这种"下手人""解死人"制度，明显是一种相互独立的"家"集团之间发生冲突和纷争时的解决方法。

回到刚才的例子，被交给师直一方的上杉重能和畠山直宗被判处流放，发配至越前国，不久师直就派出杀手，把两人都杀了。坊间盛传两人已经出了京都，是在去越前的路上被杀的。这可以解释为，就算形式上是流放，既然他们被作为"下手人"交给了师直，其处分还是师直一方的自由。

但是到了后年，尊氏和师直的军队在摄津国的打出滨被直义军大败，情况为之一变。尊氏自己一人偷偷与直义交涉好，达成和解之后准备进京。师直和师泰等人争先恐后地出了家，准备跟随尊氏。但随即上杉重能的养子能宪就袭击了他们，眨眼间就把师直和师泰等人杀掉了。可以认为这也是尊氏在议和的时候，把他们作为一种"下手人"交给直义一方的结果。正因如此，上杉氏一方才能实行前几年的复仇。

把罪人变成下人

还有一个与这种"下手人"习惯相关的有趣例子。

镰仓时代初期的正治元年（1199），源为贤支配大和国西部山间郡伊奈津庄。据说他把自己的从者任命为这个庄园的定使[1]，但是一个叫为清的男子经常犯下掠夺庄园年贡等种种恶行，后来还伙同"凶徒"夜袭了定使的家，把他一家八人全部灭了口。估计这个人是庄内的豪族。于是为贤把为清一族七人都抓了起来，正准备实施处罚，这时为清开口道：

> 我的罪行再明白不过，是不会逃脱惩处的。但是饶恕投降敌人的罪过是自古以来的惯例。我和我的族人，一族七人会向您提交誓约书"引文"，身份上变成您的从者，所以还请您饶恕我们这次犯下的罪过。

于是，此后几十年间（或许是想写十几年，结果写错了），为贤都作为主人驱使着为清一族七人。

之后，为清一族七人以为清的女婿、南山城和束杣原山的住民源太定尚为向导逃到了和束杣。前述内容都是为贤提交的诉状（『鎌倉遺文』2025）的一部分。这是田中稔在仁和寺所藏的文书背面发现的（「仁和寺所藏本『尊随法不同事等』纸背文书」，『奈良国立文化财研究所年报』，1964），内容很有趣。事实果真如此，这应该就是为清把自己当作"下手人"送到被害者这边来赎罪，亲自置身于对方的"家"支配权之下，以求获得宽大处分。

1　中世时期在庄园或国衙领地负责督促年贡或其他公事的官员。

"投降半分之法"

至今为止我们看到的诸种事实，在其底层都有某种相通的东西。我觉得这些现象都出自中世时期"家"的独立性及不可侵犯性（或许称之为小国家性也可以）这一基础。在本书开头叙述过的宇都宫镇房拒绝"转封""国替"的行动，正显示出了这种特质。这是区分"中世武士团"和"近世武士团"的标识。

在无法想象"转封""国替"的"中世"这一时代，与之相反的习惯反而是支配性的。比如说在南北朝时代，就有一条被称为"投降半分之法"的法律。按照当时的习惯，只要没收投降者所领的一半或是三分之一，就可以饶恕他。前述法律就是把这条习惯立法之后的产物。就算是敌人，只要对方投降，就没法将其完全打倒，并没收其全部所领。

另外在犯了某种罪行要被没收所领时，特别附上补充文书规定去除"渴命分"或"堀内分"的情况在中世很常见。所谓"渴命分"就是为了维持生命需要的部分，而"堀内分"指的是作为武士所领中心的宅邸和房屋部分，这部分我们在曾我之里的叙述中已经接触到，今后还会详细讲述。正因为全面否定"家"的支配权是很困难的，所以当时只能以这种形式来承认领主残存的那一点支配权。

所领一旦被没收，就会被称为"阙所"。与被没收者同属一族的人就有要求再发放这些领地的权利，如果没有同族，那之前的领主及其族人等有关人员就可以要求获得。这是在整个中世根深蒂固的普遍习惯，应该也是与前述特质相互纠缠、生于同源的习惯。

世代相传的苗字之地

就《曾我物语》的主人公来说，伊东祐亲、河津祐通、曾我祐信这些武士的名字（后来也写作苗字）中的伊东、河津、曾我等都是他们的本领，是他们家房屋所在地的地名。这样的土地一般会称为"苗字之地"。

武士们对于自先祖以来世代相传的本领，同时也是产生自己家苗字的土地有很强的执着心。在中世武士自己书写的古文书中，或者是在军记物语[1]中的一节里，失去世代相传的苗字之地有损武士的名声啊、无法忍受自先祖以来的本领的堀之内的土地被敌兵的马蹄践踏啊，是很常见的表达。

《曾我物语》的流布本（卷二"伊东被斩之事"）中，曾我兄弟的祖父伊东祐亲武运不佳惨遭生擒，因赖朝之命，最后被斩首的情景如下："既不念最后的十念[2]，也不许愿西方净土，只是望着传自先祖的所领伊东和河津方向，执念颇深地遥想旧事，竟然不觉惭愧！"在临终之时也不念佛，也不许愿往生极乐净

1　日本古典文学的类型之一。以描写战争时代为主的叙事文学。本书中频繁提到的《将门记》《平家物语》《曾我物语》《义经记》都可归为此类。

2　口念十遍佛的名号。

土，只是遥望着先祖传下来的所领、苗字之地的方向"执念颇深地遥想旧事"的姿态中，可以说象征着中世武士的风貌。

这苗字之地才是扎根于"土地"的武士们，以宅邸和宅地为中心对当地展开支配的地方。那里有祭祀祖先的坟墓，有父祖代代的灵魂寄宿之地，有守护自己家的氏神和氏寺。无论从空间上还是时间上，从实体上还是观念上，都可以说是构成武士团支配权核心的部分。

武士的"家"支配权的图示化

读者们应该知道承久的新补地头吧。在承久之乱中获胜的镰仓幕府，把大量御家人武士作为地头送到新没收来的以西国为中心的各个地域上，但原则上他们的收益和报酬继承前例，如果那些报酬太少，或者如果没有可继承的前例，就适用于一定额度的基准。接受应用这一基准的地头就叫作"新补率法的地头"，略称为"新补地头"。

其基准为：

（1）每十一町[1]田地给地头一町作为免田（免税地）。

（2）对于其他田地，地头每一反田征收五升加征米。

（3）山野以及河海产物，领家、国司一方与地头一方对半分。

这三条是主要内容。从其制定的经过来看，它明显指出了

1　古代、中世的面积单位。6 尺见方为 1 步（约 3.3 平方米），360 步为 1 反，10 反为 1 町。

地头最为标准的收益水平，所以也为我们观察以地头为代表的当时武士团的所领支配理想状态提供了绝好的线索。

那接下来我就参考"新补之率法"，来试着将中世武士团的所领支配构造进行图示化。首先我用圆规画三个圆。然后把最内侧的圆当作武士的宅邸、家、宅地。就像我们将在之后详细看到的，实际上这些地方很多都是方形的，但为了方便说明，我就先用圆来表示。一般来说其周围都会围着土垒，或是用沟渠围住，所以这里经常被称为"土居（指土垒）"或是"堀之内"。这里是武士所领支配的核心部分，也是"家"的主人贯彻其支配权的地方。

其外侧的圆，意味着紧挨着武士居住宅邸的周边地区的直营田地。当时这些被叫作"佃""正作""御手作"等，由对主人从属程度较高的下人和从者等隶属民耕种，一般来说不用向庄园领主和国司上交租税。

这些田地因为紧挨着宅邸门前，所以很多也被叫作"门田""门畠"，"在检注[1]之时，一次也不曾将马鼻朝向堀之内"，也就是说这里是检注使无法进入的免检注土地。另外在地方上，门田的大小也代表了其领主身份上的差别。在"新补之率法"中，以每十一町中一町的比率得到承认的地头免田，正好就相当于第二个圆的内部部分。

---

1 在庄园制下，庄园领主或国司为了征收年贡而进行的土地调查。

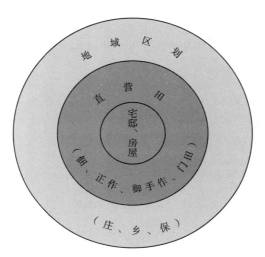

中世武士所领支配的构造

　　之后是第三个最外侧的圆，被称为"庄""乡""保"，指的是设置地头的地域单位。用"新补之率法"来说，指的是从每一反田中征收五升加征米的地域。所谓"加征米"，就是另外加征的米，是作为地头职务征收庄和乡等地的年贡时附带的收入。这个固定的领域内有很多农民，还存在很多较小但也实行同样的同心圆式支配的其他武士团。这里对于这个"家"的主人来说是支配权最为薄弱的部分，正因如此，他们才会基于地头的职权以强化支配。

　　以上就是将"家"支配圈图示化后呈现出的同心圆式样貌。其核心是宅邸、家、宅地，可以认为其支配权通常是从这里向外扩散。换言之，如果第一部分扩大和发展到吸收掉第三个外圆的全部，就是武士的"家"支配发展到了极致。事实上，本来应该只意味着第一个宅邸部分的"堀之内"这个词，很多情况下也转变成第二部分直营地的名称。然后更进一步，把第三个外圆全部囊括进来，称这整片土地为自先祖传下来的宅地、居城的也绝不在少数。

　　将本书开头以来反复说明的武士的"家"支配权的实际状态图示化，就是上述这样。随着时代和场所的变化，它又会变化成什么样的形式呢？我想在以下各章继续探寻。

第三章

探访"兵"之宅邸

余五将军平维茂与平将门

"兵"与"中世武士团"

安田元久（参照"参考文献"）对于武士团的产生大概进行了以下说明：

"如果把旨在战斗的武力集团一般称为'武士团'，则无需看平将门之乱的例子，这种集团在十世纪就已经形成了。"但是，他们在当时被称为"兵"，其武力还带有古代性武力的特征。其大部分兵员也是农民，一个兵从属于其他兵的这种重层阶层关系尚未形成。

然而在十二世纪之后，我们能看到的战斗组织就发生了飞跃性发展，其大部分构成成员都是职业战斗人员，首长下面会跟着作为从者的"郎等（郎党）"，而郎等手下还有从者，已经形成了这种阶层关系。他们还是在各地都拥有所领的地方领主，以通过其所领支配形成的金字塔式等级组织（阶层性的支配关系）为基轴，一个紧密团结的战斗组织就诞生了。

"这就是中世性武士团的形成过程了。这样看来，所谓武士团就可以定义为'以成为中世社会之中坚人物的地方领主层为核心的战斗性权力组织，其内部结构存在主从制性质的阶层关系'。"安田如是说。

如此一来，将作为"古代性战斗集团"的十世纪的"兵"，和十二世纪以后的"中世性武士团"严格区分开就成为今日学界的普遍看法。

对普遍说法的疑问

但是我在准备撰写本书期间，对于这种普遍说法产生了一些疑问。我们在提到"武士团"时，首先想到的大概就是跨在马背上、手持弓矢和太刀进行战斗的身影吧。换言之，这种应该称之为"骑射队"的基本特色，在十世纪的"兵"们身上已经明显表现出来了。他们的军事力量尚未与农业完成分离，组织化还很不充分，一旦打了败仗就会仓皇溃逃，主从之间赏赐的"御恩"还不是土地而是实际物品等特色在《将门记》当中确实都有体现。

即使如此，就真的可以认为"兵"们的军事组织，与十二世纪以后的武士团完全是不同性质的吗？的确，由"御恩"和"奉公"连结起来的主人与从者的关系可能尚未成熟。但是从根本上驱动他们这些军事组织的，应该也是某种主从制了。主从关系还很单纯而非复杂的重层关系，在评测其进化程度的时候确实是一个问题。即便如此，首先必须要明确的是，那仍是主从制。

另外还有一个问题，就是兵力是否从农业中分离的问题。这在由太阁检地[1]确立兵农分离以前的中世社会，无论是十二世纪以前还是以后，某种意义上都是程度上的差别，区别没有那么大。我觉得还不如去重视骑射队这一战斗方式，以及在装备上的共通性。当然，我并不是主张十世纪的武士团和十二世纪的完全相同。不如说，我认为两者之间有差异，而且是"武士团"这一共同根基之上的差异。对于以研究作为社会集团的中世武士团为课题的本书来说，这样也比较合适。

荒野上的决斗

那我们就快来探访一下十世纪的"兵"的世界吧。

在利根川和荒川等大河流经的坂东荒野一角的广衾原野上，某天上午，有两队各有五六百人的军队，隔着

---

1 丰臣秀吉在天正十年（1582）的山城国检地之后在全日本开展的土地丈量活动。此次检地使用统一的基准，重新划分计量单位，规定了田地的等级，使得庄园制完全解体，生产者农民在检地账上登记的土地保有数目得以确定，夯实了以石高制为基础的近世社会的基础。

一町左右，举着盾牌排成排相互对峙。一场战斗即将爆发。不一会儿从双方军中各走出一骑士兵，交换写着开战大意的名为"牒"的文书。收到对方文书之后，两人都转过身去，回到自家阵营。以此为信号，两军就可以拉弓开战了。这两人不愧是从大军之中脱颖而出的勇士，在这种时候，不催马，不返顾，从容不迫地回到自家阵地。这才是"勇猛之兵"的典范。

战斗终于开始。两军士兵手持盾牌，逐步向前逼近，眼看着就要从弓矢战发展成全面冲突了。在今天的战斗中，一方的大将是无人不知的"兵"村冈五郎良文，另一方的大将也是天下无双的"兵"箕田源二充。良文属于在将门之乱中有名的平氏一族，是高望王的儿子，国香、良持、良兼等人的兄弟，将门和贞盛等人的叔父。他是以武藏国的北部，现在熊谷市南边的村冈为根据地并定居于此的豪族。充是曾任武藏国权介的源任（仕）之子，是以现在日本铁路公司高崎线的鸿巢站和吹上站中间附近，一个名叫箕田的地方为中心扩张势力的豪族。

两人都是在东国无人不晓的"兵"，并且都认为只有自己才是天下第一"兵"。而这时，有人出来污蔑中伤两人，最终发展成双方决定以战斗来定胜负的地步。于是定好了日期，两军就在这片原野上对峙。

可是就在全面战争即将爆发的时候，良文发话了。"今天这场战斗最初的目的，是为了明确分出你我两个'兵'的本事高低。就由我们二人尽力交战，分出胜负如何？"充也十分赞成，于是两人都让各自的军队回撤，分别从两军的盾牌之间骑马出阵。两人都挽弓搭上双头箭瞄准对方，策马冲锋，准备在交错之时将其射杀，又或是做出快要落马的姿势以躲开箭矢，一旦马跑过头就折回来接着作战。如此一对一的战斗持续了不知多少回合，双方使尽浑身解数也没能分出胜负。

最终良文和充两人达成合意说："我们两人都领教过对方的本领了。也不是自先祖以来的世代冤仇，那就此罢兵撤退吧。"于是结束了战斗。自那以后双方言归于好，心中不存半点芥蒂。

这是收录于《今昔物语集》卷二十五的关于"兵"的说话之一（第三），生动地描写了在广袤的坂东原野上争夺"兵之道"的单挑，以及两人的纯良心地。

据史书（『扶桑略記』"延喜十九年五月二十三日"条）记载，充的父亲前武藏权介源任，在延喜十九年（919）袭击了武藏国国府，不仅火攻官舍，掠夺蓄积在其中的公物，还意欲杀害国司。这比将门的叛乱还要早二十年。所以这次充和良文的单挑，应该发生在十世纪中叶，距离《今昔物语集》成书的十二世纪初，已经是大约一个半世纪之前的事情了。但从故事结尾部分的"古时的武将就是如此"这一记述来看，很可能这就是为大家所接受的上一个时代的"兵"的理想形象。

平维茂的英勇故事

接下来我们来读同样收录在《今昔物语集》中的坂东之"兵"的英勇故事（卷二十五第五）。

从前，陆奥国有一位名叫平维茂的"兵"。他是平贞盛的侄子。贞盛把侄子、侄孙都收为养子，维茂在他们之中颇为年少，排行第十五，所以被称为"余五君"。与此同时，陆奥国内还有一位田原藤太秀乡的孙子，是名叫藤原诸任的"兵"，与维茂在田地问题上起了争执。两人都向国司告状，但双方实力都很强大，国司也不好下达判决。在这期间，双方对立愈发严重，最终演变成了以战斗定胜负。双方集结好军队，约好了什么时候、在何处原野上战斗。维茂一方集结了三千士兵，而诸任一方只有一千余人。最终诸任宣布说"这仗不打了"，撤退回了常陆国。之后维茂也让手下军士各自回乡了。

但不久之后的一个深夜，诸任率领军队突袭了维茂的宅邸。维茂因为宅邸前面巨大池塘中的水鸟骚动不已，察觉到了夜袭，立即下令道："男儿们都起来武装好！给马装上马鞍！登上望楼！"大家拼死战斗，但终究寡不敌众，宅邸被焚烧殆尽，几近全军覆没。最后只有维茂一人偷偷逃了出来，在宅邸西边河流的芦苇荡中藏身。

第二天早上，在诸任的军队喊着胜利的口号离开之后，从附近集结而来的维茂的部下悲叹不已。这时维茂现身，对大家喊道："我虽然考虑过今天晚上就藏在后面的山上，但我不想让逃走的污名流传后世，所以还是决定一战。马上追上他们！让他们知道我还健在，还能再打一场。若非如此，耻辱将传及子孙。"一开始因为"敌人有四五百，而我方只有五六十。这仗根本没法打"而犹豫不定的从者，也跟上了率先翻身上马冲了出去的维茂，开始追击。

诸任在回去的路上，拜访了妻兄、通称"大君"的豪族的宅邸，一脸骄傲地报告了昨晚发生的事。大君听完却说："只要没有斩下维茂的首级，就不知道他什么时候还会追击而来。我不想受你牵连，你还是快走吧。"诸任嘲笑"大君"胆小怕事，带着军队在近处山野的小溪附近休息，举办了庆祝战胜的酒宴，最终全军不论人马一并陷入了沉睡。

这样一来，胜败从一开始就注定了。维茂在"大君"的宅邸前面派出使者打招呼说："我们从现在开始追击敌人诸任。"不久之后他们发现了诸任军，就像在跑马场射靶一样把他们全部射杀了。维茂还带着军队涌入诸任的宅邸放火，将其家族里的男性一个个射杀，同时下令"不准对女人下手"，把诸任的妻子带出来，安全地送到了"大君"的宅邸中。自此以后，维茂作为坂东八国无出其右之兵而名扬天下。事情就是这样的。

上述这些"兵"的故事，明确显示出当时的战斗方式以骑射为主。在这相互对立和斗争的世界中，他们将武勇名声视作第一，重视流传到后世的名誉，并且重视明辨是非，具备照顾女性精神的真实形象也跃然纸上。虽说《今昔物语集》的成书要晚至十二世纪，但我们可以相信，这里登场的"兵"都展现出了上个时代的战士们的风貌。

筑波山麓

接下来，在这些"兵"当中，我们就以常陆平氏一族为例，来稍微详细地探寻一下他们的真实样貌吧。筑波山耸立在广袤的关东平原中央部偏东的位置上，山容之威严让人根本想不到其海拔只有不到九十米。而在其山麓，特别是西方、南方一带，海拔二十到四十米左右的关东垆姆质土层的常总台地在这一面铺展开来。鬼怒川、小贝川、樱川及其支流等河川都从台地间向南方流去，切割着台地，在沿岸形成了长长的低地。其中很多成了沼泽或湿地，末端连接着霞之浦和现在的利根川。

十世纪平将门叛乱的一幕幕正好就在这片地域上演。最终击破将门的,是他的堂兄弟平贞盛等人。他们的子孙此后成为有力豪族,在这附近兴盛起来,并产生了被称作常陆平氏的众多武士团。接下来,我们就以这片地域为主要对象,来探索武士团的成立和发展路线吧。在探索的时候,我想首先以本书开头章节和"敌讨及其周边"一章中提到的"家"支配权为核心,并把起到重要作用的豪族的宅地和宅邸的存在方式置于中心,来探明他们的真实状态。

从筑波的山顶向正西方下山,现在的东石田村就在樱川对岸的常总台地边缘处。这附近就是死于将门进攻下的其伯父,即高望王的长子、身居一族族长之位的平国香的根据地石田"宅"。从东石田向南不到三千米,就是水守村。这里自台地边缘到台地平面都建有集落,从把与台地边缘接壤的东北部地区称为本田,而把台地平面上西南部的地区称为新田这一点来看,村庄原本大概位于与樱川沿岸的低湿水田地带相接的附近地区。

正好在台地末端与低地的交界处有几处泉眼,直到今天还被用作取水池。其中一个被称作多利河(タリカハ),据传日本武尊曾喝过这里的水,

常陆平氏世系图 I 据常陆大掾世系图绘制

113

还设置了水看守，于是这里就被称为"水守"了。水守也可以写作"水漏"。毫无疑问，村子的名字就是从这些泉眼中诞生的。

探访水守城遗迹

水守城遗迹位于村子东北，台地边缘最突出的地方，离平地大约十五米左右高。其形状接近于一个直径三百米的圆。邻接台地的这部分小字，就像其名称"馆堀"所示，被一条无水沟渠分割开来，名叫"馆之内"的这部分小字则向外侧突出。这里正好有一个叫作瞭望台的高达数米的假山，应该是用挖沟渠时掘出来的土筑成的。沟渠的外侧，南边紧靠着一片名叫"殿坪"的小字，西边名叫"打出"。这附近应该就是城的正门了。为了在平坦的台地上瞭望远方，他们有必要建造瞭望台，而其之所以向南方突出，也是为了要从侧面防守正门。

宅邸内部十分平坦，最北边的部分与南边的瞭望台正相对，也稍稍偏高。这应该是把古坟改造成瞭望台了。东北部向下边倾斜的小字名叫"狭间"。为了发射弓矢或者弹丸在城墙上凿开的洞穴就叫作狭间，所以这里应该有类似的防御设施。再下边的低地名叫"馆之下"，则地如其名。

描写了将门叛乱的来龙去脉的《将门记》中，出现了"水守营所"这个名字。将门的根据地之一的"石井营所"内部，具备了"放置兵器之所""将门过夜之所""东西之马打（马场）""南北之出入口"，还设有从者们轮换值夜的地方。所谓

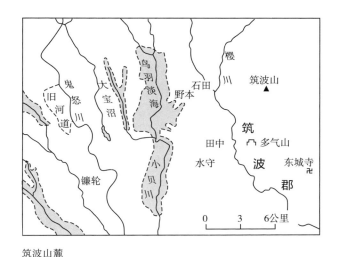

筑波山麓

"营所",如前所述,首先是一个军事性据点,也就是城塞。据《将门记》记述,国香去世之后被视为平氏一族族长的平良兼,从根据地下总国渡过"流海",于常陆国登陆,在"水守营所"与弟弟良正、侄子贞盛等人一起讨论进攻将门的战斗对策。这里应该是国香拥有的"营所"之一。

如果要在水守村附近建城或者宅邸的话,最向低地地区突出的现今水守城遗址所在地无疑是第一候选地。当然,中世的城或宅邸很多都是在同一地点长时间地继承使用,所以想要知道其最初形态殊为不易。

水守城遗迹中留下来的建筑物在中世后期也经历了改变,但并未大幅改造自然地形,建造计划较为简单,因此应是保留

了相当古老的样式。基于这样的理由，我判断这里应该就是将
门叛乱时的"水守营所"遗迹，且基本没有发生太大的变化。
虽说平坦部分已经建造了小学和幼儿园，但这些建筑遗迹至今
还生动地留存着中世宅邸的样貌，显得格外珍贵。特别是它是
将门之乱有关地区中原貌保存最好的地点，肯定有很多人希望
这里不要再受到其他的破坏。

"水守营所"的主人

　　站在水守城遗迹的一角，能看到东北方的筑波山峰的雄伟
姿态，而隔着樱川流域的前方，则是多气山丘陵，山麓边上连
绵着筑波北条的家家户户。那附近向南倾斜的台地末端，据推
测曾经是筑波郡中心的郡家[1]所在，还有奈良时代的古寺遗迹，
作为古代以来的豪族根据地来说，条件良好。多气山上有常陆
平氏嫡流在镰仓时代初期坚守的山城的遗迹，是和水守相匹敌
的常陆平氏嫡流家的根据地。

　　水守城遗迹北面到西面，遍布着广阔的水田，曾是中世时
期田中庄的中心地带，正好紧邻着水守村的北边。每一块田地
几乎都被分割成大约一反大小，清晰地显示出条里制[2]的形态，
展现出这附近的水田开发有相当古老的历史。古城遗迹的北端

1　在律令制下，郡一级的政府机关。
2　日本古代律令体制下的土地区划制度。将土地以每格六町（约654米）见方的大小
　划分成棋盘状，以东西方向为条，南北方向为里。

有古坟,遗迹内部的旱田中散布着土师器[1]的碎片。这片台地的边缘,近处有泉水涌出,是正适于开垦水田的低地地带,自然是古代以来的宜居之地。

所谓"水守营所"中的"营所"是"私营田经营",即豪族经营农业时进行直接管理的据点。十一世纪上半叶至中叶,伊贺国的"猛者"藤原实远,在国内各郡都拥有所领,在各处建起"田屋"进行经营,据说国内的人民都成为他的从者。他建造的"田屋"应该就相当于"营所"了。为了驱使农民耕作田地以直接经营,就必须要准备好被称为"种子、农料"的播种用的种子以及粮食、工钱。在"营所"中,当然也储存着这些物资,应该也并排建有好几座仓库。紧靠着水守城遗迹下方铺展开来的水田地带,无疑就是前面提到的直营田。

贵族所见之"兵"

从都城带走大小姐的男人

继平国香、贞盛之后成为这处"水守营所"主人的,是贞盛的弟弟繁盛之子维干。贞盛把一族中侄子、侄孙都收为养子,据说人数达到十几人,维干是其中之一。在贞盛进京侍奉朝廷,

---

1 自古坟时代以后到平安时代被广泛使用的素烧陶器的总称。

转变成在畿内近国[1]地区发展势力的武士团首长之后，维干继承了自国香以来的常陆国势力圈。他得到了五位的位阶，通称为"水守大夫"或"多气大夫"。据推测，他作为根据地的宅邸就在"水守营所"或多气城的山麓地区。

《古本说话集》(卷上"伯之母之事")以及《宇治拾遗物语》中记载了下面这样一则与维干有关的说话。《古本说话集》与《今昔物语集》的成书时期差不多，是在十二世纪上半叶院政[2]期成书的说话集之一，在日本战败之后广泛传播，十分有名。

> 从前有个常陆国住民叫多气大夫，为了告状来到了都城。他住的地方对面是越前守高阶成顺的家。成顺的妻子是有名的歌人伊势大辅，两人育有后来生下神祇伯康资王、以"伯之母"之名闻名世间的歌人等许多女儿。
>
> 一次，成顺家里举行法会，多气大夫闲得无事，就去听讲经说法。风把竹帘吹起来，他看到了身穿红色单袭[3]、美得不似凡间之人的女孩，对其一见倾心。这就是成顺和伊势大辅的长女大姬。多气大夫无论如何也想娶

1　畿内指天皇居住的都城的周边地域，在律令制下指大和、山城、河内、和泉、摄津五个令制国。近国指律令制下离京都较近的十七个国，分别为伊贺、伊势、志摩、尾张、三河、丹波、因幡、备前、阿波、纪伊、赞岐、近江、美浓、若狭、但马、播磨、淡路。

2　指上皇（太上天皇）或出家的上皇（法皇）代替天皇执行政务的政治形态。

3　女性夏季穿着的一种衣物，是没有衬料的单衣。

大姬为妻，于是花费百两黄金收买在她身边侍奉的女童和乳母，终于把大小姐偷了出来，和她的乳母一起回到了常陆国。

岁月流逝，伯之母成了常陆守的妻子，和丈夫一起来到了常陆国，这时大姬已经离开人世了。大姬的两位遗孤女儿，听闻这个消息后来到了国府。两人都是出众的美女，看不出是乡下姑娘。两人说伯之母和自己去世的母亲长得简直一模一样，大哭了一场之后回去了。在国司任期的四年当中，虽然姨夫是国司，但两人既没有以此为傲，也没有来求他办过事。就在任期即将结束的时候，常陆守说："她们竟然什么都没来求过我，真是不合乎常理。我至少还是告诉她们我要回京都了吧。"联络之后，两个女孩在他要回京都的两天前来拜访。一匹都算珍宝的名马，两人一人带了十四。驮着装满了财宝的皮子（皮革面的行李包）的马，两人也一人带了一百匹。两人向姨父赠送了这些礼物之后，若无其事地回去了。

常陆守见了这些感叹道："过去四年间当国司获得的财富，和这些一比简直不算什么。不过说起来，她们的心胸真是宽阔，真是太好了。"

这篇说话的作者站在中央贵族的立场上，一边慨叹大姬小姐在东国尽头的常陆国作为"乡下人"了却一生，但同时表现出对把她当作妻子带走的多气大夫维干之富豪姿态的艳羡。"水守营所"的主人维干，就是这样一个人物。

买下五位位阶的男人

可能有人会说，这个故事是说话集中的一篇，无法保证其中展现的是否是事实。那接下来我们就来翻阅在最为历史学家所重视的古文书和古记录（日记类）中，作为摄关时代贵重史料而知名的藤原实资的日记《小右记》（"长保元年十二月九日"条、"同月十一日"条）吧。其中不仅提到了维干的名字，甚至还记录了他买下了五位位阶这种富豪行为。

事情是这样的：长保元年（999）十二月，在售卖花山上皇所持爵位时，平维干在常陆介平维叙（贞盛长子）的帮助下，以此前进献分量不足为由，把二十六匹绢和自己的名簿送到了京都。维干本来就是侍奉实资的"仆"，也给实资献上了三匹马。因此，实资居中帮忙，从花山上皇那里传来了来年授予维干五位位阶的消息。

在律令制度下，三位以上被称为"贵"，四位、五位被称为"通贵"，五位以上是拥有种种特权的身份。对于这个时代的豪族来说，位阶官职拥有巨大的魅力，而在当时的武士和"兵"当中，有很多人自称为"某某大夫"以炫耀所拥有的五位位阶。多气大夫，也就是水守大夫维干成为其中一员的经过，在《小右记》这本有名的日记中得以证实，这一点弥足珍贵。

　　他能获得五位位阶的首要条件就是财富。既然要买位、买官，这也是理所当然的条件，而维干正满足这个条件。然后是与中央朝廷有特殊的关系，即有所谓的"门路"。维干侍奉着继承了当时藤原氏一门中有力家族小野宫家的实资，实资也称他为"余之仆"，那这一点也合格了。《将门记》中记述着这样的事实：将门自少年时代把名簿献给了太政大臣藤原忠平以表示臣服以来，一直把他视作"私君"。维干之父繁盛也是侍奉忠平之子九条右大臣师辅的人。成为以私人身份侍奉中央朝廷之权势家族藤原氏一门的从者，对于这个时代的东国豪族阶层来说是很常见的事情。

　　此外还需要注意的是，在与维干相近的族人中，历任国司，特别是东国国司的人很多。维叙做过上野、常陆两国的介，陆奥国守；维将做过常陆介；维敏做过上野、常陆两国的介；维衡做过常陆、上野两国的介，以及伊势、陆奥、出羽、伊豆、下野、佐渡诸国的守。由贞盛四个儿子的履历就能明白这一点。当时常陆、上野、上总三国被定为亲王任国，由亲王担任国守，但亲王只收取俸禄，不执掌政务，由作为次官的介在当地执政。所以，这三个国的介就是实质上的国守。

　　话说回来，作为维干堂兄弟或养兄弟的贞盛的四个儿子都获任过常陆国守。这一点很重要。他们作为自父亲贞盛以来的本国——常陆国的国守，自然努力扩张家族势力，维干也应该充分享受到了其成果。在获得五位位阶时受到常陆介维叙的帮助就是一个例子。他在经营、扩大国内的所领时，理应借助了很多国司的力量，而且维干自身在国衙政厅内部应该也打下了一定的基础。他的富豪姿态也好，对连襟常陆国守采取了具有某种独立性的对应方式这一事实也好，应该都是在这种条件下才有可能实现的。

"兵"们的宅邸

我们再来稍微探明一些像维干这样的既是"兵"又是富豪的初期武士团的真实情况吧。至于素材，我想以描写了正好在维干祖父世代发生的将门叛乱的《将门记》为中心，同时涉及前面介绍过的《今昔物语集》。

《将门记》的叙述十分详细，并且可信性相当高。作品开头描写将门与伯父国香，以及其姻亲前常陆大掾源护一族的战斗，获胜的将门将敌方"野本、石田、大串、取木等地的宅乃至援军的小宅尽皆烧毁。（中略）又将筑波、真壁、新治三郡的同伙们的舍宅五百余家如数烧毁"。

这里说得很清楚，构成国香、源护一族势力圈核心的，第一是分布在四个地方的"宅"（野本、取木的所在地不明，石田与大串的直线距离大概八千米），第二是位于其周边部分的"援军们"的"小宅"，第三是在三个郡内广泛分布的"同伙们"的"舍宅"五百余家。换言之，"宅""小宅""舍宅"这三重构造，构成了他们这些豪族的势力圈的基础。

构成其核心的"宅",在《将门记》中时而被称为"营所",时而被记作"宿"。如"水守营所""石井营所"相关内容所见,它既是宏伟的宅院,也是城塞,又是农业经营的基地,还是交通和商业活动的中心。在前面介绍过的《今昔物语集》中维茂的武勇故事中,他的宅邸背后依山,前傍沼泽地,西侧有深深的河水流过,是自然形成的要害之地。他应该就是利用了这样的地形,且挖掘了壕沟、砌筑了土垒。故事还说"大君"的宅邸也是,大门处安装有坚固门扇,建造有望楼,由侦查的武士在上面警戒。

故事中说,维茂的宅邸被夜袭的时候,武装起来的战斗要员加在一起有二十人左右,但在让女人、孩子逃走之后,宅邸中的人几乎尽皆被杀,死者合计有八十余人。我们由此可以大概知道,包含家中使唤的奴仆、侍女等非战斗人员在内,这些宅邸中平时住着多少人。

从宅邸周围到附近一带,散布着从者们的家。这就相当于是《将门记》中所说的"援军们"的"小宅",以及"三郡"的"同伙们的舍宅"。在维茂的说话中,应该就是夜袭之后从附近驰援而来的五六十个家臣,和散布在更远地域的从者们了。

"芋粥"的故事

在这里我不禁想起芥川龙之介的小说《芋粥》所依据的《今昔物语集》中的一篇著名说话(卷二十六第十七)。一位侍奉时任关白藤原基经的五位武士某某，在流露出"想要吃芋粥吃到饱"的愿望之后，越前国敦贺的"有钱有势之人"有仁的女婿，同样也是侍奉在基经家里的武士藤原利仁，把他带到了位于敦贺的宅邸。一行人到达的那个深夜，五位听到周围响彻着"附近的下人们都听好了！明天早上卯时（上午五点到七点左右），每人带一根粗三寸、长五尺的山芋过来！"的高声。

到了第二天早晨，每个下人带着一根山芋，一个接一个地堆在庭院中铺好的四五张长席子上，最后堆到了与家里屋檐齐平的高度。"昨天夜里的叫声，其实是从为了向在那附近居住的所有下人传达命令的'人呼之岳'发出的。仅仅是能听到叫声的下人们带来的山芋就有这么多。更何况还有远处（在离宅邸较远处的）的，其从者之多可想而知。"就是这样的一个故事。

当然这个故事应该是有所夸张。不过在主人的宅邸附近，有一个向邻近村镇的从者们传达命令、把他们召集起来的被称为"人呼之岳"的土岗。这个很有意思。很久以前，我曾经在多摩川的上游，东京都最西面深处的山谷处，现在沉入小河内水坝湖底的一个山村中，从老人那里听过山姥的传说。

"从前，小河内村受南边的桧原村的衙门管理，这边的人也被分到'桧原公事'，即前往桧原效力的任务。在催人服役时，他们经常站在桧原村和小河内村之间、能将小河内村尽收眼底的山顶上，大声喊出要去服役的命令。有一次，山姥模仿这个行为，在山顶上喊'新三郎和权三郎，要去桧原公事啦！'"

这一段就是这个传说的开头。它表明登上高地高声喊叫以让命令传达到很远处，是以前应用得相当广泛的方式。

在利仁的敦贺宅邸范围内，在听不到像这样从"人呼之岳"发出的喊声的远处，也有很多从者存在。故事经常会描写位于这些人之上的丈人有仁和利仁的势力之大，在敦贺宅邸住了一个月左右的五位武士感到"无限愉悦"。之后要回京都的时候，利仁又为他准备了许多常服和盛装，把许多装满了绫、绢、棉的皮子送给他做礼物，把名马装上马鞍做饯别礼，"多年以来定居在当地，被当地人所认可的人，自然而然就会有这样的权势与威力"。像这样，作者毫不吝啬对地方豪族们奢华的生活方式的赞叹之辞。

历任上野、上总等国的国守之后，藤原利仁在十世纪初成为镇守府将军，传说他镇压了东国的盗贼集团的暴动。某种意义上，将门等人出身的平氏一族应该也是同样的豪族。利任的根据地大概是在北陆道，特别是越前国附近。根据世系图类资料，以后来出了斋藤别当实盛等人的斋藤氏、因安宅的关守而出名的富樫氏为首，这个地域的有力武士团全都是利仁的子孙。

先不说芋粥的故事是否全部是事实，不可否定的是，这部作品形象地展现了其成书所处的院政期之前一个时代的地方豪族生活的一个侧面。在十一世纪，常陆的水守大夫维干无疑也过着几乎与之相同的生活。

土豪的往来信件

只要看一下《将门记》中的战争记述，就会发现胜者经常火烧对手一方的"宅""小宅""舍宅"。这是因为这些是敌人支配力和权力的根源，是核心部分。

就如作品中"千年之贮，伴于一时之炎"这句话所示，虽然他们积蓄了庞大的财富，其主要部分还是被投入直接经营当中，收获物会再次被收入豪族们宅邸的仓库存起来。

> 谨言。为用作农料，诚心希望您能够借给我稻子三百束（换成米则为十五石）。如果您可以出借，希望尽可能借给我稻子，而不是米。我承诺，今年秋天会连同利息一起还给您，利率在百分之五十到百分之一百之间，具体由您指定。谨言。

> 谨言。您的吩咐，我已知悉。虽然应该把您在信中要求的稻子尽快借给您，但我这边去年经营的田地数比以往要少，收获也随之减少。在缴纳完年贡之后，剩下的分量连满足自家所需都不够用，只剩下不到一千束（换成米则为五十石）了。并且在收到您的要求之前，我已经将稻子分给了一两个供我驱使之人，以及在我管辖地域内所部的下人们了，所以虽然难得您来找我，但我实在爱莫能助。还请您能体谅我的难处。我绝非吝啬而不想出借。谨言。

这两封往来信件，被称为往来物，是平安后期盛行的书简写作的例文集兼一种教科书中现存的最古老的、成书于十一世纪初的《高山寺本古往来》中的一节（第三、第四文书）。从地域上看，会让人觉得这本书的内容可能是以畿内近国地区的农村状况为模板的，但从往来物的特征来看，应该说其内容具有相当的普遍性，作为史料来说拥有很高的价值。

读一下内容就会发现，这是两位亲自进行农业经营的豪族之间，在某一年开春时节，围绕经营中所需要的"农料"的贷借进行交涉的信件。一个人说，为了补充"农料"不足，想要以百分之五十到百分之一百的年利率来借三百束稻子，另外一人则以去年歉收，剩下来的米还不到一千束，而且已经分给自己支配下的农民为由，拒绝了此事。想必这一边也同样是将其用作"种子"或"农料"分配下去吧。之所以特别加上了不要米而要成穗的稻子的要求，是因为在作为种子使用时，这样能够辨别清楚米的种类。

当时用于直接经营的"种子、农料"，每町大约以一百束为标准，即便把这一千束全部投入农作，估计其经营程度最多也就是十町步程度。但即便如此，这份往来信件也很珍贵。

国司与豪族的问答

接下来我们再来看一份同样收录于《高山寺本古往来》的往来信件（第十四、第十五文书）吧。这一份好像是国司与地方豪族之间交换的书信，首先是豪族这边对于未缴纳寄存的年贡米一事的辩解。

谨言。您寄存在我这里的年贡米的明细，以及您每一次的命令书都已收集齐全，这次寄送给您。希望您能够加以检查。您寄放在我这里的稻子和米，一直以来都没有遭受过一点损失。可是这一次却发生了二十五石有余的损失。其实这是因为去年春天，我与借米人约好秋天连本带利一并返还，以出举米的方式借给了他们，但其中有很多人逃亡、死亡，还有人因为贫困实在是还不上。既然我侍奉在您手下，我就会想办法来解决此事，具体情况我想明天早晨拜访您，向您当面汇报。谨言。

对此的回信是——

谨言。在把文件与阁下的书面内容向大人据实禀告之后，大人是这么说的："我把明细文件下发到公文所（专门处理公文的部署）让他们检查，结果发现错误很多，特别是判明了去年度有大量年贡米消失。这都是你执政不力导致的。特别是我听下人说，你沉迷于围棋和双六，输棋时背负的欠款过多，从老婆、孩子、从者开始，最后连坐骑都拿出去抵押了，甚至开始对寄存的官物出手了，不是吗？实在不像话，但念在你至今为止为公家效力，这回就对你法外开恩。但是，如果你不缴纳年贡，那我立刻就会把你免职。"事情就是这样。草草不具。谨言。

国司那边并非亲自写信，而是让书记官或者秘书来做记录，反映了身份上的差距。对方的豪族如果不缴纳年贡，就马上免职这部分，原文为"可早替放件职"。而在《古往来》中，与这份往来信件并列的都是国司与郡司之间的信件，从这点来看，这位地方豪族可能也是郡司，或者处于类似的地位。

里仓负名

换言之，从这封信件中我们可以推断出，被赋予拥有一部分国衙领地支配权之地位的豪族，并非把从在其支配下的农民那里征收来的年贡米直接上交给国司，而是先保管在自己"宅"里的仓库内，到开春时节将其以出举米的形式贷给农民，让他们到了秋天连本带利一并返还，并将明细寄送报告给国司。

名为"私人出举"的年利率高达百分之一百的高利贷，构成了豪族层重要的经济基础。在这种情况下，贷款的本钱其实是本该缴纳给国司的年贡，即官物本身。这也可以说是公私混淆：这些豪族是国衙的下级官人，他们的"宅"的仓库其实也是国家仓库的一种。事实上，国司那边把这些仓库称为"里仓"，把这种状态称为"里仓宅纳""里仓负名"(所谓"负名",就是以自己之名负责的意思),所以这些出举也是官方出举。私人出举和官方出举在这里完成了一体化,官方出举部分的利润由豪族上缴到国司。这种系统就是如此形成的。

先前引用的主题为贷借"农料"的信件中也能见到"所部的下人"这种表达。"所部"这个词,原来是指官厅的管辖地域。把两方结合起来考虑,最初那份往来信件的农业经营者应该也是郡司,或者是地位相近的国衙下级官人的豪族。

他们担负着从一定地域征收年贡的责任,他们的"宅"的仓库成了收纳年贡类物品的场所,作为一种国家性质的仓库来保存这些东西。在仓库里积存的稻子和大米等,会先用作他们直接经营的田地的"种子、农料",从直营田中收获的作物则让仓库充裕起来。另外,稻子和大米还会被半强制地高利贷给他们管辖地域内的农民,到了秋天就会征收利息。无力支付利息,就在直营田里无偿劳动来偿还负债。使用这样的方法,这些豪族也能筹集到在直营田里耕作的劳动力。

我们还必须考虑一件事,那就是在豪族支配这些农民的过程中,租税征收所起的作用。豪族会选择将农民未缴纳的租税私自垫付缴纳,然后将这部分施以高利率的利息,以驱使农民。另外在当时的租税体系当中,继承了之前调和庸[1]系统的缴

1　律令制下,调指向男子征收的人头税,庸指为免劳役而向国家缴纳的物品。

纳实物的品目，很多情况下都要求缴纳绢或纺织品等手工业产品，但农民们交上来的是稻子或大米，那么把这些交换成手工业产品也是豪族的任务。他们的"宅"或者"宿"，同时是商业或手工业生产中心这一特点，从这样的侧面来看也是十分有利的。

"兵"们的根据地

"僦马党"与豪族

九世纪末到十世纪初，坂东诸国活跃着被称为"僦马（雇佣的马）党"的盗贼团伙。政府的禁令称，这一地区的"富豪"成为使用骏马的大商人团、运输业者，活动足迹遍布南至越过足柄岭的东海道，北至越过碓冰岭的东山道这两条干线道路。他们从东山道掠夺行李运到东海道，抢走东海道的马匹后又回到东山道活动，最终演变成了富有机动力、拥有武力的盗贼团伙。但我在阅读《将门记》时会忍不住想，以将门为首的贞盛或藤原秀乡等主要人物，其实不也和这些"僦马党"是同类吗？

将门自身是擅长骑马战斗的"兵"这一点在作品中随处可见。在他的根据地下总国丰田郡内有一个"常羽御厩"，在将门败北之后，被敌军烧毁了。将门的部下有"一人当千之名"的"兵"，即负责被称为"阵头"的先锋职责的勇士多治经明，正是相当于御厩管理人"别当"的人。

另外，身为常陆国的豪族而投奔将门，最终为将门制造了攻击常陆国的理由，成为他公然反叛国家之契机的藤原玄明，在《将门记》有如下描述："镇夺往还之物为妻子之稔，恒掠人民之财为从类之荣也。"书中认为他是"国之乱人，民之毒害"，完全将其塑造成了恶人。一旦要被国司追捕，他就和妻儿一起逃亡，途中还顺便袭击了行方、河内两郡的仓库，掠走收纳在其中的米谷。诸如此类富有机动性的行为简直和"俶马党"一模一样。

然而另一方面，作品中记述玄明是"望农节则贪町满之步数，至官物则无束把之弁济"，即到了春天就承担起大量田地的耕作和纳税任务，到了秋天却一点儿税都不想交。这显示出玄明也是如前所述的对国司的纳税承担人，与商业和交易等事务关系紧密。

探访武士团和牧场的遗迹

在如此活动时，毋庸赘言，马匹起到了至关重要的作用。中世武士团的特色，就是用以弓马为代表的战术来进行战斗的集团，而平安中期的"兵"已经具备这一特质了。他们的马是从哪里供给的呢？就像处于将门支配下的常羽御厩一样，与已经水田化的低地地带不同，那里是开发较为迟缓的覆盖在关东平原的台地平面，是放牧马匹的绝妙牧场。

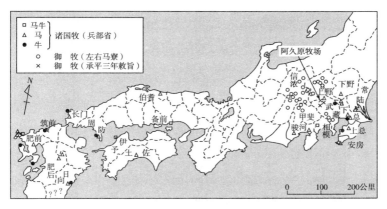

诸国牧场 据《延喜式》

据《延喜式》记载，以饲养军用牛马为主要目的而在诸国设置的国家牧场（诸国牧），归属兵部省兵马司管辖，多位于关东地区和九州地区。这说明关东广漠的未开发原野具备着适于建造牧场的良好条件。归属于左、右马寮的御牧（敕旨牧）则是饲养皇室用马的牧场，分布在信浓、上野、甲斐、武藏四国，合计三十二所。我们可以清楚了解到，关东地区以及信浓等地是当时有力的马匹特产地。

随着之后台地平面的继续开发，曾经的牧场有很多都消失了。但是在关东地区，特别是靠近山岳的地带，多少还留有一些据传是过去牧场的遗迹。

接下来我们就来探访一下其中之一、曾经作为御牧的武藏国阿久原牧场的遗迹，也即现在的埼玉县儿玉郡神泉村（现神川町）。起源于信浓、上野、武藏三国交界处之三国山的神流川，冲刷出峡谷，最终从关东平原的一角流出，注入利根川。作为点景石而知名的三波石的产地鬼石町（现藤冈市），正好位于平原地区和峡谷的接点位置，而隔着神流川的神泉村的秩父滩，每年十一月十九日都会举行裸体祭典。

十一月过半，就算是晴天，北关东地区也很冷。秩父滩不足二十户的村民，早上聚集到按照轮班制选出来的头人（头屋、头家）家，之后由献出了神体的头人领头，游行至离村子有一段距离的神域"有氏之森"，即有氏神社的庭院内部。平时不见人影的神社庭院内部及其周边，此时已经有大批参拜者蜂拥而至，特别是大肚子的妇人以及孩子，十分引人注目。

不久一行人到达神社，祭拜神体，供奉上神酒、红豆饭、粢饼。由距离这里三千米的金钻神社的神官完成驱邪仪式并上奏祈祷文后，一行十余人一起脱下衣服，面对篝火，只穿一条兜裆布。然后他们聚集到置于神殿前面的圆形木盘周围，击掌合十，将木盘高高举起，同时齐声喊起"上去！下去！"的号子，互相推搡，到处乱跑。他们会伸手抓起盛在木盘里的红豆饭，旋着手臂向四面八方分撒。红豆饭团块会散成一粒一粒地落到参拜者身上。这被称为御神供（给神明的供品），据说接住了这些米粒就能避开这一年的灾厄。不到十分钟，祭典结束。因为是祈祷平安生产的祭典，所以有很多妇人参拜。

之后村人在头人家里举办祭典之后的聚餐——直会，神社

院内也再次归于平静。院内一隅立着明治二十六年（1893）宫
本百合子的祖父中条政恒书写的题为"有氏神祠碑"的石碑，
为我们说明了这个神社和裸体祭典的由来。

有氏神社与阿久原牧场

"有氏"是"有道氏"的略称，据说这个有氏神社供奉的
是武藏七党之一的著名武士团儿玉党的先祖有道维行。维行的
父亲维能曾经侍奉藤原氏一族中与道长竞争最后落败的伊周，
也有人说他是伊周的儿子，后来被任命为武藏介而离开都城，
定居在儿玉郡，成了豪族。维行继承了父亲的家业，负责管理
在秩父滩所在的山间小盆地中开设的阿久原牧场，后来也被任
命为武藏守，被称为"有贯主"。

据传他在延久元年（1069）去世。之后，他的子孙以这个
儿玉郡为中心，不断地扩张所领的范围，创建了一种共和式的
武士集团——儿玉党。在此，武士化的基础条件之一，无疑就
是作为阿久原牧场的管理者，能够自由获取马匹。

包括秩父滩在内的神泉村北半部一带原本被称为阿久原
村，就是曾经的御牧阿久原牧场所在地。在将门之乱即将爆发
的承平三年（933），秩父郡的秩父牧场和石田牧场被合并指定
为御牧（敕旨牧），并且每年总共要向朝廷进献二十匹御马。

这片土地的西边、北边被神流川的清流环绕，东边、南边
被高达三百到五百米的群山环绕，是一片向北方缓缓倾斜的斜

坡，据说这里水源也丰富，牧草长势良好。前往神流川的河滩，无论是饮马还是清洗马身都会很方便。

南侧群山的山腰处，有一座被称为饭盛山（大臣山）的海拔二百米左右的别致山峰耸立，在其山脚处，有一座驹形明神社，作为牧场的守护神受人供奉。据说这里的神殿从前更大，供奉的神体是涂成红、白两色的马驹。

站在这附近，眺望向北方的神流川渐次降低的景观，会自然觉得这片由河滩、群山自然分界的地域确实是古代以来的牧场。附近也留有"马场""马出"这种小字。据传以前是将马从饭盛山上赶下来，以区分良马、驽马。人们口口相传，从前倾斜较缓的东侧山顶有木栅栏，在北部和西部有防止马逃走的监视区域。牧场东部的山脚处，也祭祀有驹形稻荷神社。

在占据牧场主要部分的下阿久原深处，沿着神流川向南，就会看到上阿久原的村落散布在山间。其中南侧斜面上有一片稍缓的倾斜地带，坐落着名为住居野的村庄。这一带面向南方，可能在冬天会把马聚集到这里饲养。无论如何，这个阿久原牧场无疑是从前的牧场遗迹的良好样本。

在牧场北端平坦部分的中间位置，现在也存在家号为"政所"的家庭。边长八九十米的方形宅地，东西两侧有壕沟的痕迹，北侧房屋的后面留有土垒。这明显是中世武士的宅邸遗迹。其西北方有一个镇守村庄的丹生神社。这是与跟儿玉党并称的武藏七党之一的丹党有深厚关系的神社。

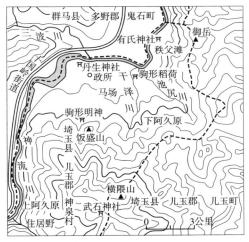

阿久原牧场及其附近

政所自然就是官厅、政府机关。这片区域正好处于饭盛山的正北方，正是阿久原牧场的中心地区。这个政所无疑是牧场管理者别当的宅邸，是政府机关所在的遗迹。它应该也是儿玉党的先祖有道氏的居所之一。

神南备种松的宅邸

创作于十世纪中期到下半叶的物语文学大作《宇津保物语》(「吹上」上）中，如下描写住在纪伊国南部牟娄郡的富豪、"无限财宝之王"、位于国司三等官的掾的豪族神南备种松的居所。这一段在《宇津保物语》当中被称为"绘解"，被视作是作者对物语插图的说明。正因如此，它有一种合适的向导、解说员带着参观种松豪华的住宅的感觉，是一段极为具体地描述豪族住宅状态的良好史料。我就稍微引用几段典型描写吧。

　　种松的家被边长二町、合计八町的瓦顶板心泥墙围绕，男人们用牛拉着犁，耕作他家周围二十町左右的田地。他家中有一百六十个仓库，积存着许多绫、锦、绢、棉、丝。

　　这里是政所。有三十名左右掌管家务事的家司在这里工作，负责经营分布在各地的"宅"的人也有一百人左右聚集于此，商量着今年一年的耕作以及养蚕等工作的顺序。烧炭人、砍柴人、养鹈人、驯鹰人、织网人也都各自拿着手工品或猎物来到了这里。

　　东西两侧各有一个马厩，分别饲养着二十四名马，牛棚有十五头好牛。

　　这里是炊事场，名为大炊殿。大量的糙米在这里被碾成精米，正被煮成熟饭。家里面各处的女佣人都为了分到米饭而聚集于此。

　　酒殿里面并排放着二十口容量十石的大瓮，现在正酿着酒。还有酿醋和腌咸菜的坛子。保存鱼肉、鸟肉的地方是贽殿。

　　这里是工艺品所。三十人左右的手工艺人，正在用沉香、苏枋、紫檀等材料制造食盒、方盘、书案等物什。

还有陶艺工人正在制作餐具。

这里是雕金匠的作坊。他们使用脚踏风箱，将银子和黄金铸成各种各样的物品。

这里是铁匠铺。负责冶炼银子和黄金的铁匠有二十人左右，冶炼出了很多东西。

这里是纺织所。房间里排列着织布机，有二十名左右的织布工人正在纺织各种纺织品。

这里是染坊。十个左右的男孩，和二十个左右的女孩在这里煮染草，然后用盆去染布。

这里是为了让绢布显出光泽而用捣衣石锤打的捣衣所。五十个左右的男孩，和三十个左右的女孩将锤打过的绢布卷起来，正在踩踏那威风的碓。

这里是浆洗布料所。为了让阳光充分照射，周围没有防雨窗。其中有二十个左右的婢女正把各种各样的布料贴在板子上。

这里是缝纫所。三十个左右的年轻人正在缝纫各种物品。

这里是丝所。有二十个左右的工人正各自卷丝、练丝，然后挂在每根竹竿上。有唐风、新罗风、日本风等各种各样的风格。

这里是家里各处的管理人员坐成一排，各自汇报所分担的工作的地方。

豪族宅邸的理想形象

故事当中说种松"世间财宝无所不有。连新罗、高丽、常世之国¹的财宝都有收藏，是财宝中的王者"，他让女儿进宫侍奉天皇，生下了皇子。所以我们恐怕要认为，这里描写的地方豪族的宅邸是特别豪华的版本，是被夸张化、理想化的形象。但也正因为如此，它为我们思考当时地方豪族的"宅"的最终发展形态提供了绝好的材料。

作品在这里描绘的是种松的"宅"中最重要的、位于牟娄郡的家，以其为核心，在国内各处应该还有好几个"宅"。在牟娄的家周围有二十余町直营田地，而这只不过是种松经营的一部分田地而已。

与经营广大田地同等重要的还有养蚕。烧炭、伐木、养鸬鹚捕鱼、驯鹰、织网等原始产业，也被纳入了种松的经营版图。这里也酿造酒、醋等饮品。丝所、纺织所、染坊、捣衣所、浆洗布料所、缝纫所等都是与养蚕有关的一系列手工业，工艺品所、雕金匠的作坊、铁匠铺等则构成了手工业重要的另一面。从事这些工作的人们，就算只计算在这里写明的，也达到了六百五十余人。

种松的家是将农业、原始产业、手工业经营连接在一起的

1　古代日本人想象的位于海对岸的极远国家，也被视为不老不死的理想乡或仙境。

产业中心，管理这些产业的是掌管家政的家司和散布在各地的"家"中被称作保管人的管理者，在这之上则是统筹他们的种松本人。

"兵"与"下人"

至此，我们从关东平原到纪州南部，从《将门记》到《宇津保物语》，观察了相当多的地方豪族的宅邸。虽然我并未称《宇津保物语》中的神南备种松为"兵"，但他明显就是十世纪下半叶的地方豪族层最为发达的理想形象。平维干的水守宅邸等"兵"们的宅邸，与之相比无疑规模较小，还停留在一个朴素的阶段。但是，"兵"们的宅邸既是军事要塞，又是起到农业经营、商业、手工业、交通之中心作用的"宅""营所""宿"，是构成武士团支配力根源的场所。

请大家回想一下在"敌讨及其周边"一章的末尾图示化的武士的"家"支配的同心圆型结构。位于其核心的宅邸、在周边部分铺开的直营田、构成其外缘部分的征税范围。"兵"们的情况与其基本一致。作为最中心根据地的宅邸的周边，还分布数个更小的宅邸，由像神南备种松家里被称为"政所"的机关对全体进行管理。

这样的形式可能是最先进的情况，而我们在《将门记》的叙述中看到的"宅""小宅""舍宅"这三重构造也显示出了相似的形式。其中每一个都是"宅"，拥有同心圆型结构的"小宅""舍宅"则被纳入中心位置的"宅"的支配当中，自身也随之构成了大的"家"支配圈的一部分。

前文介绍的《高山寺本古往来》中地方豪族关于借贷"农料"的往来书信显示，处于其支配下的农民被分成了一两个人的"驱使"和"所部的下人"。所谓"驱使"，就是字面意思，由着主人的心思呼之即来唤之即去的隶属者，很多在主人的家里与其同居。"所部"已如前述，原本的意思是官厅的管辖地域，所以"所部的下人"就是主人管辖地域内的"下人"。

平安末期以后，特别是镰仓时代的武士转让书中，有很多在所领、世代相传的铠甲头盔之外将"下人"也一起转让的事例。换言之，他们对于主人来说就是物品。这种被认为是财产、隶属性很强的人们，就是前述情况中所指的"下人"了。不过一般来说，"下人"这个词的意思要再宽泛一些，原来指"比自己地位低的、身份低下之人"。那么采取这种解释如何呢？

同样是《高山寺本古往来》，另一份往来信件中的国司写道"我听下人们说……"。这种情况下，"下人"似乎还是解释为"身份低下之人"比较好。在"下人"前面加上"所部"，也就是"作为官员的管辖地域的"这一形容词后，就更难认为它是处于主人强有力支配下的隶属民。就算不单纯是指比自己地位低、身份低下之人，此类人群隶属的程度应该也比不上后来的那个"下人"。

"所部"从刚才的"家"支配的图示来看，相当于构成其最外围的征税范围。如前所述，当时的豪族不仅从这个范围内的人民那里征收年贡，还用稻子和大米去放高利贷（出举），还不上的人就被迫在直营田里耕作，以此扩大和强化自己的支配圈。所以"所部的下人"，在整体上对主人的隶属性还很弱，还没到接受主人人格上的支配这种程度。我觉得这么看大体上还是没问题的。"兵"阶段和"中世武士团"阶段的差别，在这种地方也得以显现。

第四章

从"兵"到镰仓武士团

作为史料的世系图

世系图和姓名通报

前面已经见过云游说唱《曾我物语》的瞽女群体,《七十一番职人歌合》中明确描绘了她一边打着鼓,一边从"话说宇多天皇的第十一代后裔,伊东的嫡子中有位叫河津三郎的……"开始讲述故事的场景。这一段大概是《曾我物语》说唱中的开场部分,但引人注意的是,故事从曾我兄弟的父亲河津三郎的家谱开始讲起。

现存的《曾我物语》也是一样,开头部分"话说这日域秋津岛上,自国立常尊以来,天神七代、地神五代,共有这十二代唤作神代,自不必说……"是从日本的由来讲起,之后又详细讲述了平氏和源氏的代代世系。我认为这些事实都象征着在中世社会，特别是在武士的世界中，"世系图"占有重要位置。

中世的军记物语中，一定会包括双方武将在战场上互相大声通报姓名，将自己的居住国、姓名、自先祖以来的世系和立下的武勋一一说明的一节。我们举几个描绘了保元之乱的《保元物语》中的例子。

比如"我乃桓武天皇第十二代后裔平将军贞盛的子孙，刑部卿忠盛之孙，安艺守清盛嫡子，中务少辅重盛是也。今年十九岁，此次为初次参战"（卷中"义朝夜袭白河殿之事"），或"在您的先祖八幡大人在后三年合战中攻陷鸟海城之时，时年十六岁，被敌人射中右眼却不拔箭，反而回射一箭取了敌人性命，自此名扬后世，今日被敬为神明的镰仓权五郎景政的第四代子孙，大庭庄司景房之子，相模国住民大庭平太景能、三郎景亲说的就是我们"（卷中"攻陷白河殿之事"）。这种姓名通报也称"读氏文"，表明武士极为重视他们自祖先以来的世系。

镰仓时代中期，身为丰后国守护而在国内拥有多处所领的大友氏一族内部发生纷争，初代族长能直的遗孀，即出家为尼的深妙，出面为孩子们调停，教导他们今后要和睦相处，之后还说了下面这样的话（『鎌倉遺文』7877）："听从没有祖先的下郎们的话，致使关系恶化，于内于外都不好。"也就是说，不要被连祖先都没有的身份低下之人所蛊惑，搞得家族失和。

这真是高傲老夫人的教导，不过她断言"没有祖先的下郎们"这部分更值得注意。对于能直的遗孀来说，像大友氏

一族这样的武士身份的人，和被其驱使的"下郎"、下人的
差别就在于"祖先"的有无。

在此我不禁想到一个事实：中世一般的庶民（被称为"凡
下"）和隶属者等不能拥有苗字，苗字的有无是区别武士身份
的一个标志。苗字的有无、"祖先"的有无，可能是相对应的
现象。甚至说，自102页之后叙述的作为武士的"家"支配权
之核心的所领，之所以被称为"苗字之地"而受到武士重视，
可能也与此有关。这样看来，武士在战场上通报姓名时经常以
自家的世系开场，很多武士在传承世代相传的文书时肯定也会
把家族世系图传下来，也就理所当然了。

某位武士的置文

武藏七党之一的儿玉党的分家中，有一家叫作小代氏。现
在埼玉县中央地区的东松山市内，在东武铁道东上线高坂站附
近有一个叫作正代的地方。据说这一带在中世被称为"小代乡"
（也写作"胜代乡"），而小代氏就是以这个乡为苗字之地的武
士团。

《吾妻镜》中记载，平安末期到镰仓时代初期，这个家族
中的小代八郎行平，侍奉在源赖朝麾下，参加了一之谷合战和
进攻奥州藤原氏等战役。行平不仅被任命为他祖祖辈辈的本领
小代乡的地头，还被任命为越后国两处庄园、安艺国一处庄园

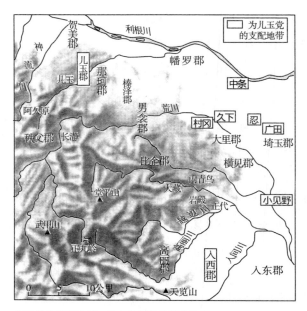

儿玉党的支配地域 据小代伊重的置文绘制

和保[1]的地头，表明他应该是镰仓幕府御家人中的骨干人物。

从行平开始算，第四代有一名叫作小代伊重的武士。他家从祖父重俊开始就成了肥后国北部的野原庄的地头，可能是在镰仓后期的某个时候，陷入了所领被没收的境地。虽然并无这方面的史料留存下来，但他们可能是成为了北条氏得宗政治的牺牲品。在伊重晚年七十三岁高龄的时候，他拼命努力将自己

---

1 平安时代后期的国衙领内的行政区划，与庄、乡并列，较之庄这样的私领，乡、保的公领性更强。

至今为止听闻的事情记录成了一卷文书（「小代文書補遺」一，
『熊本史学』42）。文书采用了被称为"置文"的种类，旨在记
录对子孙的教导等。

　　在这里写下儿玉党的先祖顺序和世系图，以及关于
先祖小代八郎的各条记录。虽然所领被没收，连容身之
地都没有，但我并未犯下任何错误，肯定还会东山再起吧。
至今为止帮我写东西的从者们全都离开了，现在也没有
能帮我做记录的人。就算只有苗字也好，我也想让先祖
的痕迹留下来。这种志向太过于迫切，以至于我气力已衰，
连下笔之处都分辨不清，但还是勉强着写了下去，所以
有很多写错的、反复裁剪、拼贴的地方。以后应该让擅
长书法的人在好纸上誊抄一遍。

面临小代家的危机，年老的伊重追忆着自儿玉党先祖以来
的顺序和世系图，以及家族直系先祖小代八郎行平的种种事迹，
虽然不习惯书写，但还是拿起笔来为后世子孙写了下去。因为
写错而有很多裁剪拼贴的地方，想来也是理所当然的。

儿玉党的历史与绘卷

接下来我们就来看一下其正文所述自儿玉党先祖以来的历
史的部分吧。关于有道远峰之子、行平的曾祖父有大夫弘行，

文中还补充了如下记述：

> 成为副将军，还被画进了绘图中。在八幡太郎义家朝臣的奥州征伐之后，有大夫弘行与其弟有三别当经行以武州儿玉郡为宅地住了下来。儿玉党的代代先祖为君主尽忠的事迹，在各家都有记录，对世间也没有隐瞒。另外镰仓初期，平贺朝雅驻在京都六波罗宅邸的时候，曾经见过珍藏在莲华王院宝藏中的画。描写奥州后三年合战情景的画中，有一幕是坂东八国之人都在广阔的庭院中铺上毛皮席子并排而坐，大将军义家朝臣也在宅邸之中。与其对等的座位上，坐着身为副将军的弘行朝臣，用赤色皮革系着乌帽子。据说与朝雅同时在场的同族仓贺野八郎公行确实见过这幅场景。但据说之后有人暗中操作，将绘图中有大夫弘行这一名字消去，改写成了一个完全不同之人的名字。今后儿玉一门的族人如果能见到莲华王院宝藏中的画，应该好好确认，如果发现被改写，要将情况上报，请求改回原来的有大夫弘行的名字。

在儿玉一门传下来的说法中，弘行是以儿玉郡一个郡为"宅地"的豪族（这是105页中提到的把"所领"视作家之扩大的观念的具体表现），是与八幡太郎义家相并列的副将军。

其证据就是珍藏在由后白河上皇发愿建造的莲华王院（京

都的三十三间堂）宝藏中的奥州后三年合战绘图。这一点实在有趣。根据其他确切的记录，平安末期，后白河上皇下令绘成了《后三年合战绘卷》，保存在莲华王院的宝藏中。这与小代家传下来的说法完全一致，此处所说的"绘图"无疑就是《后三年合战绘卷》。

这个《后三年合战绘卷》已经失传，无从确认小代家传下来的说法真伪。即便如此，其他武士将绘卷的画面中记录的注解替换成自己的先祖之名这种事，确实很有可能发生。作为描绘了蒙古袭来合战状况的绘卷而知名的《竹崎季长绘词》中，分别写着奋战武士们的名字，其中明显有将名字擦除的痕迹，还有用不同的笔迹大大地写上之前绘卷收藏者的先祖名字的情况。这个例子应该显示出了当时的武士重视先祖的武勋及其证据，对其精心加以注意的事实。

赖朝传说

关于小代家的祖先行平，伊重在记录完赖朝公参拜伊豆山时,按着随行的行平的肩膀说"我觉得你很亲切"之后如此说道：

建久四年，镰仓右大将赖朝公为了御览信浓国三原狩猎，到达了武藏国大藏的驿站歇脚，问道："小代八郎行平到了吗？"梶原景时回答说："行平建好了佛堂，明天是供奉的日子，所以他会来得晚些。"赖朝公说："那么，附近的人们也等到行平的佛堂供奉结束后再一同前来吧。"甚至还赏赐了黑色的马匹。因此，行平和附近的人们遵照赖朝公的命令完成了佛堂的供奉，然后在上野国的山名驿站追上了赖朝公一行人。后来，行平还从赖朝公那里得到了十二町免田地的赏赐，声名愈发显赫了。

建久四年（1193）年的信浓三原野狩猎，正是《曾我物语》中的重要一节。在之前的章节里我割爱没有介绍，不过从镰仓出发直至三原野的途中，该书一一列举了在每一处驿站周边适合守卫赖朝的武士们的名字。其中在武藏大藏驿站这一段，列举了畠山、平山、猪俣等响当当的杰出武士之名，但并没有小代氏。伊重记录的这个传说，简直让人觉得像是为了解释其中的理由而准备的。

在现存的行平的转让书（『鎌倉遺文』1832）中可见的"阿弥陀堂一宇"应该就是这个"佛堂"。这应该和曾我氏的情况相同，是武士的氏寺。

不过，伊重对那时的使节梶原宗家的服装进行了详细的记录："那一日的装束，是薄布、村浓纹样的水干[1]。"这不禁让我们联想起在《曾我物语》中，在各地警备的武士的名字，以及在狩猎场上所穿服装、捕获的猎物数量都被反复记述。在地方

1　平安时代以后，在朝廷侍奉的下级官人所穿的衣服的一种。

武士看来，从云游艺术家口中听到的故事中找到祖先的名字和功绩，一定也像在绘卷中发现祖先的名字和功勋一样，会带来巨大的喜悦和自豪。我们不能忘记，不仅是《曾我物语》，许多中世军记物语的发展背后，都有着把这一篇篇故事当作家族名誉和祖先功勋的证据来倾听和欢迎的敏感听众——各地的武士团的存在。这种情形从前述的置文中也能读出来。

接下来伊重记述的，是小代村的御灵神。

小代山冈上的宅地，是源氏大将军义朝大人的嫡子、赖朝公的兄长恶源太义平大人在杀死其伯父带刀先生大人（义贤。义仲之父）时，建造宅邸的地方。所以这里把恶源太大人当作御灵神祭拜。之后凡是想要支配小代乡的人，无论是总领还是庶子，都应该诚心崇拜。

勇猛无双，年轻时含恨而死的恶源太义平，也像曾我兄弟一样，被当作御灵神祭拜。这座神社至今仍然作为御灵社留在正代村中。

行平从镰仓右大将赖朝公那里得来的几封御下文[1]和

御教书[1]，都寄放在他的妻子河岳尼御前（作为源义经的正妻之父而闻名的河越重赖之妹）那里，最后也没有交给继承家业的行平兄长的儿子小次郎俊平。这些赖朝公的御下文、御教书、御状等，应该想办法搜集起来，由小代家保管。究其缘由，是因为虽然现在我们没有支配所领，但有朝一日得到恩赏之时，这些御下文、御教书可以成为讲述来历、请求领地的材料。另外，为了澄清世代奉公的名誉，一定要把各种各样的御状让将军过目。

这段文字很好地讲述了中世武士尊重在家族中世代传承的古文书的理由。说明其家族支配所领由来的文书自不待言，就算像小代家那样失去了支配权的情况，古文书也具有重要的作用。为了将来受到将军恩赏时诉说愿望这一点，与第 99 页中提到的与阙所相关的惯例有关。即便并非如此，这些古文书也是"世代奉公的名誉"最为明显的证明。

小代家的文书中有一卷古世系图。虽然这应该并非伊重记下的那卷"儿玉家的先祖顺序和世系图"，但从内容上看，世系图的成立年代应该不晚于室町中期。

---

1 由将军发出的命令书。

世系图的史料批判

如前所见，武士家族尊重世系图，但也正因如此，系图中有很多伪作和虚构的内容。其中规模最大的著名例子，就是德川氏为了将自身的支配正当化，伪造了自己是清和源氏新田氏一族的得川氏后裔的世系图。但是即便如此，世系图也并非全都是谎言或伪作。不如说，其中蕴含着深刻的真相，有时虚构自身反而能够传达珍贵的事实。

我们把目光移到别处，看一下中世武士家族世系图之一例的菊池氏世系图，探讨一下其中的内容吧。作为从"兵"转化成武士团的西国豪族之一，此例不仅将其与常陆平氏的情况比较起来很有趣，作为世系图研究也趣味十足。

很多世系图共同的问题点，终究还是这个家族最古的先祖，以及初期的世系不明确。从常识上来想，这也是理所当然，但思考武士团的起源和发生过程时，世系图在史料上的局限性就经常会成为问题。菊池氏的情况也概莫能外。

南北朝时代末期的弘和四年（1384），在南朝一方奋战的菊池氏家主武朝，提交了列举先祖世代忠诚侍奉朝廷之种种表现的奏表（『南北朝遗文 九州编』5628）。其中开头部分说："谨检当家忠贞之由来，中关白道隆四代后胤，太祖大夫将监则隆，后三条院御宇延久年中，始而从下向菊池郡以降……"。这正是一种"氏文"，可以视作为武士通报姓名的一种方式。很明显，当时菊池氏已经开始主张自身是藤原道隆之子孙了。但目前世

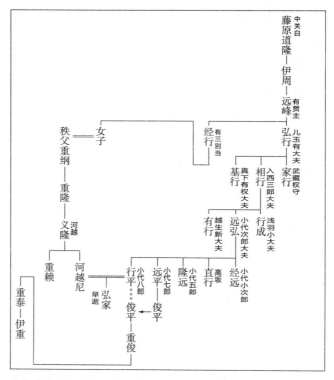

小代氏世系图。主要根据小代文书中所记绘制

间流传的诸多世系图中，从道隆到则隆之间有各种各样的亲子关系，互相之间并不统一。总结起来，大概可以分为下表的三种：

平泉澄在其著书《菊池勤王史》当中，认为（乙）、（丙）都不可信，采取了（甲）世系，论证伊周之弟、闻名天下的大宰权帅隆家的子孙，定居在肥后之后成为菊池氏，并认为这是无可置疑的事实。

　　然而在这之前，就有学者对这种普遍见解提出了尖锐的批判。那就是《姓氏家系大辞典》的编者太田亮。太田认为，查阅《尊卑分脉》等可信性强的藤原氏世系记载，无论哪一本，道隆、隆家或者其子经辅的子孙中，都没有出现政则、则隆的名字。更不用说在当时的记录、史书中，后两者更是连影子都看不见。作为权威显赫的关白的孙子、曾孙，这种状况根本无法想象。菊池氏的世系图及其出身实在是

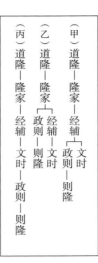

太过于混乱，能达成一致的只有他们是道隆的后裔，以及与据说出自藤原文时的肥前国豪族高木氏属于同族。总之，菊池氏本来和拥有同样家纹的高木氏是同族，在侍奉道隆的后裔中关白家的过程当中，不知什么时候就开始主张自己也是其子孙，并整理好世系图了。

　　不愧是长期埋头从事姓氏、家谱研究的学者，太田对通说的批判锋芒真可谓尖锐。但是他的主张多来自菊池氏以外的诸多氏族世系图和家传的类推，难免有说服力不强的遗憾。

　　太平洋战争后，重新提起并完美解决了这个问题的是志方正和（「菊池氏の起源について」,『熊本史学』15、16 合并号）。他在当时的记录中发现了被称为是菊池氏先祖的政则、则隆及

政隆的名字，确认了他们的身份，同时无可置疑地探明了他们是肥后国的"住民"，而非道隆、隆家的后裔。

十一世纪初发生了一起高丽北方的女真族袭击了对马、壹岐、北九州的名为"刀伊入寇"的事件。那时击退女真族的主力，就是身为大宰府的下级官人，同时也是诸国在厅官人的府官们。排名第一的，就是四年前特别从府官中被挑选出来担任次官少贰的藤原藏规。刀伊入寇之后，作为奖赏，这位武勇之士被任命为对马守。志方从"藏"字读作"masa"这一点，推断出藏规也就是"masanori"，和政则是同一人。从各种方面来看，我认为这一推断是正确的。他还担任了藤原实资的家族领地筑前国高田牧场的牧司，不仅时常给实资赠送物品，还为道长献上过孔雀。他的势力十分强大，肯定不是道隆和隆家的后代。

关于政则的儿子则隆，以及则隆的儿子政隆，其实在本书81页已经介绍过了。我在"敌讨的系谱"中举的一个例子，前肥后守藤原定任暗杀案的重大嫌疑人平正高（也写作藏隆，这也读作"masataka"）及其父则隆，据志方所说正是这两人。父子都是当时的权帅藤原隆家的第一家臣，都是武勇之人。其一族近亲都是大宰府附近的有力人士，也都是武勇之人。作为菊池氏的先祖，这些人正可谓是合适的人物。

《源氏物语》中描绘的"兵"的形象

源氏昔日的恋人夕颜的遗孤玉鬘，被其乳母的丈夫大宰少贰带到大宰府成长，在少贰病死后仍在肥前国居住，《源氏物语》"玉鬘"卷的故事就是从这个时候开始的。内大臣和夕颜所生的她，成人之后愈发清秀美丽，求婚的男子络绎不绝。其中有一位大宰府的官员最为热心，位于三等官"监"的地位，且是拥有五位位阶的"兵"。他出身于肥后国的有力豪族，是地方上威势强、声望高的人物，很久以前开始就怀抱着天下美女入我怀中的愿望。他试着用各种手段来向玉鬘求爱。作者对这个求婚者冷眼相待，对他做了如下描写[1]：

> 年约三十左右。身躯高大，肢体肥胖，相貌虽不十分丑陋，但举止粗鲁，令人见而生厌。自以为时望所归，用的是拿香熏过的从中国进口的上等色纸，以相当整洁的笔法写完情书之后，会用十分严重的乡下口音自言自语："嗯，我真是太了不起了。"

而他同时也是能夸口"肥后国内的神也好佛也罢，无不听命于我"的人物。要是惹他生气了，他也不会留面子，说不准会被怎么报复。他就是这样一个为人所惧的"兵"。

> 世人虽然评价我是乡野村夫，但我绝对不是个无聊

---

1 《源氏物语》译文参考丰子恺译本，根据本书原文有改动。

的人。京都人又能怎么样？你们可别小看我了。

　　这段话在故事的文脉中是就和歌之道而言，但其含义能够一般化，可以说是吐露了当时"兵"们真实的心声。

　　这是紫式部的创作。但紫式部的丈夫藤原宣孝在不久之前刚做过大宰少贰，作者应该对当时大宰府一带的情势有足够的知识。以肥后国作为根据地的有力豪族，拥有五位的位阶，被任命为大宰府的府官"监"，还把势力伸展到了肥前国的"兵"，原型只能认为是菊池氏了。我们将故事中的描写和前述菊池氏的实际行动结合起来看，不得不佩服紫式部的笔完美地捕捉到了当时的"兵"的一面。

　　从初期菊池氏与肥前国（佐贺县）的关系深远，以及筑前国（福冈县南部）的生叶郡也是政则的所领这两点来看，虽然他们被称为"肥后国住民"，但势力圈似乎已经扩展到北九州很大一部分区域。大宰府是统辖九州诸国的上级官厅，其中的三等官，也就拥有左右大宰府实际政务的能力，所以其势力范围十分广大也很正常。由此来看，就算作为前肥前守暗杀案的重大嫌疑人被传唤，最后稀里糊涂地不了了之也是理所当然的。

　　政则以前的菊池氏的世系不明。据推断他们是自古代以来的肥后国的有力豪族，到大宰府出仕后成为手握实权的府官，又将势力扩张到北九州一带，然后成为"兵"。

从主从关系到亲子关系

我们已经判明，菊池氏为中关白道隆之后裔这一世系图是虚构的，实际上他们原本是地方豪族，后来成为大宰权帅隆家的从者。就像"亲分（首领）""子分（部下）"这两个词所体现的一样，主从关系时常会被视作亲子关系。菊池氏后来自称是道隆、隆家的子孙，世系图也如此伪造绝不是没有理由的。身份上的主从关系在观念、形式上虚构成血缘关系予以表现。

回到小代氏的世系图上来，这边也是一样。《尊卑分脉》等可信度高的藤原氏世系图中，皆找不到伊周的儿子中有叫维能和远峰的。在两氏的关联上，甚至无法像隆家和菊池氏那样解释。镰仓时代的古文书中，记载小代氏自称有道氏，却不称藤原氏，更没有说是伊周的子孙。很明显小代氏并非道隆、伊周的后裔。不过根据某种说法，维能侍奉过伊周，那么与菊池氏的情况一样，身为北武藏豪族并负责管理牧场的有道氏，臣服于中央的有力者伊周，后来在世系图上主张自己是其后裔就有很大可能了。

实际上，中世武士团的家族世系图中，和菊池氏、小代氏有着同样问题的情况很多。在《曾我物语》中出场的豪族工藤、伊东氏也是一样，除了是藤原维几的后裔这种通常说法以外，似乎也有像《七十一番职人歌合》那样说是宇多天皇后裔的。所以，虽然世系图上记载着中世武士团几乎都是中央贵族的后裔或者私生子，只是下到地方才成为豪族，发展为武士，但我们不能立刻下判断认为那就是客观事实。相反，其中很多都和菊池氏世系图一样属于是虚构的，可能只是反映了以往的地方豪族与中央的有力贵族结成了主从关系这一事实而已。

簇生的常陆平氏分流

平维干的子孙们

来看一下作为前一章主题的常陆平氏的后续吧。就算是参照与《将门记》几乎同时代的史料，这一族是桓武平氏、高望王的子孙也是不可动摇的事实。包括制作于中世的几种世系图在内，各世系图都没有太大差异。我们就借世系图的帮助来概观一下，在维干之后，这一族在常陆国内广泛地开枝散叶，直至形成被称为常陆平氏的武士团的经过吧。

诸种世系图中记载的平安末期以前的维干子孙几乎都是一致的。在大约一百八十年间传了六代，一代算作三十年，并非过于不合理。另外这六个人当中，有五个人都在同时代的记录或金石文中留有名字，所以确实是实际存在的人物。只是为干和重干之间相隔的年代较远，或许在这之间还有一代人。

维干的儿子为干也因为涉及女性问题，在中央贵族的日记（『左経記』"宽仁四年闰十二月二十六日"条）中登场，也算奇特了。在藤原道长的全盛期，宽仁四年（1020），常陆介藤原惟通在任地去世之后，发生了一起案件：惟通的母亲向朝廷告状，说媳妇被当地的住民强奸了。作案人正是为干，虽然他立刻就被传唤，要求到京都的检非违使厅，但就在他磨磨蹭蹭称病不出的这段时间，朝廷大赦，所以他大概也被当场释放了。

就算如此，为干这种盯上从京都下到地方的国司之妻，在她丈夫刚刚去世就将其强占的行动，和他父亲维干曾经用可谓"掠夺结婚"的方式将高阶成顺的长女大姬君带回常陆的行为，在某些地方是相通的。这显示出粗暴的东国豪族习气：只要对美丽的女性一见倾心，无论如何也要将其据为己有。他们与《源氏物语》中对玉鬘求爱的北九州的"兵"相比，更具有行动性。

白河院政下的嘉承元年（1106），世系图上显示的为干之子重干，因为在常陆挑起战斗而被记录在了中央贵族的日记（『永昌記』"嘉承元年六月十日"条）中。作为武家栋梁而为人所知的清和源氏源义家之弟新罗三郎义光，曾经做过常陆介，应该是在那里与常陆平氏结下了亲密关系。义光之子义业与重干的孙女之间育有一子，名为佐竹冠者昌义，以现在常陆太田市附近的佐竹乡为根据地定居，成为后来支配常陆国北半部的豪族佐竹氏的先祖。重干在这个时候与义光联合起来，与同属清和源氏一族的义光的侄子，即后来成为新田、足利两氏之祖的义国战斗。在此可以看到重干作为继承父祖以来传统的武力集团首领的姿态。

至于他的儿子致干，在筑波群山最南端山嘴处的东城寺出土的保安三年（1122）、天治元年（1124）两个经筒的铭文中，分别被记为"大檀越""大檀那"。铭文记述了他保护比睿山延历寺一系僧侣和行者的事迹，是诉说他的信仰行为的好材料。

另外，致干似乎臣服了清和源氏的嫡流源赖义。据《奥州后三年记》，赖义在前九年之役中为攻击安倍贞任而前往地方，途中在旅行的"借屋"与常陆国的"猛者"多气权守致干的女儿相遇，并和她生育了一个女儿。祖父致干用心将这个孙女抚养长大。为了款待旅客而让女儿陪客人在晚上聊天解闷的风俗习惯，在日本古代相当广泛，上述情况就是一个例子。另外如前所述，地方豪族的女儿怀上中央贵族的孩子，而后这个孩子建立起新的地方豪族家族这一点，和前面提到的佐竹氏也一样。

关于致干的孙子义干，平安时代最末期的安元二年（1176），贵族日记（『吉记』"安元二年六月十八日"条）中记载了一件令人在意的事情。在被召还回来的流放罪人当中，有人杀害了自己的父母，可能就是被常陆国司控诉的能干。

能干与义干在读法上相同，所以很有可能是同一人。如果这是事实，常陆平氏一族的行动真是充满着血腥味。义干的弟弟广干在不久之前作为下妻庄的下司，在邻国下总国的庄园中犯下"乱行"而被起诉。他在世系图当中被记为"恶权守"，不过这应该和"恶源太义平"一样，指的是勇猛的武士之意。

到此为止，我们通过比照世系图和其他史料了解到维干以后的常陆平氏的行动。据此可窥，他们在当地以战斗和"乱行"

为业，被称为"猛者"或者"恶"，展开沾满鲜血的战斗，同时还是信仰虔诚的一类豪族。我认为，由此可以确认，世系图的记载几乎是可以信赖的。

从常陆平氏的世系图开始

接下来我们就以这份世系图为线索，来调查一下常陆平氏一族是怎样发展成支配常陆国内主要地区的豪族武士团的。大约十二世纪初，重干的四个孩子就分别将多气、吉田、石毛、小栗作为自己的姓氏了。

身为嫡流的太郎致干继承了以多气、水守等根据地为中心的从筑波山西麓至南麓的广大地域，次子次郎清干则支配了以吉田郡为中心的从久慈川到南边的常陆国东部一带。四郎政干越过鬼怒川，在西岸以邻国下总的石毛为中心扩张势力，在世系图中被称为"石毛荒四郎"，"为荒人神，号赤四郎将军"。这则记述似有深意，估计和曾我兄弟、恶源太义平一样，他也是一个精于武艺的勇猛武者，所以被当作威力无比的神来供奉了吧。最后的五郎重家，建立了一个支配邻接下野国的伊势神宫领的小栗保地区的家族。

大致分为四支的常陆平氏，在他们的子、孙世代，就像细胞重复分裂一样，分出一个又一个分家。这种景象只能用壮观来形容。嫡流的多气氏当中，致干的孙辈太郎义干继承了多气氏；四郎广干自称为下妻，成了位于常陆国东部的广袤庄园下

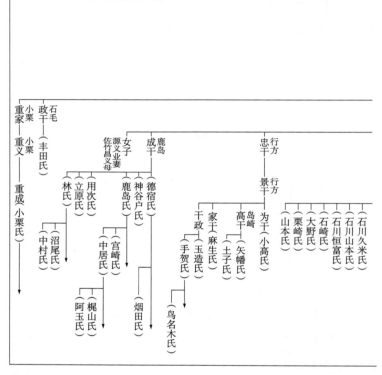

常陆平氏系图 II

妻庄等地的下司；五郎忠干自称为东条，支配霞之浦南部的信太郡东半部名为东条的地区；六郎长干继承了真壁郡一带，建立了真壁氏。

这些从嫡流家分出的分家的苗字之地有一个特征，即它们都是曾经的郡，或者是将郡分割成两三部分的广大地域。次于

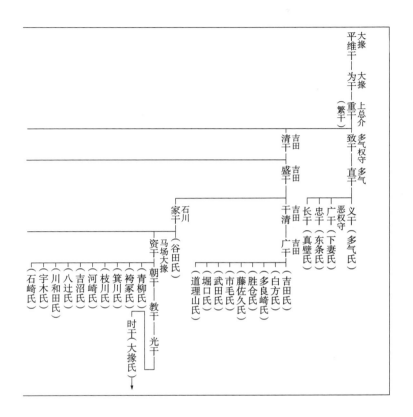

　　嫡流的吉田家，最先分出去的也是以行方郡、鹿岛郡这种郡名为苗字的行方、鹿岛氏。

　　这种分家大体上应该在十二世纪中叶的平安时代末期、源平争乱的前夜即已完成。

　　接下来，大概从镰仓时代的初期，开始了第二次、第三次分家，比如行方氏分成了以郡内主要乡名小高、岛崎、麻生、玉造等为苗字的四家，鹿岛氏也同样分成了以乡名为苗字的六家，并在此之上继续分家。更详细的内容请参见世系图。这些常陆平氏的大集团看起来像是在进行无尽的分化，但其实他们拥有同属一个家族的共同意识。他们的实名当中几乎都包含自先祖维干以来的"干"这一共同字眼即可充分证明这一点。

中世性的郡和乡

从家族中分出来时自称的姓氏，也是他们核心所领所在地的名字，便是所谓的"苗字之地"，即"本领"。可以确认，他们的苗字一开始是有一郡大小的广大地域的称呼，之后就变成郡下辖的乡的名字了。郡也好乡也好，都是往昔律令国家延续下来的地方行政机构，但此时的含义与律令体制下的并不一致，或许应该称之为中世性的郡、乡。这里我们就先看一下，在常陆国从古代到中世的发展中，其郡、乡的构成发生了怎样的变化吧。

奈良时代有《常陆国风土记》，平安初期有《和名类聚抄》，镰仓后期有记载每个国内庄园和国衙领基本单位面积的弘安二年（1279）、嘉元四年（1306）的"大田文"（『镰仓遗文』13824、22696）。常陆国留存有较多可以把握住一国全体大势的良好史料。另外，高田实、网野善彦已经发表了十分优秀的研究成果，我就以自己的方式将其重新整理一下。将《和名类聚抄》中所见的常陆国的郡、乡，和"大田文"中所见的中世

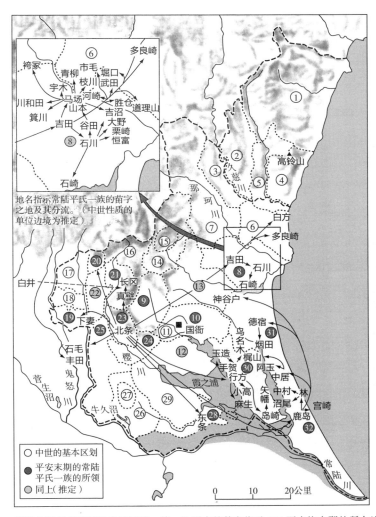

平安末期的常陆国与常陆平氏一族。地图内的数字指示 170 页表格中郡的所在地

常陆国的郡、乡与中世的基本区划的面积

和名抄	大田文		面积 **		
多珂郡（8乡）	1多珂郡		153町	4反	300步
久慈郡（20乡）	2久慈东郡	奥七郡	380	2	180
	3久慈西郡		133	5	240
	4佐都东郡（9）*		289	8	300
	5佐都西郡（12）		256	3	120
那珂郡（22乡）	6那珂东郡（8）		145	7	300
	7那珂西郡		152	5	120
	8吉田郡（12）		223	1	
茨城郡（18乡）	9北郡（22~23）		272	4	60
	10南郡（府郡）（19~20）		292	7	240
	11〔在厅名田〕（16）		154	4	300
	12南野牧（南庄）		650		
	13小鹤庄		400		
新治郡（12乡）	14东郡（4~6）		37		
	15〔大藏省保〕（4）		66	5	
	16中郡庄		283	1	120
	17西郡北条（伊佐郡）		99	1	60
	18西郡南条（关郡）		108	5	300
	19下妻庄		370		
	20小栗保		320		
真壁郡（7乡）	21真壁郡（21~26）		417	0	180
	22村田庄		260		
筑波郡（9乡）	23筑波北条（7）		323	4	120
	24南条方穗庄		64	4	180
	25田中庄		500		

续表

和名抄	大田文	面积**		
河内郡（7乡）	26河内郡（10）	260		
	27大井庄	72	1	
信太郡（14乡）	28信太东（东条）	207	2	240
	29信太庄	620		
行方郡（17乡）	30行方郡（17）	330	8	300
鹿岛郡（18乡）	31北条（9）	288	9	240
	32南条	350		

* 大田文基本区划后括号内的数字，只有乡和名田等被记录时才计入。之所以会出现"22～23"这样的形式，是因为在弘安大田文、嘉元大田文中，两者数字有差别。

** 中世的基本区划的面积，根据嘉元大田文制作。

的基本区划相比，得出结果如上页表所示（参照左侧）。首先是北边，《和名类聚抄》中的多珂、久慈、那珂三郡被分成了几块，新划入了"奥七郡"当中。那珂川以北与陆奥国相接的这片地域，从国府这边来看，毫无疑问是"奥（深处）"之地，也是自十二世纪初以来与常陆平氏缔结了婚姻关系的清和源氏义光之后裔佐竹氏展露出压倒性势力的一带。

　　只有《和名类聚抄》中的那珂郡南部，即现在的水户市附近，从十世纪左右就被分离出去，成为吉田郡。支配这片地域的是常陆平氏一族中与源氏缔结婚姻关系的吉田氏。然后，从这以南的常陆国大部分都是常陆平氏的势力范围。其中世的基本单位的叫法是北郡、南郡、东郡、西郡或者中郡，还有北条、南条、东条、西条等，很多都是把郡或条根据方位分别称呼，或者是将郡和条并列使用。这是将基于律令体制的郡按照当时的形势重新细分化时在全国广泛使用的方式。

新的郡、乡与开发领主

我认为这样看应该是更接近真相的：无论是律令国家的支配体制也好，还是作为其地方行政机构的郡和乡的制度也好，都是依靠以国造和郡司等为代表的旧有豪族们的在地支配的形式才逐渐得以成立。随着旧有的豪族支配、在地的政治秩序逐渐变质，国家的支配体制渗透进了地方社会内部，支配组织也向更加细分化的方向发展。

以十世纪左右为分界线，国家的支配原理从人身支配变成了土地支配。作为郡下基础区划的乡，曾经是以五十户为一乡的民众单位，而这时候已经变成拥有一定领域的地域性单位。曾经的郡被以仓库为单位的征税单位重新细分、改组了。把一个郡分成东、西、南、北，或是称作"条"从而形成新的单位，而承办这些地方征税工作的就是郡司等官员。他们大多是地方上的豪族，不久就把这些基本单位整体当作自己的所领支配。在名义上，这些土地会被捐赠给中央大贵族们，成为他们的所领，但在变成庄园时，像常陆的中郡庄、南条方穗庄等，会原封不动留有郡或者条的名字。

概述来说，这种地方组织的变化、捐赠地系庄园的形成，也是耕地的开发与扩大、新的村落的形成过程。主导和组织开发这种新天地的人,正是被称为"开发领主"的地方有力人士,常陆平氏一族是其中的一个例子。看了"大田文"就知道,在郡和条等单位下面,有很多新的乡作为国衙领的基础性单位出现。这些郡名有很多都和现在的集落名一致,却很少与曾经《和名类聚抄》中的乡名重合。这种新的乡正是平安中后期以后发展、开发的舞台。

从常陆平氏一族分出来的各家自称的苗字,最初先是郡、条等单位的名称,不久之后就变成其下面所辖的新的乡名。这不仅说明了分割给一族子弟的所领规模逐渐缩小,还意味着被开拓出来的新天地也一点一点地被分给族人,而他们又分别成为各自所在地的"开发领主"。接下来我们就以十二世纪下半叶从家族中分家出来的真壁氏为例,来看一下其具体过程吧。

常陆平氏一族相关事件年表

	公历	主要事件
承平五年	935	平将门与平国香、源护一族战斗。
天庆三年	940	将门战败身死(承平・天庆之乱)。
长保元年	999	平维干进阶五位。
长和元年以前	1012 以前	平维干帮助常陆守源赖信讨伐平忠常。
宽仁三年	1019	○刀伊(女真族)袭来。
宽仁四年	1020	平为干犯下强奸常陆守藤原惟通之妻的案件。
长元元年	1028	○平忠常叛乱爆发(至 1031)。

续表

	公历	主要事件
永承六年	1051	○前九年之役爆发（至 1057）。
永保三年	1083	○后三年之役爆发（至 1087）。
嘉承元年	1106	平重干、源义光与源义国交战。
保安三年	1122	平致干在东城寺院举行写经供养，建造经冢。
天治元年	1124	
承安二年	1172	据传，平长干建造真壁城。
承安四年	1174	下总国松冈庄、下妻庄下司平广干被诉乱行。
承安五年以前	1175 以前	平义干杀害父母（？）。
治承四年	1180	源赖朝起兵，讨伐佐竹氏。
寿永二年	1183	志田义广反叛赖朝失败。
文治五年以前	1189 以前	八田知家成为常陆守护。
建久四年	1193	○曾我兄弟敌讨事件。
		多气义干落败，下妻广干被杀。马场资干成为大掾。
弘安二年	1279	大田文编成。
永仁五年	1297	手贺净阿把鸟名木之地让给儿子政干（最古老的鸟名木文书）。
嘉元四年	1306	大田文编成。
元应元年	1319	常陆国在厅官人签署连署状。
天正十八年	1590	大掾清干被佐竹氏所灭。
天正十九年	1591	鹿岛、行方氏一族等被佐竹氏谋杀。

真壁氏与长冈氏

真壁氏的诞生

　　从筑波山连绵至加波山的群山西麓，就是真壁郡（现樱川市、筑西市）。据《和名类聚抄》记载，在律令体制下，该郡由七个乡组成。其中真壁、大苑（可能为大曾根）、伊讚（可能为伊佐佐）三乡处于山脉西麓，樱川沿岸至今还留有相同的地名，但是其他四乡的所在不明。而在镰仓时代的"大田文"中，构成真壁郡的二十几个乡和名，几乎都和现在的集落一致。当时郡内的田地登记面积为四百十余町，其中也有面积大至一百一十二町的乡，但多数乡的面积平均只有十五六町左右。

　　查阅地图可知，特别是在山脚处星星点点排列的集落位置上，以隔着樱川向西延展的常总台地边缘附近为中心，几乎全都存在过中世真壁郡的各个村落。几乎位于中央的就是现在的真壁町。町的中心地区东侧的台地之上，有一座被三重沟渠遗迹围住的真壁城遗迹。本丸遗迹上，立着一棵据说树龄有七百年的大榉树，以及一座小小的神社。南北宽三百米、东西长一千米的这座大城的遗迹，就是常陆平氏一族的真壁氏自平安末期以来的居城，在江户初期被用作五万石大名浅野氏的居城。据推测，这附近曾经是真壁郡的郡衙所在地，作为郡的中心来说，这里的确是个很合适的场所。

　　据说真壁氏的初代首领长干在平安末期的承安二年（1172）

镰仓时代的真壁郡

建造了这座城，真壁氏从常陆平氏本家分出来应该也是这个时候。之后同族的长冈氏主张这片所领是"国香以来世代相传之私领"，真壁郡"全郡为国香以来相传数代"（「真壁長岡古宇田文書」5、21，『真壁町史料』中世編2）。因为平国香的宅邸位于郡内南部的石田，对真壁氏来说，开发所领、成为领主并成为一家先祖的是国香，而长干是继承国香建立分家之人。

真壁氏自长干以来，作为御家人侍奉幕府，据转让书所说，在其孙时干之时拥有了郡内十五乡的地头职。也就是说，郡内大半土地都成了他们的所领，没在这里出现的乡则之前就已经分割让渡给了同族之人，并产生了以这些乡为苗字之地的分家。

长冈氏的宅邸

其中的一个例子，就是以郡内的长冈乡为所领分出来的长冈氏。从真壁町的中心地区，沿着道路向东北大概走两千米就进入了长冈地界。那条道路一直延伸，到达海拔七百零九米的加波山顶。这座山是有名的山岳信仰的本场、修验道的道场，也是明治十七年（1884）自由党激进派在山上扬起"革命""自由""颠覆压制政府"的大旗，奋起斗争，最终惨败的加波山事件的舞台。这里现在变成了徒步旅行路线，我们就先参观在山麓的长冈仍然保有当时样貌的中世武士的宅邸吧。

在长冈村东边海拔五十米左右的台地边缘，比周围多少高出一些的小字名为"堀之内"。东西长约二百米，南北长约一百二十米，是一片稍有歪斜的长方形区域。这就是曾经作为长冈氏根据地的宅邸的遗迹。现在只能看出小沟渠，但曾经周围一定有围墙。

其西北方，隔着一条道路就是临济宗寺院安乐寺，据说是镰仓中期的弘安元年（1278）由兰溪道隆所开创的。但阅读长冈氏的后裔传下来的古文书便可得知，在文永七年（1270）这里就已经存在应该称之为长冈氏之菩提寺的禅宗寺院，而它应该就是这座安乐寺。在曾我之里，我们已经看过武士的宅邸以及其周边的古神社古寺院。在长冈这里也能发现位于宅邸西北的武士家的菩提寺。

围绕着寺院三面的马蹄状的同一番地[1]还在延续。可能和曾经的堀之内一样，是沟渠或者土垒的残留吧。

据长冈家的古文书，从镰仓末期到南北朝，这座村庄里有如来堂、地藏堂，以及像加波山的别当寺的圆镜寺等，还供奉着权现。要是能探明这种寺、堂与长冈氏的关系，以及与村庄的关系就很有趣了，但遗憾的是这些还不清楚。

堀之内与水田的开发

堀之内的正南侧，由水田组成的一块小字叫作前田。这应该得名于田地邻近宅邸前方吧。我不禁想起曾我氏宅邸周边有一块名为御前田的小字。我第一次到访这片土地的时候，有人告诉我这附近直到当时还是长冈最好的水田。堀之内北侧一带的小字名为北田。这也是以宅邸为中心的叫法，而据小山靖宪的研究（「鎌倉時代の東国農村と在地領主制」『日本史研究』99，后收录于『中世村落と莊園絵図』，東京大学出版会，1987），江户时代元禄十年（1697）的调查显示，上等田正好集中在北田和前田的部分。

如前所述，构成中世武士支配核心的宅邸，及分布于其周

---

1 行政区划之一。为了明示居住地，将町、村等区域进一步细分加上的号码。

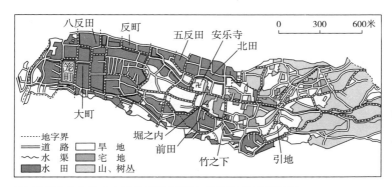

长冈的耕地和集落 小山靖宪氏根据明治初年的长冈地籍图绘制

围的直营田地域，是武士支配最为强力的领域，也是同心圆式"家"支配构造中的中心部分。长冈氏的古文书也有记载说，在镰仓末期有御手作的田地一町三反，竹之内（和馆之内、堀之内相同。很多武士宅邸的周围都会种植作为箭矢材料的竹子）的田地有三町一反。即使在中世，那里也是土质最为肥沃的良田。我曾听说，京都附近山里从平安时代开始成为庄园的村庄中，为世家所有的村内最好田地被称为"庄司"。它们肯定是庄司的直营田地。这样的例子很多，长冈也算其中之一。

　　从加波山上流出的几条溪流，现在也都汇聚在堀之内附近。长冈村的水田基本上由这些溪流灌溉，而堀之内应该会将这些水流引进来蓄积，起到调节水量的作用。这不仅是为了防御宅邸，沟渠在农业上也有很大意义，其周边的直营田地会成为最好的田地也是理所当然的。

现在长冈的水田，分布于堀之内附近到更西侧沿着樱川的低地一带。据镰仓末期到南北朝时期的古文书可知，大町、笼町、八反田、反町等现在仍然作为附近的小字留下来的地方也有田地。根据小山制作的长冈地图，这一带确实可以见到条里制的区划痕迹，自古代以来就是水田地带。

长冈村在镰仓时代的大田文中属于国衙领地，被称为真壁郡长冈乡，有十五町二反六十步的公田被记录在册，作为郡内的乡来说处于平均规模，但实际上公田数量好像是二十町二反以上。江户中期的田地数量为三十一町七反九亩有余，因为中世与近世每町的基准面积比为六比五，换算一下就是从镰仓后期的二十四町二反四亩增长到了江户中期的三十一町七反有余。虽说不能机械地将中世的长冈乡和近世的长冈村进行对应，但可以知道，这个村庄在中世开拓推进的程度相当大。

然而樱川沿岸的低地，以及留有条里制区划的部分，当时全都是作为水田地带耕作吗？在江户中期的调查中，这附近一带的田地等级也相当低，看不到任何上等田。在中世恐怕情况要更加恶劣。像八反田、五反田、三反田这样的地名，应该正是因为分别有八反、五反、三反水田散布才得名吧。

"片荒"的开发

就算在可以认为是条里制水田的地方，也不能说这些在中世初期全都是稳定的耕地。

新秧既绿野洲渡,寂寞昨年片荒田。(慈圆《拾玉集》)

就像这首和歌所咏唱的,即使到了其他的田地插上秧苗、开始耕作的时候,还有相当多从去年秋天割完稻子就放置不管的被称为"片荒"的田地。户田芳实探明,这些是每年轮换耕作与休耕的"半荒地",属于安稳的耕地与未开的荒野之间的中间形态,在平安时代的农村广泛存在。在这种情况下,中世武士为了确立支配权,就有必要把半荒地转换为安稳的耕地,并让耕作发展起来。至于长冈这里,肯定是通过分配在堀之内集聚的用水以及保有水渠等方式来完成这个目标的。这也是当时的"开发",只有将其完成,他们才能作为"开发领主"加强自己的支配。

长冈的堀之内的主人长冈氏,是从真壁氏分家而来的同族人,虽然也是以房屋和直营田地为中心,但他们所支配的是位于之前的那个"家"支配圈中最外侧圆中的乡的全体。关于其支配下的农民,我们只知道他们将一町田地和一户在家(也写作"家"或"内",指住所)组合起来,作为支配或买卖时的单位,这在当时的东国很常见。而据推测,他们的住所恐怕在堀之内周边的台地附近,耕作的应该也是分布在樱川沿岸低湿地的不安稳的水田。

作为真壁氏同族、分家的长冈氏与本家合作,成为本家武士团的构成部分。在镰仓末期长冈氏的家的转让书、置文中,身为总领的真壁氏的家主不仅要写上表示承认的花押（签名的一种），还要保管这些文书，由此可知长冈氏从属于本家之总领的支配。长冈氏似乎在之后的整个中世期间都跟随真壁氏，作为其武士团的一员行动。但在庆长七年（1602），随着佐竹氏被转封到秋田，成为佐竹氏家臣的真壁氏也随之一起移动，而在这时长冈氏好像早已选择了留在当地成为农民的道路，在真壁氏一族的分家当中，独自传承着中世的古文书，也完整地留下了堀之内的遗迹。

常陆平氏的本宗——大掾家与国衙

常陆大掾的家

接下来，我们来回顾一下常陆平氏的本宗家在那之后的历史吧。在赖朝起兵以后的东国大动乱中，他们一族采取了怎样的行动呢？《吾妻镜》对此几乎没有提及。他们似乎与控制了常陆北半部的豪族佐竹氏联合起来，一部分族人也显示出了攻击赖朝的动向，但最终还是没有付诸实际行动。在赖朝剿灭佐竹氏一族的时候，他们也没有什么明显的动作。然而到了寿永二年（1183），长时间在霞之浦西岸的信太庄附近培养势力的赖朝的叔父志田三郎先生义广（义宪）站出来反对赖朝，下妻广干也参与进来，结果被没收了所领。这之后，常陆平氏一族就作幕府的御家人，从属于赖朝了。

常陆平氏的本宗家一般称为常陆大掾氏。所谓大掾，是国司的三等官，但常陆国通常是亲王做国守，身为次官的介实际上充任国守，所以大掾在实质上是一国的次官。

世系图中显示，常陆平氏的始祖维干及其子为干都是大掾，但找不到其他文献佐证。至少从镰仓时代初期以后，本宗家的家主世代都处于大掾的地位，应该是将这个官职世袭下去了。这与千叶介常胤、上总介广常、三浦介义澄等镰仓幕府草创期的重臣们的"介"相同，显示出支配一国国衙的有力在厅官人的地位。

常陆国中的一片肥沃的土地，即从筑波南麓一带到国府周边，加上其北部与南部的常陆南半部一带，全都在他们一族的掌握之中。从这样的发展态势来看，先不说他们是否处于大掾的地位上（需要注意的是，这一族之中有好几人被称为"权守"），至少在平安末期，这一族确实支配着常陆国衙。

到访国府

常陆的国府位于现在的石冈市（茨城县）。其位置与真壁郡、筑波郡一带隔着筑波连绵的群山，位于相反方向面朝注入霞之浦的恋濑川的台地之上。作为旧国府所在地十分合适的安静的市区西部，现在的石冈小学附近，被视作国府的遗迹。国分寺和国分尼寺的遗迹也是，各种基石都留存得比较完整。与作为曾经的常陆一国的中心地带相称，市内流传着各种各样的传说、古寺院古神社和地名。在这当中，有一座传承着曾经的国府（也读作"kofu"）之名、写作"鸿之宫"的小小神社，以及可能是供奉着驿铃的铃之宫等来头不小的神社，不过与国衙关系最深的应该还是总社。

所谓总社，就是与一宫、二宫、三宫等并列的平安中期以后出现的新型神社制度。一宫等是在已经存在的国内神社当中，由国司选定出实力最强的，以确定出祭祀和保护的序列，而总社则是把国内各神社的神灵聚集到紧邻国衙的地方合祀，由国司来实行祭祀。现在也有总社的御神体是列举国内各神社名字的一国神名帐的情况，也有在祭祀总社的时候，特意请求神明从国内的神社中出来的例子。总社的出现，正对应着国衙支配的发展和在厅组织的形成，是它们在神社制度上产生的现象。

中世国衙的实际形态

紧邻国府遗迹的南边的常陆总社宫中，现在仍藏有近五十件中世古文书。根据这些文书，关于国府的历史、在厅的组织、常陆平氏一族历史的诸多疑问都能得到解决。在此我们看一下在镰仓末期的元应元年（1319），全部六十一名在厅官人联署，宣言在某一土地诉讼中支持一位在厅官人的文书（『镰仓遗文』27293）吧。其签署者应该是当时在常陆国衙任职的几乎全部在厅官人，是一份绝无仅有的贵重文书。

　　最初列在上面的是国舍人、国杂色、国掌等下级官员。在联署人数较多时，原则上要先从地位低下的人开始，随着纸面越往后签署的官员地位越高。从四人、二人、八人这种只记录复数人数而不写个人姓名的情况也能够看出，这些人都是最下级的在厅官人。接下来是官衔为"一分"的群体。从公廨稻的分配比例来看指的是史生。这也是下级官员。接下来是书生和中座两个群体，之后是称作"掾官"的一个八人团体。掾指的是国司三等官这群人。在最后面署名的大掾平时干，正是当时常陆平氏本宗家的家主。这显示出他在这时已经位于常陆国在厅官人之首了。

　　国衙中成立了很多称作"某某所"的分科机关，比如负责出举和正税事务的税所、处理调的调所、处理田地调查的田所、处理健儿事务的健儿所、处理警察事务的检非违所等。这份文书中，顺位次于大掾的左卫门尉平氏干，也属于常陆平氏一族，大概是担任税所长官的人物。其他人不甚明了，但在厅官人的顶层集团"掾官"，和排到第二集团的"中座"这些人，应该都是某"所"的长官，也拥有与之相应的名为在厅名田的所领。"常陆国大田文"记载说国衙附近有合计高达一百五十余町的在厅名田，其中大的田地面积有二十几町到三十几町。其中之一的稻久名田似乎是为税所长官所有，其他也分别是各个"所"的长官的所领，由其家族世代传承。不仅是在厅名田，"所"的长官的地位本身也被世代相传，逐渐变成一种特权，世袭财产化，最终变成了这一家的苗字。常陆大掾家自身就是如此，税所氏、健儿所氏亦是如此。据说就算在中世末期，常陆大掾氏被佐竹氏所灭之后，税所氏和健儿所氏两家也作为石冈的世家，负责位于邻接国府遗迹地界的青屋神社的祭祀活动。

供僧也属于在厅官人

话题稍微扯远了，我们回到对在厅官人连署状的后半部分的说明上吧。在这里僧侣们分成了"厅供僧""总社供僧及最胜讲众""同社最胜讲众"三个群体。严格来说这些僧人并非在厅官人，但他们供职于国厅和总社，还有一些负责举行最胜讲。实际上，"掾官"群体中的一人清原师幸，拥有总社的神官职位和传达职位，是有力的在厅官人。如此一来，总社的供奉僧们也是一种在厅官人就毫不奇怪了。侍奉在国衙政厅的供奉僧当然也属于在厅官人。总社的成立自身就意味着神社制度和宗教层面上的在厅组织的成立。

另外，因为可以推定这些僧侣大多出身于在厅官人家庭，且在厅官人群体本身就是由平、清原、大中臣、藤原等同族组成，则可以认为这些在厅官人和供僧在氏族关系上也是密切相关的一个团体。其内部由"掾官—中座—书生—史生—国舍人、国杂色等"这样的纵向阶层，和名为"某某所"的横向分科组织起来，常陆大掾氏就立于其顶点，支配着国衙和在厅组织。

此例表明，在镰仓后期，常陆大掾氏已经确立起其支配，在厅组织也十分牢固。在此之前肯定发生了很多事件，重复了多次斗争。大掾氏的支配绝非一开始就十分安稳。即便如此，这份文书无疑也是了解中世国衙在厅内部组织的绝无仅有的贵重史料。

多气义干的灭亡

想必大家也注意到了，前面列出的常陆平氏的系图中，自维干以来的嫡流到了镰仓初期的义干就断绝了。

这是因为发生了以下事情：本来常陆平氏一族就与前面提到的三浦、千叶两氏，或上总介等是同等实力的在厅家族，但自从赖朝起兵以来他们就一直贯彻机会主义，或者谋划反抗，所以绝非那种风评很好的类型。虽然很难让他们立刻灭亡，但其他诸国的有力在厅武士都分别被任命为一国守护，手握国内的军事警察权，其御家人的统率权也得到承认。与之相反，常陆国这边却是由邻国下野的豪族、与赖朝关系颇深的八田知家担任守护。

之后守护八田氏和常陆平氏之间似乎冲突不断，但其爆发却是以建久四年（1193）的曾我兄弟敌讨事件为契机。据《吾妻镜》记载，事情是这样的：曾我兄弟的敌讨事件很快就传遍了诸国，就在御家人们都要从各地赶来的时候，八田知家心生一计，偷偷向义干处派去了一个男仆，让他说："八田知家为了讨伐您，正在聚集兵力。"震惊的义干坚守在多气山城中不出，就在他为了迎战而把一族之人都召集起来加强战备的时候，知家再次派出正式使者到访，邀请他一同去镰仓。义干当然拒绝了此事。知家立即控告说义干企图谋反，最后义干被没收了所领，其旧领也被赐给了同族的马场资干。

这则记载有多少是真实的，很值得怀疑，但我们可以得知，曾我兄弟的敌讨事件立刻传遍诸国，在武士群体当中引发了相当的动摇。以此为契机，常陆守护八田氏和常陆平氏的旧怨被点燃并导致了这样的结局。甚至义干的弟弟、在幕府内部似乎具有一定势力的下妻广干，也受到株连。马场资干获赐了义干旧领的一部分，此后也保有以国衙为中心的支配地域是事实，但自始祖维干以来的所领，肥沃的筑波南麓一带最终成了八田氏的所领。八田以紧靠多气南边的小田为根据地，后来自称为小田氏了。

这样一来，在整个镰仓时代，常陆平氏一族依然保有以国府为中心的那珂川以南、鹿岛、行方、信太、东条一带地域，但势力已经不比从前了。

现今多气的城山山麓、筑波北条的城市西侧尽头，立着据说是义干墓的五轮塔，下面还流着名为里堀的水流。从这条里堀向上游回溯大约四千米，是从樱川分流出来的人工水道，据说是义干开拓的，用作附近一带的用水源。当地传说义干为了挖这条里堀而聚集民工，但遭受谗言而灭亡。现在在义干的忌日七月七日，还有为祈祷他的冥福而举行多气太郎万灯的活动。

熟悉"筑波"乡土史研究的铃木晓仁氏认为,义干的墓地附近正好是里堀呈方形弯曲的地方,所以这附近应该是多气宅邸的遗迹。这里与西南的水守宅邸相对,是个十分适合做宅邸的地方,而里堀则兼有防御宅邸和农业用水功能。这应该是对作为开发领主的常陆平氏一族所留痕迹的良好纪念。

常陆平氏的末裔

"夜刀神"的舞台

在走访常陆平氏遗迹的最后,让我们来探访一下从同族行方氏分出来的"行方四头"中的玉造家的再分家、位于玉造町(现行方市)手贺的鸟名木家吧。

《常陆国风土记》中有一个讲述"夜刀神"开垦谷田的故事。故事的舞台,书中只说是在行方郡衙的西边,而在这附近至今还留有几片很符合故事中说的田地,即克服"谷神"化身的蛇的妨碍,将山谷间的芦苇塘改造成的水田,或者筑堤造池而形成的谷田。现在在其中一座山谷即玉造町的泉(原新田)这个地方受供奉的爱宕神社,也被称为夜刀神社,据说是从供奉《常陆国风土记》中的"夜刀神"的神社发展而来的。神社下面就有优质清水不停地涌出,成了神社的洗手漱口处。这地方作为"夜刀神"故事的舞台,实在是非常合适。正好就在这座山谷的下游，从山谷入口往深处走大约五百米，台地尖端的茂盛丛林附近就是鸟名木村。再继续向深处走，立于向台地上升的斜面上的，就是鸟名木氏的家了。

我第一次拜访这座宅子在昭和四十七年（1972）十二月初，是与大学的诸位学生进行古文书参观旅行的时候。拜读宅子主人为我们准备的镰仓时期以来的中世古文书之后，最深的印象是主人真的十分爱护这些文书。他对我们阅读古文书时的一举手一投足，都投来认真关注的目光。在触碰古文书因而不能有任何疏忽的紧张之外，我也深感只有这样细心照料，中世文书才能以几乎原样的形态传承至今。

鸟名木家的宅邸和历史

阅读在鸟名木家传下来的最古的永仁五年（1297）转让书可以得知，从玉造家分出来的手贺家再分一次，分出来的应该就是鸟名木氏了。行方郡的荒原乡在大田文中的登记田数不过六町四反有余，不足真壁的长冈乡的一半。鸟名木的苗字之地，在荒原乡内被记录为"鸟名木村"。作为在常陆平氏一族分家过程中属于最后阶段的十三世纪最末期的分家，他们也就以乡下面的村作自己的苗字之地了。

鸟名木家的所领包括宅邸、堀之内，以及三町左右的田地，这些是他们的基本财产，从规模上来看的确很小。然而需要注意的是，即便如此，"家"支配权的基本要素还是完备的。鸟

鸟名木及其附近

名木氏的宅邸遗迹在现在鸟名木家正后方的山上，位于台地边缘呈舌头形状突出的尖端部。台地那边曾经挖过两重沟渠，现在已经填埋变成旱田，但仍然保留着"堀畑"这个名字。本郭部分呈稍微歪斜的方形，有两边围有土垒，剩下的都变成陡峭的斜面，落入山谷中。成人五人合抱粗细的大松树耸然而立，树龄不知有几百年，茂盛的树林立于斜面之上。

在行方郡，形成这样台地尖端地形的地方还留有好几个中世武士宅邸的遗迹。鸟名木向南五百多米，同样是舌状台地的尖端部的小字名为西郭，附近也有根古屋前（所谓根小屋就是在城根上的小屋，意思是小小的城下町）[1] 这个地名。这里是鸟名木氏的本家手贺氏的宅邸遗迹，规模宏大。

话说手贺氏的苗字之地是手贺乡，因为在大田文上的登记面积只有八町，仅靠这些则绝非什么势力很大的武士。自最古的转让书以来，在承担被称为御公事的对上任务时，手贺氏和鸟名木氏以一百比一的比例分担，并且直到室町中期仍坚定遵守。鸟名木氏与其说是一个独立的武士团，不如说是在本家手贺氏下面作为其武士团之一员而活动。正像真壁氏和长冈氏一样。暂且不论一百比一这个比例能否显示出所领面积的正确对比，本宗家和分家的力量相比，是压倒性地向本宗家倾斜的。

在镰仓初期分出的玉造氏、手贺氏之间，就看不到如此大的实力差别，反而像是对立的家族。鸟名木氏不如说是被期待起到防着玉造氏、镇守手贺氏北方地带的作用才分家出去的。

另外，鸟名木家流传着这样一个传说。从前鸟名木家的小姐，前往堵住了泉之夜刀神社下面泉眼的宅邸下方的谷池堤坝（现在也留有"大堤"这个地名）去摘草，被住在池子里的巨大八目鳗鱼吞吃了。家主见状，从宅邸拉开了一张十人才能拉

1　日语中"古""小"读音相同，"根古屋"即"根小屋"。第 194 页"加茂""贺茂"被视作同一物也是如此。

开的强弓，完美地射杀了大鳗鱼，之后用锯子好不容易才将其锯开，将它分别埋在了首冢和十三冢。因为这时大鳗鱼横冲直撞，水池的堤坝崩溃，自《常陆国风土记》以来的水池就这样消失了。这个故事中的八目鳗鱼和蛇是一样的，都是《风土记》中"谷神"的转世。这个传说可能也是中世的开发领主用武力与"谷神"进行的新战斗的记录。

站在鸟名木的山冈上

鸟名木家的壁龛中有一个装有甲胄的巨大箱子，现在仍然收纳着军旗、旗指物[1]、包袱皮、军阵长襦袢等上战场时用到的一套用品。我至今仍记得，主人在说明完"包袱皮是战斗时包裹敌人首级用的，军阵长襦袢是在甲胄里面穿的"之后，这样说道："听说，为了在紧急时刻只带着这个箱子出去，里面备齐了作为武士最低限度需要的东西。"这段事实不禁让我想起，大佛次郎的《叫花子大将》中，离开黑田家的后藤又兵卫成为举世无双的浪人而在各处流浪时，把甲胄装进蒲包里背在背上的场景。

其实鸟名木家的古文书，一直以来都是保存在这个放甲胄的大箱子中一个定做的正好能放下这些文书的文书箱里。这里包括家传的古文书和鸟名木家的世系图。作为武士最低限度需

1　插在铠甲背后、表明任务或所属的小旗。

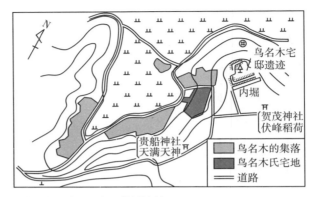

鸟名木宅邸遗迹 根据地籍图绘制

要的，除了武具还包含着古文书和世系图，"如果有个万一，只要还有这些就足够"的事实，是证明本章叙述的中世武士尊重世系图和古文书的最精彩实例。于我来说，再没有比见到古文书箱被拿出这个大箱子的时候，更能让人感受到古文书、世系图对于武士的重要性了。

在同一个大箱子中收纳的军阵长襦袢，在前面和后面的针脚处记着"八幡大菩萨、鹿岛大明神、加茂大明神、木船（贵船）大明神、稻荷大明神、南无天满天神"六个神名。武士是与网罗了武神到文神，再到农业神的诸神一起奔赴战场的。

正好在鸟名木家的后山、邻近宅邸的台地之上，现在还有以椎树为主体的两处茂盛的树丛。在这处似乎很有来头的树林中，供奉着作为鸟名木家"家神"的贺茂神社、伏峰稻荷、贵船神社、天满天神，正好与刚才看到的鸟名木家家主期待得到加护而加入战场的六位神明重合了四位 。这正是鸟名木氏的苗字之地和宅邸的守护神，也是他们在战场上的守护神，可以说很符合中世武士的特点。

在南北朝时期的鸟名木氏的转让书（「鳥名木文書」2,『茨城県史料』中世編 1）中，已经可以见到如"今贺茂御前马场"或者"今贺茂御后"等表达。这大概指的是贺茂神社，显示出在这个时候鸟名木家就已经开始祭祀贺茂神社了。另外转让书中还记有"笠悬马场"和"今贺茂御前马场"两处马场，显示出在宅邸附近的台地面上还有几处马场，即鸟名木家附近的景观应该能够上溯至中世。

天正十九年（1591），行方、鹿岛两郡的常陆平氏一族遭遇了被佐竹氏屠杀殆尽的命运，但不知为何，只有鸟名木氏逃脱了这场厄运。庆长七年（1602），佐竹氏被转封至秋田之后，新庄氏作为三万三千石的大名被封在了行方郡的麻生，鸟名木氏立刻以俸禄七十石的家臣身份侍奉在其麾下，似乎也随其参加了大阪冬之阵和夏之阵。留存到现在的军旗和旗指物之类，大概就是那时的东西。后来鸟名木氏的俸禄增加到一百石，在三万石的家臣中地位并不低，在麻生和鸟名木都拥有宅邸，但明治之后还是回到了这片土地居住。以上大略就是鸟名木家的简史，也是如今仍能感受到几分中世遗存的原因。

昭和四十八年（1973）十二月，我再次拜访鸟名木家，又一次站在了背面宅邸的遗迹上。就在整一年之前，我们跟随家主登上后山陡峭的斜面，在暮色四合中参观了宅邸的遗迹。站在直面冷风的台地之上，我印象最深的是耸立在残阳里的那绀青色的筑波山，还有迟迟暮色中霞之浦的湖面，而那般景色这次也别无二致。

只是悲伤的是，曾经亲切接待我们的家主在那年三月遭遇意外交通事故而不幸离世了。那时家主坚决批判过的霞之浦的填湖计划，之后也不顾人们反对而被强制执行了。以鹿岛工业地带为首的地域开发明明产生了许多不良影响，但还是被继续推行下去。胡乱开发的恶浪总有一天将会把这片地域吞没吧。

这片宅邸的遗迹也好，"家神"的树丛也好，周边的景观也好，到底会维持到何时呢？一年前，家主还一腔热血地向我们讲述鹿岛开发的问题所在和教育问题，一想到已经永远无法再次与他畅谈，我就感到无比遗憾。现在只有祈祷年纪轻轻就离开人世的家主的冥福了。怀着胸口被勒紧一样的心情，我从鸟名木的山冈离开了。

第五章
板碑诉说的故事

作为史料的板碑

小代的板碑

埼玉县东松山市的正代，将之前在 147 页介绍过的武藏七党的小代氏的苗字之地小代乡之名传承至今。荒川的支流高丽川（越边川）和都几川的交汇处附近，从西侧丘陵向东延伸出的舌状台地之上就是正代。这里有将恶源太义平当作神明祭拜的御灵神社，还有在小代伊重的置文中记录的青莲寺，寺院庭院的边缘就立着一座如照片（参照下下页）所示的板碑。

就如旁边柱子所记，板碑也被称作板石塔婆，或者青石塔婆。因为它们是用石板制造的卒塔婆，也即用于祭奠的塔，而在关东地区，其材质是青色的绿泥片岩，也即青石。像板子一样薄、易于剥离、易于精细雕刻的绿泥片岩，是武藏野西北部一带的秩父山地特产，以此为材料的板碑分布的范围相当广泛。

这块板碑由高 2.2 米、宽 59 厘米、厚 6 厘米有余的青石制成，在当时也属于大型板碑。有人说它是"三角帽子系头巾"，头部呈三角形状，下方横着两条深深的刻痕确实是板碑的一大特色。下方的莲花形台座上，大大地刻着一个代表阿弥陀如来的梵文"हीः"（hrīḥ）。这也是板碑的一大特征，虽然也有雕刻佛的图像的，但一般都是用梵文表示本尊，其中大多是代表阿弥陀佛的"हीः"。从这一点来看，这座板碑也可以说是代表性板碑之一。

从这张照片来看，梵文的周围感觉有些粗糙，其实是因为这个字是以药碾雕刻[1]的方式出色地深深雕刻而成，曾经从字往上的部分发生过折断和破损，最近用水泥将其背面接合、固定住了。其下刻有和风汉文撰写的六行、一百一十几个字的铭文。铭文内容我们稍后再来看，在这里先来总结一下板碑在外形上的特征吧。

拥有这座青莲寺板碑所呈现出的特色，以武藏一带为中心广泛分布在关东地区的这种板碑，被称为武藏型板碑，或者青石塔婆。（1）三角形的头部，（2）其下刻着两条横线，（3）其下方用梵字或图像来表示本尊，（4）另有记录制作年月日、制作宗旨、设立者等等的铭文，（5）雕刻在薄薄的绿泥片岩的表面。

1　挖沟、刻字的一种形状，断面呈如药碾子一样的"V"字形。

青莲寺的板碑。由绿泥片岩制成，呈现出武藏型板碑的特色（东松山市教育委员
会供图）

以上大概就是这种板碑的特征了。

板碑并不只有武藏型板碑这一种。根据石材材质的不同，它呈现出多种变化形式，很多只是把自然石块进行若干加工的程度。但它们广泛分布于全国，北至北海道、南至九州南端，从时代上则从镰仓前期的十三世纪上半叶到战国时代末期，可谓中世风格的佛教性质纪念物。

因为初期的板碑在现在埼玉县北部到中部、秩父山地的东麓分布得最为聚集，所以推测这里应该就是板碑的发祥地。这里正好也是被称为"武藏七党"的中小武士团群体兴起的地域。而镰仓前期，就是他们参与幕府的设立，地位极速升高的时期。从这里诞生的武藏型板碑，具备了板碑中最具代表性的特色，这一事实十分有趣。

板碑的背景

话说回来，青莲寺板碑上记录的铭文相当难读。大意而言，弘安四年（1281）七月一日，为了"抚民之德"深切、"仁惠之情"厚重的"圣灵""前右金吾禅门"，也为了"累代之幽魂"，关系匪浅的"一列诸众"合力建立起了这座"毗卢之庙石"。

"右金吾"指的是右卫门府的官员，从称赞其有"抚民""仁惠"之德这点来看，指的就是身为当地支配者的一位武士，应该是小代氏一族之人。

查阅小代氏家传的古文书和世系图，正好在这个时候，有一位名叫平内右卫门尉重俊的人物，是我们前面提到的行平的孙子、小代氏的总领。他被称为"前右金吾"是最合适的。所以这座板碑应该是重俊的亲族和有关人员，为了重俊和世代先祖的灵魂而建立的。前文介绍过的小代伊重，在世系图上是重俊的孙子。他或许也是这座板碑的建造者之一。

重俊在宝治元年（1247）北条氏灭亡三浦氏一族的宝治合战中，因为儿子重泰立下功勋，被赐予了肥后国北部野原庄的地头一职。然后在文永八年（1271），幕府为了抵御迫近的蒙古来袭，也为了镇压领地内的"恶党"，命令重俊的孩子们前往九州的所领。板碑是在这十年之后建立起来的，当时重俊的孩子都已经前往肥后，但应该还有很多族人留在了本领小代乡。在家族移居到九州这个家族大考验中，这座板碑就是以吊唁前总领重俊等先祖亡灵、强化家族团结为目的而建造的。

正代村正好位于台地尖端部南侧，在伊重的置文中，这里是被称为"冈之宅邸"的一族居所之地。小代乡的遗称能流传到现在恐怕也并非偶然。在当地研究小代氏历史的千代田将男氏，从村内留下的遗迹和明治初期的地图中发现了几乎是要围住现在的集落一般首尾相连的沟渠和土垒。

这座板碑现在立在沟渠内部、台地南部的边缘，但实际上并非从一开始就立在这里。千代田氏说，它本来立在两重沟渠的外侧，位于台地北部边缘的大日山。在那里能够俯视平原，还能望见北方远处的日光群山和赤城山，相当于小代氏"冈之

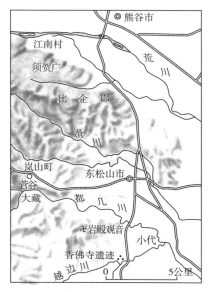

小代及其周边

"宅邸"的北方。作为建立板碑的地点，它再合适不过了。

如前所述，在行平的转让书中，似乎作为家族持佛堂、墓堂的阿弥陀堂也被当作转让的对象。伊重的置文中说的行平建造的"御堂"兴佛寺，大概指的就是这个。很明显，小代氏信仰阿弥陀佛。

需要注意的是，虽然这座板碑以阿弥陀佛为本尊，但建造者称其为"毗卢之庙石"。所谓"毗卢"，是毗卢舍那佛（大日如来）的略称，而真言密教认为大日是阿弥陀的另一个名字，所以这座板碑显示出小代氏一族拥有真言密教系的阿弥陀信仰。以前立有板碑的地点被称为大日山，可能也与此有关。

另外，现在东武东上线跨过高丽川之后的北边不远处，距离正代村西南方向大约两千米，有一片名为"香佛寺"的小字。兴佛寺的痕迹就以这种方式留存了下来。据说在这里曾经出土了十几座板碑。我见过其中五座，都是刻有梵文"𑖮𑖾"的南北朝至室町前期的板碑，也显示出了阿弥陀信仰。

不过在小代乡一带及其附近发现了九座十三世纪上半叶、处于板碑诞生期的板碑，甚至最近人们已经开始认为，这附近应该就是初期板碑的发祥地之一。特别是这附近的初期板碑中，有很多刻有三尊阿弥陀佛的图像，成为其特色之一。

小代的佛像雕刻师

从正代村向西六千米多一点儿，沿着都几川的清流回溯，就来到了关东有名的武藏岚山。在那前方不远处的河流北岸就是被视为有名的镰仓武士畠山重忠的宅邸遗迹之一——菅谷宅邸。这处宅邸似乎一直使用到了战国时代，遗留下了壮观的建筑群。久寿二年（1155），重忠的同族人河越重赖的祖父秩父重隆，拥护源氏一族的义贤（义仲之父），但后者被恶源太义平攻击，最后在大藏宅邸被杀。大藏宅邸的遗迹，正好就在都几川的南岸。菅谷宅邸西侧的树林中，立着标识着镰仓街道遗迹的碑，这里是从镰仓通往上野、信浓的古道所通过的地点。所以这里才会建造像菅谷宅邸、大藏宅邸这样的武士宅邸。另外，向着信浓三原野的猎场赶路的赖朝一行人，应该也是在大藏宅邸附近的大藏驿站度过了一晚。

现在的大藏有一座时宗的向德寺，似乎古时候被称为大藏道场。位于镰仓街道旁驿站的时宗道场，的确很好地彰显出了它的特色。在这也有二十座左右镰仓末期以来的板碑。长期作为秘藏佛像的向德寺的本尊阿弥陀如来，其胎内佛是善光寺式的三尊阿弥陀，在该种类中十分古老而朴素，也是优秀的东国的金铜佛。其台座铭文说，这是宝治三年（1249），为了父母、儿子三位施主而在"武州小代"铸造的。离这里稍远且时代也稍微靠后的八王子市宇津木町的文和二年（1353）板碑，是为了多达一百人以上的时宗信仰者的佛事而铸造的。因为上面留有住在小代的佛像雕刻师的名字，可知这个时代的小代乡中有与时宗关系匪浅的佛像雕刻师。

小代乡西部平缓的丘陵地带上，有古老灵场的岩殿观音，正好就在登山口处。它很适合作为佛像雕刻师的住处。据推测，这附近应该就是初期板碑的发祥地之一。很多板碑都刻有图像，所以不太可能没有小代佛像雕刻师存在。原产于秩父山地的绿泥片岩这种上好的石材，加工这种石材的技术，以及武藏七党的武士背景，应该就是让板碑诞生的诸多条件中的一部分。

最古老的板碑

说起初期板碑，就不能不提到被认为是现存最古的嘉禄三年（1227）板碑了。这块板碑立在荒川穿流而过的熊谷町西南、现属埼玉县大里郡江南町（现熊谷市）的大沼公园里面的弁天岛上。据说它曾经被用作附近小河的桥梁，在更换的时候才发现原来是板碑。真可谓是泥菩萨过江，总算留存到了今天。昭和十年（1935），因为千叶县的平野元三郎在《考古学杂志》上发表的报告（「嘉禄の陽刻板碑」，同杂志25—1）才初次为学界广泛所知。从那以后还没有发现比其更古老的板碑。

现在它的高度大约是 1.14 米，但推测曾经超过 1.5 米。其宽 49 厘米、厚 8 厘米，可谓威风凛凛。碑面刻着三尊阿弥陀的浮雕，其下方浮雕年号以及"诸教所赞，多在弥陀。故以西方，而为一准（必定如此之意）"这一段偈语。

据说这句话来自天台系的净土教经典，偶见于古老的板碑上。无论是三尊阿弥陀的浮雕，还是偈语，都显示出这座板碑是一座基于净土信仰而建造的卒塔婆。

只是非常遗憾，板碑上半部缺失。根据发现时的照片，上半部分碎成两片，之后不知道何时左半边丢失，右半边我在昭和四十九年（1974）九月探访的时候在现场也没有找到。留有作为板碑特色之一的头部两条刻痕的重要部分不知所踪，对于这座最古的板碑来说实在值得悲叹。万分期望能够再次发现。

根据长年致力于板碑研究的千千和实的调查（参照"参考文献"），这附近是初期板碑集中之地，也是板碑诞生的中心地带之一。

由附近的江南南小学保管的宽喜二年（1230）板碑也十分有名，其古老程度排在第二、三位。其他还有很多值得参观的板碑，但这次我们就先向前探索吧。

板碑的起源

板碑的起源至今还笼罩着一层谜团。特别是为什么会制作成如此独特的形状，流行着种种说法。第一是五轮塔起源说。这种说法主张平安后期日本的五轮塔变种长足塔婆，逐渐变换形状，最后形成了板碑。虽然多少让人感觉逻辑上有些跳跃，但这种说法对于三角形头部上两条刻痕这一板碑独特形态的解释最简洁，所以有很多研究者都支持这一说法。此种说法的主要提倡者，也是大作《板碑概说》（参照"参考文献"）的著者服部清道，之后又对其进行了若干订正，认为板碑的诞生过程并不是单线程的，在武藏型板碑之外，一些形状不整齐的板碑是由平安末期的板状石佛（服部将其认定为板塔婆）转化而来。

第二种说法认为，山野修行僧等修验道的修行者在入峰时立下的木制塔婆碑传是板碑的起源。确实，碑传有很多和板碑的形状类似，但和初期板碑就不甚相似了。有人对此表示疑虑，认为可能是在板碑的形状影响了其他石塔类之后，两者才开始显示出类似特征。

第三种说法认为，初期板碑上端边缘部分常向前突出，是笠塔婆的残留；上端非三角状而是水平方向截断的板碑上方，加上斗笠状装饰。这种说法主张笠塔婆是板碑的起源之一。此外，关于板碑的起源还有几种说法，各有优劣，还不能成为定说。不过刚才提到的武藏型板碑的诞生时期，正好是武藏七党等武士势力的成长期，所以两者之间肯定有很深的关系。为了探明武士团的历史，板碑是绝对不可忽视的重要资料。

在这片城市化急速行进的地域，许多板碑日渐消失。即便不是如此，放置于野外的板碑，也会因为绿泥片岩轻薄、易剥落的特性而慢慢崩落，上面的铭文变得难以识读。小代的青莲寺板碑也是，最古老的嘉禄板碑也是。

在这样的危机之中，以千千和实为团长的东国板碑调查团诸位实行了全面调查，据其调查成果，武藏型板碑的数量不少于两万座。这数量实在惊人，和同时期同地域留存下来的历史学家最为依靠的古文书的数量相比，实在是相差悬殊。很明显，板碑不仅在探索中世人的宗教生活、信仰生活方面是极为重要的资料，在知晓中世武士团的实际样貌方面也是如此。

板碑讲述的加治氏历史

加治氏的历史

接下来，我就选取武藏七党之一的丹党的加治氏作为实例，借助千千和到的研究来探索那段历史吧。加治氏在文献上只有

《吾妻镜》等极少的记载和世系图留存下来，只依靠这些极难进行相关研究。但如果把板碑和传说等当作史料，能让大家在以下叙述中读到与之前不一样的东西，我将感到十分荣幸。

对于东京周边的人们而言，提到饭能，应该自然就会想到天览山和名栗川等徒步旅行路线，想到那通向被称为奥武藏高原的群山的入口吧。秩父山地东南部的连绵山脉终结于关东平原的地方，就是发展成山谷入口的饭能町。从西武铁道饭能站下车，向北走大约一千米，被小山岗的山脚环抱住的就是中山的智观寺了。寺院东侧一带还留有曾被称为中山宅邸的武藏七党之一加治氏一族的宅邸遗迹，现在只剩下些许沟渠的痕迹了。这里已经住宅化，在新建的房屋庭院前，中山宅邸遗迹的纪念碑孤零零地立在室外。

然而智观寺院内西侧的山丘上立着的三座大型板碑还很完美，特别是立于西侧的形状、大小别无二致的两座，为我们讲述了许多关于这座宅邸主人加治氏一族的历史。右侧的一座，上面刻有大大的表示阿弥陀的梵文"र्हीं"，下面的铭文说，仁治二年（1241）十二月四日，正值建立者的母亲名阿弥陀佛的三十五日忌日，他们建立了"一座弥陀三摩耶之石塔"。

左边的一座说是在第二年，仁治三年十一月十九日，正值建立者的亡父丹治家季在三十八周年忌日改葬，所以他们同样建立了一座石塔。

建立者的父亲名为丹治家季，母亲名为名阿弥陀佛，而且

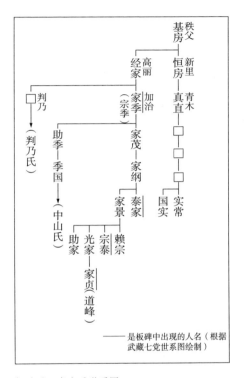

加治氏、青木氏世系图

家季改葬的十一月十九日正好就是名阿弥陀佛的一周年忌日。两者是夫妻这一点毫无疑问。正因为如此，这两座板碑才成对儿地做成同一形式。根据武藏七党的世系图，丹治家季是在元久二年（1205）六月，在畠山重忠被杀的武藏二俣川之战中被重忠杀死的。《吾妻镜》（"元久二年六月二十二日"条）也记载说，安达景盛手下的加治二郎宗季冲在前面，为重忠所杀。也有古写本把宗季写成家季，估计是字体相似导致的错误。智观寺板碑建立的仁治三年的三十七年前，正好就是这一年。

据智观寺的住持、对板碑和乡土史研究十分了解的中藤荣祥氏说，面向这座板碑背对着的东南方，正好就是家季被杀的二俣川古战场。这样看来，留存到现在的这座板碑，和《吾妻镜》以及世系图的记载完美地对上了。

中山宅邸的周边

根据智观寺东侧的中山宅邸附近的古地图，和昭和三十三年（1958）左右小室荣一制作的实测图，如下一页的上图所示，推测边长五十到七十米的长方形宅邸遗迹的内侧是土垒，外侧围着沟渠，再外侧是包含马场遗迹在内的另一个围起来的区域。宅邸西北部有供奉着丹氏先祖的丹生明神社坐镇。这里和曾我氏的情况一样，宅邸的神社建在了同一方向上。

在其西侧，从山上流下的河流被称为丹生堀，推测就是这条河的水注入围绕宅邸的沟渠，沟渠里的水再由向东流淌的水道与加治堀接续。正好在那前面有一片名为小字一町田的水田。根据江户前期中山村的检地账目的残留部分，村中的三町多水田当中，有上田一町三反。这片一町田占了全部水田中的七反二亩，其中上田部分占了五反六亩。离领主宅邸很近，又被沟渠水灌溉的这片水田，非常可能是中世时期领主的直营田。

和我们之前看过的常陆的真壁、长冈氏的情况相同，堀之

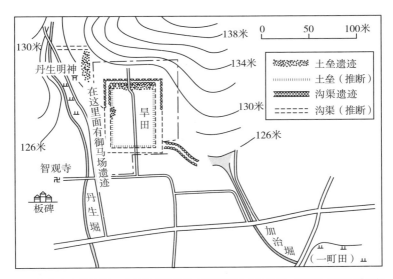

中山宅邸遗迹复原图。千千和到氏根据中藤荣祥氏《武州高丽郡中山村记录》"中山村地图"及小室荣一氏《中世城郭研究》绘制

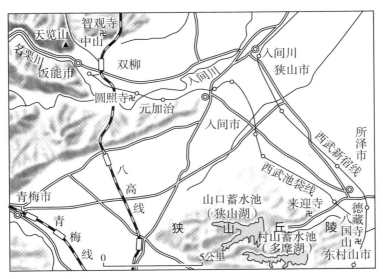

加治氏与板碑

内的沟渠里的水同时用作农业用水，起到很大的作用。在其引水口附近坐镇有供奉着先祖的丹生明神社，再向西南方向有一座寺院，在台地上立着为血缘较近的祖先建造的板碑。这应该是镰仓中期的景观。

话说位于智观寺东南方向大约三千米的元加治的圆照寺，和再向东南方向十千米，距离狭山湖很近的山口的来迎寺中，也有两座康元元年（1256）由加治家季的曾孙左卫门尉泰家所立的两座板碑。它们都刻有梵文"𑖀𑖾"，显示出阿弥陀信仰，大概是为了他母亲的佛事而建的吧。考虑到加治氏这一苗字和元加治这一地名等要素，这附近可能就是加治氏的根据地。

之后的文永七年（1270），这位泰家为了做佛事而立起了刻有梵文的板碑，也留在了圆照寺里面。以上三座都在铭文中写明了建立的主旨，显示出加治氏一族与板碑的缘分很深。

成为御内人

不过圆照寺中还留有嘉元三年（1305）八月八日由"孝子等"建立的一座板碑，以及元弘三年（1333）五月二十二日，正好是镰仓幕府被新田义贞等人的大军灭亡的那一天，为了"道峰禅门"而建立的一座板碑。

与世系图进行对照可知，"道峰禅门"就是加治泰家孙子辈的家贞。《太平记》（卷十"新田义贞谋反之事"）中，为了迎击义贞军而出战的幕府军中，有一位"加治二郎左卫门入道"，应该与之是同一人。

他在邻近故乡的小手指原与义贞军战斗，结果落败，应该是在镰仓陷落的那天与幕府命运与共了。那么嘉元三年的板碑又是为了什么，由谁建立的呢？

加治氏的世系图记载，这位家贞的叔父助家、祖父家景都在嘉元三年的北条宗方之乱中或是被斩首，或是被杀死。宗方之乱是北条氏得宗家的支流、时赖之孙宗方，在得宗贞时专制时代突然扩张势力，企图谋划政变而引发的事件。虽然宗方先把当时的连署时村杀了，但不久之后贞时就下令将率先讨伐时村的十二名武士斩首，后来宗方自身也被杀死。网野善彦注意到，宗方虽然出自得宗家的支流却手握政治实权，在那时肩负着御家人群体的期望。这次动乱是镰仓末期幕府内部最大的一次政治斗争。

那么这时，因受宗方之命率先讨伐时村而被斩首的武士，就有身为侍奉北条氏嫡流家的"御内人"丰后五郎左卫门尉光家。从种种情况来看，此人无疑是加治氏世系图中家贞的父亲光家。在世系图中，上述内容写在光家的父亲家景身上，大概是写错了。由此可以推测，嘉元三年八月的这座板碑，就是为了光家等在宗方之乱中受到连坐而死的加治氏族人建立的。

从镰仓初期到中期的弘长元年（1261），《吾妻镜》中作为一名御家人跟随将军的加治氏，此时已经是侍奉北条得宗家的御内人了。加治家贞作为义贞攻击军中之一人被记录在《太平记》中，也是在大将北条氏嫡流家的支流樱田贞国的麾下，与御内人之代表长崎高重一起。这种记述方式本身就显示出他是个御内人，另外，他愿意随镰仓的战火一同赴死这件事，也说明他是北条氏的御内人。因为与镰仓幕府一同毁灭的几乎都是北条氏一门及御内人等从者，还没有发现一般御家人殉死的。

向禅宗的倾斜

那么加治氏成为御内人到底是在什么时候，又是因为什么样的理由呢？在中山东南方的双柳，现在新的住宅地中仍有被称为"米冢（浅间冢）"的巨大土堆，且流传着一则下面这样的传说：正治元年（1199）八月，将军赖家想要讨伐安达景盛，这一地区的豪族判乃（饭能）、青木两氏因为过往情谊选择加入安达氏一方，结果判乃氏被灭，青木氏也受到巨大打击，祭祀牺牲者的就是这个米冢。

这则传说很有趣，但据《吾妻镜》（"正治元年八月十九日"条）等资料，正治元年，赖家虽然计划讨伐安达氏，但受到政子的谏言而打消，实际上没有发生战斗。

我认为这是对之后的弘安八年（1285）十一月，安达景盛之孙泰盛被讨伐的霜月骚动的误认。判乃、青木两氏都是和加治氏关系很近的家族，"武藏七党系图"中可见青木国实于"弘安八（年）自杀"。另外整个镰仓时代，安达氏一门被讨伐只有霜月骚动。

《吾妻镜》记载，加治宗季和畠山重忠战斗时，处于安达景盛的指挥之下。众所周知，在霜月骚动中，有很多"武藏、上野御家人等"作为泰盛派自杀了。虽然只是传说和情况证据[1]，但如果说弘长元年以前都属于御家人的加治氏在镰仓末年成为御内人，最妥当的解释就是因为在霜月骚动中被连坐而家族没落，生存下来的部分族人变成御内人。

不管怎么说，在圆照寺流传下来的嘉元和元弘的板碑，拥有之前与加治氏有关的板碑中见不到的巨大特色。那就是碑上刻有禅宗风的诗文偈语。嘉元三年的板碑上，刻有引自《碧严录》并加以改编的长文，元弘三年的上面刻有"乾坤孤筇（手杖）卓无地，喜得入空法亦空。珍重大元三尺剑，电光影里斩春风"的偈语。这是禅僧无学祖元曾经被元朝士兵抓获，即将被杀之时吟唱的偈语，十分有名。

因此这两座板碑是在当时十分稀少的禅宗板碑的实例。但是，元弘的板碑上端用梵字刻有胎藏界大日、阿弥陀、明王三尊像，嘉元的板碑上端断掉了，图案并不明了，但从剩下的部分来看，应该也是在表示阿弥陀。这样的话，板碑的本尊自身和此前与加治氏有关的板碑一样，都是在显示密教性质的净土信仰，并未发生根本性的变化。

1　情况证据（circumstantial evidence），法律用语，指基于常识可以合理推断出待证事实的情况或事实，类似于"间接证据"。

北条氏一门将禅宗作为一种教养接受已经是周知的事实了，到了镰仓后期才成为御内人的加治氏应该是在模仿他们。与加治氏有关的板碑上刻有禅宗诗偈已经是嘉元、元弘年间的事，也说明了他们自动转变为御内人的时期。而且板碑的本尊与之前的阿弥陀信仰没有任何变化，从这一事实中我们也可以窥见加治氏的信仰生活以及宗教表达。

我觉得，板碑在探索中世武士团的实际形态上起到的作用之大，通过以上加治氏一族的例子已经能很好地体现出来了。

元弘的板碑

与作为北条氏之御内人而战死的加治左卫门尉入道道峰的板碑凑成绝妙一对儿的，应该就是悼念跟随新田义贞军而有三名族人战死的上野武士饱间斋藤一族的板碑了。它现在位于东京都东村山市，西武铁道东村山站附近的德藏寺里，是十分有名的元弘板碑。

虽然上端已经缺失，但在刻有梵字光明真言的下方，有"元弘三年癸酉五月十五日"的纪年铭文，还记有"饱间斋藤三郎藤原盛贞生年廿六，于武州府中五月十五日战死。同孙七家行廿三同战死。饱间孙三郎宗长卅五，于相州村冈十八日战死。劝进玖阿弥陀佛，执笔遍阿弥陀佛"的铭文。为了这三位在义贞进攻镰仓之时战死的武士，时宗僧侣建立了这座板碑，但为了本领远在上野国饱间乡（现在的安中市附近）的饱间斋藤氏一族建立的板碑，却像这样立在了遥远之地，到底怎么解释才好呢？

据说这座板碑原本立在附近的狭山丘陵边缘的八国山山腰处，后来才移到德藏寺。如果展开想象，可能是作为恩赏，饱间斋藤氏获得了这片能够瞭望盛贞、家行等人战死之地的地域，然后在这里立下了悼念族人的板碑。就算如此，可以说是在镰仓幕府灭亡这一大事件中，分成敌我双方战斗的加治氏和饱间斋藤氏的纪念碑的两座板碑，在如此相近的地方，一直留存到现在，真的是很少见。

邻近西武铁道元加治站的圆照寺中还有几座不错的板碑，都存放在完善的收藏库里面。德藏寺也有几十座自古流传下来的板碑，最近建造了放在全国也很罕见的专门的板碑保存馆，并且对一般人开放，其中收集的板碑数量达到了三百数十座。

史料和遗迹等，如果能保存在原来的地点，自不必说是最理想的，但像今天这样，随着城市化的发展，环境破坏愈演愈烈，比起一直放着这些板碑消失、湮灭不管，以这样的形式去保存、公开还是要好得多。

我想对德藏寺和德藏寺板碑保存会，以及对此施以援手的有心市民致以敬意，也祈愿板碑保存馆能够发展得更好。同时，对于不被加以任何保护措施地放置不管的、任凭破坏和损失发生的以最古的嘉禄板碑为首的大量板碑，迫切希望各地能够采取相应的措施予以保护。

第六章

武士团是什么

武士身份是什么

镰仓时代的武士身份

如果将一般被认为是最初的武士政权——镰仓幕府,与京都的公家贵族和僧侣进行区别,幕府下面明显存在着(1)被称为"侍"的武士,(2)武士的从者,"郎从""郎党",(3)一般庶民,"凡下""平民""甲乙人",(4)作为隶属人员的"奴婢""杂人"等诸种身份。比如说有名的幕府基本法《御成败式目》中,有很多根据侍、郎从、凡下等犯人的身份处以不同刑罚的例子,告诉我们当时这样的身份规定是很清晰的:

殴打他人之罪,甚为不轻。武士没收所领,无所领则处以流放之罪。郎从以下实行拘留(第十三条)。

　　对于伪造文书的犯人，武士没收所领，无所领则处以远流之罪。凡下之人在脸上烙印（第十五条）。

　　在道路街头抓住女性实施强奸的，御家人停止出仕一百日。郎从以下遵循赖朝公时旧例，将头发剔去一半（第三十四条）。

　　那么，这些身份是什么时候定下来的呢？因为完全没有幕府成立之后决定实行这些身份的史料，所以这些好像是在以前就已经定下来了。在这里必须要注意的事实是，当时的武士分为成为将军之从者的御家人，以及并非如此的非御家人两种。

　　翻开在镰仓时代末成书的幕府法制、诉讼制度入门书《沙汰未练书》，就会看到下面这样的解说。

　　（1）所谓御家人，就是从前作为开发领主，收到将军下赐的御下文，其所领支配权得到保障的人。

　　（2）所谓非御家人，就是虽然身份是武士，但不为幕府效力的人。

　　（3）所谓本秩，就是地头、御家人的先祖的俗姓。

　　根据上面正好列在一起的三条说明，我们可以知道：属于武士身份的人们是"开发领主"，拥有被称为"根本私领""本领"的所领，以及被称为"本秩"的俗姓；在武士身份之中，包含

奴婢、杂人	凡下、平民、甲乙人	武家			僧侣	公家
		郎从、郎党	侍			
			非御家人	御家人		

镰仓时代的诸种身份

支配权通过将军的御下文得到公认（御恩）、为幕府效力的御家人，和不从将军那里获得御恩也不为幕府效力的非御家人。也就是说，非御家人并非御家人以外的全部人员的总称，而是指武士身份中御家人以外的人。如此说来，比较自然的看法是在幕府成立之前，武士身份就已经确立，而在幕府成立之后，御家人与非御家人的区别才得以决定。

平安后期的武士身份

那么武士身份确立的时期是什么时候呢？在十二世纪初便已成书的《今昔物语集》，收录了许多我们介绍过的"兵"们的说话。其中有很多诸如"兵之家""继承家的兵"之类的表达，显示出在当时，"兵"的家已经是得到社会公认的家系了。

另外根据日本文学学者国东文麿所说，像"从前，有一位筑前守某某""从前，有位名为某某的近卫舍人"之类，将说话的主人公加上官职名进行介绍是《今昔物语集》的惯例，但到了"兵"这里，这种惯例就变成了以"从前，有一位名为某某的兵"的方式开始讲述。所以,《今昔物语集》将"兵"看成以武力作为生活基础的特定阶级、技能的所有者。也就是说,在《今昔物语集》成书的时点,已经可以说"兵"是一种特定身份了。这无疑可以理解为"武士身份"的确立。

被认为是活跃于十一世纪上半叶的学者藤原明衡的著作《新猿乐记》,通过介绍出现在猿乐观众中的西京的右卫门尉一家,生动地描写了当时社会上的诸种形象和身份,是一部十分有趣的作品。与"大名田堵"一起,"天下第一武者"也登场了("中君之夫")。你看他:

> 合战、夜袭、驰射、待射、照射(在夏季晚上登山,引弓射击向灯火靠近的鹿的一种狩猎)、步射、骑射、笠悬、流镝马、八的(设立八个箭靶射击的一种骑射)等武艺之名人。身着甲胄,手持弓矢,接得干戈(盾和矛),使得太刀,扬起旌旗,筑好防御,设下阵营,长于将兵。临战常得胜利之名,败北未有降服之思。使弓使剑皆名手,可谓一骑当千人。字元,名勋藤次。

这样的描写,显示出当时"兵"的特技以骑射为中心。

武士与国衙

为了获得"兵""侍"等武士身份,到底需要什么样的资格呢？是不是只要长于弓马之术，无论是谁，在任何时候，都能立刻被认可为武士呢？绝非如此。在当时，理应有显示武士身份的特定外在标识。很遗憾，这一领域尚无可作依据的研究，不过戴在头上的东西就是标识之一。

另外，镰仓幕府的法令（「追加法」383）禁止"凡下"平民骑马在镰仓内部通行。虽然不能说在任何情况下武士身份以下的人都被禁止骑马，但一般来说骑乘特权应该是武士身份的一种体现。这与武士的特技是弓马之技这一点可说是完美对应。

既然是这种一看就有清楚标识的身份，那我们如此推测也是理所当然：这些人肯定需要经过某种程序获得社会性承认。在这里我想起一件事，在镰仓幕府创立之初，幕府特别命令畿内西国国衙的在厅官人，让他们紧急报告国内的御家人名簿。

其中有像若狭国一样题为《自古侍奉源、平两家之人的名簿》（『鎌倉遺文』854）的，也有记录御家人名字、具有国内武士联名簿特征的。不过像这样将一国之内的武士、"兵""武勇之辈"等人作成名簿紧急提交，对于各国的在厅官人来说，绝不是第一次经历。我们能看到，平安末期就已经有好几个因为种种理由而在国中做类似工作的例子。

这种由国衙制作一国之内的武士名簿的事实表明，武士身份可能也由国衙决定。

内里的大番

　　幕府的御家人为将军效力，在平时第一重要的工作是警卫内里的京都大番役。就像在承久之乱爆发时，尼将军政子演说的那样："之前一人需要担任三年的大番役，赖朝公将其缩短到半年，减轻了武士的负担不是吗？你们不要忘记这份恩情！"在幕府成立以前，全国的武士负有轮换进京警卫内里的义务，在平氏政权时代，这种义务得到坚决执行。

　　更早的情况因为史料不足而无法详知，不过我认为，藤原氏摄关家把邻近京都的摄津、和泉、近江三国的有力名主编制成大番舍人，让他们每个月进京十天担任守卫宫殿、警卫和杂务的工作。在这种摄关家大番役制度成立的近乎同时，十一世纪到十二世纪初，动员武士的内里大番制度就已经成型了。

　　赖朝延续了内里大番制度，虽然减轻了一部分负担，但将侍奉的工作限定在御家人武士之间，由此将其转变成牵制京都朝廷的绝好手段。院政期的内里大番，也是以一国为单位完成，负责人应该不是守护，而是国司。侍奉者都是国内的武士这一点自不待言，当然决定人选应该也由国衙做出。国衙能够掌握一国之内的武士，应该和前面讲过的由国衙决定武士身份归属有密切关系。此处"应该"有些太多，也没什么底气，但我基本上就是这么设想的。

国侍的狩猎

《今昔物语集》的一篇说话（卷二十五第五）记述说，藤原实方作为陆奥守前往地方赴任之后，"国内有些地位的兵们"与以往不同，尽心侍奉他，昼夜负责国司的政厅和宅邸的警卫，毫不懈怠。我认为在平安时代中、后期，以地方的国衙为中心，国内的武士被广泛组织起来，负责国厅等地的警卫工作。当时"国内的兵们"，指的就是他们。

《今昔物语集》中也能看见国司将国内之人召集起来，举办名为"大狩"的大规模狩猎。就像我们在"曾我物语的世界"一章接触过的，大规模狩猎是那片地域支配者权威的表现，也是根据猎物多少得知神意的活动。它也是武士的专业技术——弓矢之术的最好的实战训练。

在"探访'兵'之宅邸"一章我曾经使用过的《高山寺本古往来》中，有一份老武者"鹿冈"为参加"大狩"而申请借用名马的书信（第二十七文书）。

我从壮年开始就被称为好射手，直到今日垂老之年，还在侍奉代代国守，担任狩猎任务。其中，现在这位国守大人在昼夜、早晚都喜欢狩猎，这次命令国中之人都聚集起来，参加一场为期三天的大狩。可我并无好马，十分发愁。还请您让我露一天脸，将名马出借给我。

"鹿冈"这个名字本身就是一种象征，正适合作为国内无人不知的老兵、有名射手的名字。在十一世纪最末期的因幡国，国司到来之时，曾让"国侍"和护卫国司宅邸的"馆侍"进行"竞射"。这件事被记录在国司的日记（『時範記』"康和三年三月十九日"条）中，显示出他们的军事性、勇武色彩之强。这位"鹿冈"就算主人一个接一个地变换，也会继续侍奉代代国司，成为他们的从属士兵，可谓展现"国侍"形象的恰当例子。

即便到了镰仓时代后期，在南九州的萨摩和大隅国，还有守护举办"巡回一国的御狩"活动，率领大批部下在国内的猎场巡回，让国内的武士们都来参加。这显示出曾经的国守的"大狩"被守护们继承下来了。参加这样的"大狩"，和参加有朝一日发生的战事是相关联的。以国衙为中心被组织起来的"国内的兵们"，在发生紧急事态时，理应跟随国司参加实战。

还有一件需要思考的事，即出云大社和信浓的诹访神社等诸国一宫的大神社的祭祀。镰仓时代确立的体制是，祭祀这种大神社，需要一国全体人员分担祭神活动的费用、为仪式服务。

其中流镝马和围猎这种军事性仪式的工作，就被认为是国内的地头和御家人的任务了，实质上可以说是幕府通过守护来主宰这些仪式。而且不久之后，是否为这种祭神活动服务，成为能否够被认定为地头的依据，甚至因此起了争端。我认为，为上述的军事性仪式服务，对于服务者来说是光荣的任务，特别是起到了作为御家人、武士身份的外部标志作用。这种祭神活动的体制与武士身份的关联，在一宫等制度得以确立的平安时代后期就已经成立了。

十一世纪上半叶的某位贵族的日记（『春記』"长历三年十月七日"条）中记录，三河守经相在京都的住所中死去之后，之前为了守卫宫殿、警卫都城而从三河进京的"国内的住民以及国侍等"都回国了。由此我们可以得知，当时国司在京都的住所由当地的"国侍"警卫，那么前述内里大番制度的实施也绝非奇怪之事。

武士身份的确立和国衙

到现在为止，我好像是在武士身份之成立这一难题周围兜圈子。差不多是时候该下结论了，但在此之前，我还想先看一下之前那本《高山寺本古往来》中的几封往来书信（第五、第六文书）。首先是被命令担任护卫向京都运送年贡米的任务，但无论如何都想回绝的当地豪族的书信。

谨言。就在刚才，税所的判官代通知说，我被任命为官米进京的押领使。我松影确实是武者的子孙，但并未继承家业。不仅如此，我年老而贫困，连一个随从士兵都没有。如果遇到紧急情况，应该会出大丑。恳请您能取消任命。谨言。

下面是国司的回答：

> 谨言。已经把您信上所说的上报给了国司大人，但他听后是这样说的：“郡司和书生告诉我，你家代代都曾作为押领使执行公家任务，所以才选定你。绝对不能违背命令。如果你没有随从士兵，国中诸郡的士兵和船只都会听从身为将军的你的命令。快去把这些主旨传达过去。”谨言。

所谓“押领”，并非指强行夺取他人的物品，而是指挥、统率军队士兵之义，“押领使”和作为军事指挥官的“检非违使”、“追捕使”（负责追踪犯罪者将其逮捕的职位）一样，是平安时代置于地方国衙的军事警察方面负责人。上述信件中的运米的押领使，特指护卫年贡米运至京都的负责人。实际上在第158页提到的菊池氏的先祖藤原正高，也是作为大宰府的官米押领使进京的，所以这并不稀奇。

此时获任该职的是因“武者的子孙”而代代负责这一任务的名为松影的当地豪族。他被任命为押领使，成为国中“将军”，获得了对国内诸郡的士兵和船只的指挥权。从先祖代代都接受这一任命来看，国衙应掌握了国内武者的家系和过去的事迹。

保存在当时国衙中的重要文件中，有一种叫作“谱第图”的文书。从名称推测，它应该是国衙登记的国内有力豪族的家

系信息。但是，

（1）国内武士的名簿由国衙下令制作。

（2）至少在院政期，国司作为负责人动员国内的武士参加内里大番役。

（3）一宫等祭祀时的军事性仪式的服务人员，从一宫与国衙的密切关系来看，也由国衙选定。

与这些事实结合起来考虑，应该可以推测，武士身份由国衙进行认定。可能在十世纪左右，各国国衙就开始个别性地认定，随着内里大番制度的确立，在全国达成了某种程度的统一。以上就是现在的我的想法。

武士与工匠、马

到了这里，问题就变成武士之武装成为可能的条件。只要想要武装，就能在任何时候、无论是谁都能够进行武装吗？

我在昭和四十八年（1973）夏天，探访了长崎县冲合的五岛列岛中通岛。这里是被称为松浦党的中世海上武士团成员青方氏的大本营。青方港是位于崎岖海岸线的溺谷海岸深处的天然良港。从事此地乡土史研究的谷村正行氏如此介绍：

铁匠、木匠、船匠、桶匠、染坊等被称为"五职"

的工匠，对于大人物来说是必备的。青方氏的"五职"
中的几家，现在还留在这个城镇里，过去在家臣中都属
于高地位家族。

虽说没有中世史料能够直接印证这段话，但对于海上武士
团的青方氏来说，有必要让以船匠为首的工匠们直接从属于自
己，他们这些工匠都是高身份家臣这一事实也很值得关注。

在律令体制下，手工业技术也会因是否直属于国家而有巨
大的等级差距。地方上的优秀技术人员几乎都被国衙组织集中
到一起。武器等物品的生产也是一样，优质武器多存放在国衙
的兵器库中。《将门记》中，将门袭击常陆国府的时候，国守"率
领三千余精兵，从兵器库中拿出武器和盾牌迎敌作战"。常陆
国府遗迹、现在的茨城县石冈市附近，留存有好几处古代炼铁
和中世锻刀的遗迹，暗示获得优秀的兵器需要与国衙有联系。

前面已经讲过，"兵"的家也是手工业生产的中心，进入
中世时期，像青方氏这样将工匠们组织起来，对于武士来说也
是理所当然的。我认为，特别是在武士团的成立阶段，与国衙
相联结的手工业相对来说理应更为发达，所以在这个方面，武
士和国衙的关系也很密切。

另外，既然武士团都是骑射队，那么马匹对于武士来说也
是不可或缺的。如本书第132页所述，国衙管理着很多官方牧场，
可以从中选取名马。下野国的有力在厅官人、豪族武士小山氏

一族，在国衙中世袭御厩别当一职，也表明与国内牧场相关联的重要性了。

地方军事制度与武士团

平忠常投降的故事

我们就以前述与武士身份成立相关的思考为前提，来读一下《今昔物语集》卷二十五的一篇说话（第九）吧。这个故事与常陆国的平维干这位"兵"的代表有关。

从前，有一位名叫源赖信的优秀的"兵"，是多田满仲的三子。在他担任常陆守的时候，邻国下总国有一位名叫平忠恒的"兵"，支配着上总、下总两国的绝大部分，拥有巨大的势力，懈怠向国司纳税，也不听从赖信的命令。于是赖信计划攻打忠恒。有一位常陆的左卫门大夫，名叫平惟基的"兵"听闻此事，提出忠告说："忠恒的宅邸是占有地利的要害之地，而且拥有庞大的势力。只有一点兵力是拿他们无可奈何的。"但是赖信还是只率领宅邸中的人和国内的兵一共两千名左右，断然出击了。

惟基也迅速召集了三千骑的军队，在鹿岛社前面与赖信军会合。在早上白茫茫的广阔海滨上，惟基的军队散开来，手中拿的弓并排而立，加起来足有二十町那么长，迎着朝阳闪烁不已。不久，赖信也带着军队南下来到了海边，大军弯弓闪烁，看起来如云一般。

鬼怒川的河口（现在是利根川的河口）像海一样，其深处是巨大的内海。忠恒的宅邸正在那对岸，如果要绕过内海前进，要花七天的时间。而就算是渡海，忠恒也把那附近的船都藏了起来，军队无法渡过。于是赖信就先让一位使者乘坐小船来到了忠恒的宅邸。

与使者见面的忠恒一脸高傲地说："赖信大人身份高贵，我自然应该登门拜访，但惟基是我先祖以来之敌，我没法在他面前向大人屈膝下拜。而且就算我想要渡海也找不到船只，该怎么去面见大人呢？"他根本不予理睬。因为他把船都藏起来了，对方自然无法渡海；如果对方绕内海一圈儿前来攻打，他又会觉得在这期间做好战备就好，所以根本不放在眼里。

于是，使者就像之前约好的一样，给赖信送去信号，通知他忠恒不会投降。这时左右都说："那就只能迂回过内海进攻了。"赖信见状，力排众议道：

"听我家里传说，这片海中有一条宽约一丈、像河堤一样的浅水路，水深只及马腹。我虽然初到坂东，队伍中肯定有知晓这条道路的人。就让这个人打头渡海。我赖信跟在后面。只有今日之内进攻，才能出其不意，惊扰对手。"

最后出现了知晓浅滩的向导，军队很容易就渡过了海，向忠恒的大本营迫近。小看对手的忠恒惊慌失措，说道："到此为止了。"然后把记有自己名字的名簿（作为服从标志而献给主人的姓名牌）和谢罪信献了出去，就此投降了。赖信收下这些之后也班师回府了。之后，赖信的武名远扬，人们越来越畏惧他了。

这个故事基于十一世纪初发生的事件，内容可以说是二十年之后支配房总三国、掀起了将门以来最大叛乱的平忠常之乱的前奏曲。这里的忠恒就是忠常，也是平氏一族平国香之弟村冈五郎良文的嫡孙。与源赖信合作攻打忠常的左卫门大夫惟基，正是之前那个多气大夫、水守大夫维干。

至于他和忠常是"先祖以来之敌"的关系，当时的古文书中也确实记载说，自父亲那一代两家就处于对立关系，这篇说话的可信度也随之提高了。

国司军与地方豪族军

我曾以这一段为主要素材，以图表复原了当时的地方军事制度。

首先是这个时候的忠常攻击军，可以分为 A 赖信的军队和 B 平维干的军队。我将 A 赖信的军队一般化，称之为"国司军"，由 a "宅邸中的人"和 b "国内的兵"组成。在当时，意指国司政厅的"厅"也读作"tachi"，和表示私人性质的家的"宅邸（馆）"的读法相同。这说明当时并没有特别将国司区分为公共的执行政务场所和私人宿舍，两者被视为一处。无论是国司私人的从者，还是在国衙供职的在厅官人，都包含在"宅邸中的人"之内。

至于国司的私人从者，我不禁想起《尾张国郡司百姓等解文》（『平安遺文』339）中，被弹劾的国守藤原元命带领的大批"子弟、郎等""有官、散位的从者"的恶行。另外，在国司身边护卫的武士和自以为有能耐的郎等，当然也在私人从者的成员范围内。对于国司来说，他们构成最可靠的私人武力之中心。

关于国衙的在厅官人，我们已经以常陆的情况为例讲述过了。其中健儿所、检非违所等负责军事警察方面的机构，在这种时候无疑也是武力的中心。

接下来，在"国司军"中与 a "宅邸中的人"相对的 b "国内的兵"，就是前面提到的"国侍"等，是在国司手下被组织起来的国内的武士。

B 平维干的军队，将其一般化姑且称为 B "地方豪族军"。这之中，可以分为（甲）像将门等桓武平氏一门一样，前任国司等中央贵族定居在当地后地方豪族化的一类人，和（乙）用《将门记》来说，就是和与国司冲突的足立郡郡司武藏武之一样，可能是自古代的国造以来便在此繁衍生息的地方豪族这两个种类。但实际上，两者通过婚姻等关系，已经完成了一体化，所

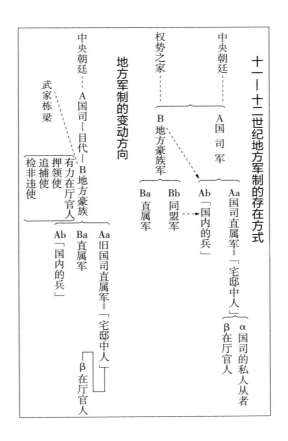

十一—十二世纪地方军制的存在方式

中央朝廷┈┈┐
　　　　　├ A 国 司 军
权势之家┈┈┘

　　　　　　B 地方豪族军

　Aa 国司直属军＝「宅邸中人」┐
　　　　　　　　　　　　　　　├ α 国司的私人从者
　Ab「国内的兵」　　　　　　　┘　β 在厅官人

　Bb 同盟军

　Ba 直属军

地方军制的变动方向

中央朝廷┈┈┈ A 国司—目代—B 地方豪族

武家栋梁 ┈┈┈┘

有力在厅官人┐
押领使　　　├
追捕使　　　┘
检非违使

　Aa 旧国司直属军＝「宅邸中人」┐
　　　　　　　　　　　　　　　　├ β 在厅官人
　Ab「国内的兵」　　　　　　　　┘

　Ba 直属军

以此处一并称为"地方豪族"。

　　在世系图中，（甲）的形式要更多一些，但就像我们之前通过批判菊池系的世系图探明的一样，这种世系图往往是伪作或者穿凿附会之物，立即断定其中记述的是历史事实是很危险的做法。我认为，在实质上还是应该更重视身为自古以来的有力当地豪族（乙）这部分人。

在"探访'兵'之宅邸"一章中，我已经对他们的实际形态进行了相当细致的观察，所以这里不再赘述。不过其内部和A"国司军"的情况相似，由a"直属军"和b"同盟军"的军队组成。只要打输一次，多数"同伴"就会仓皇溃逃的弱点告诉我们，"直属军"数量之少，以及"同盟军"与主人的结合关系之弱。

那么A"国司军"和B"地方豪族军"之间的关系又如何呢？国司与地方豪族，并不一定处于上下的支配关系、命令系统之中。《将门记》中记述说，常陆国司用"移牒"这种形式的文书向将门和藤原玄明等豪族传达自己的想法。律令制以来的公文制度中的"移牒"，是在不属于直接上下支配关系的官厅或人之间交换的文书形式，与对其支配系统下的人发出的"符"有着明确的区别。

所以B地方豪族们是不直接隶属于国司之下，也不被纳入其支配下的一种独立性权力。就像将门、繁盛、维干一样，他们以中央贵族为"主君"，处于其直接的保护关系之下，并且获得五位的位阶和官职等。从这一点来看，他们也是独立于国司的势力。

从军事力量的大小来看，在刚才的说话中，赖信的军队全部加起来有"两千人左右"，而与此相对，维干的总数有"三千骑的军队"，很明显B是压倒A的。

所以，就像上上页的图表所示，A"国司军"也好，B"地方豪族军"也好，为了一起合力战斗，像攻击忠常那样，需要"先祖以来之敌"，换言之，需要与 B 处于对立关系，由 B 这一方自发地发起合作。如果并非这种情况，那么通过天皇和朝廷的命令将 B 动员到国司手下就很重要了。

从"编入"到"夺取"

将以上所述图示化的话，就成了上上页的图，但这只表示了地方各国的军制。一般来说，清和源氏，特别是以赖信、赖义、义家这三代为代表的"武家栋梁"（老板、老大哥），和这张图又有什么样的关联呢？

首先，他们会在地方国司任期中，积极地组织 A 系列，在被命令镇压大规模叛乱之后，又会获得超出一国的多数国的军事指挥权，从而获得 B 系列地方豪族的动员权，由此将与 AB 两系列成员的关系转换为私人主从制。重复、更新这种做法，成长为可以称作某种权势之家的"武士长者"的，就是"武家栋梁"了。

接下来我们回到这张地方军制图，概观一下那之后的变动的方向。由国司推动的 A 系列的扩大，以及想要将 B 地方豪族军纳入国衙之军事体制内的努力，通过直接将豪族家长任命为一国的押领使、检非违使、追捕使的方式得以实现。这些行使军事警察权的职位，直到十世纪上半叶左右仍多由国司兼任，但不久之后就多由国内的豪族层担任，实质上是由国司选任，用大政官符完成任命。

他们被称为一国的"将军"，可视作是一种小型的"武士长者""武家栋梁"。通过太政官符，这些小"将军"被赐予了动员和指挥国内 B 系列武力的权力。国司以这种形式，成功地将 B 中的实力者"体制化"、"编入"体制之内。不过，说是"编入"，就像同时期国衙领地的承包制一样，还是以接受地方豪族的要求为基础的。其中还是潜藏着"体制化""编入"招致体制被"夺取"的理由。

镰仓时代初期，被幕府任命为下野国守护的小山朝政主张说："我家先祖下野少掾丰泽成为押领使，司掌检断（军事警察）相关事务，其孙田原藤太秀乡也被任命为押领使，以来十三代数百年都在守护一国，世袭权大介和押领使的职位。"

另外，前面看过的常陆平氏的本宗家也是一样，自平安末期以来都处于支配国衙政厅的地位，之后世袭大掾的职位，从而自称为常陆大掾氏。

我认为，有力豪族之成立是上述由国司推动将 B 中的实力者"编入"及"体制化"的结果。曾经国司拥有的权限被他们夺取，不仅掌控国内的 B 系列，还统率 Ab"国内的兵"，甚至把下级在厅官人也纳入其支配之下。就这样，他们与国司及其当地代理人的目代之间的对立不断深化。

"武家栋梁"的作用

在这里成为问题的，是再次和"武家栋梁"的联结。十二世纪中叶，围绕相模国中南部的大庭御厨出现了一场纷争。当时，以置于镰仓的"宅邸"为根据地，在这片地区施展权威的清和源氏嫡流源义朝还很年轻，只拥有一个"字上总曹司"的头衔。这位义朝和在厅官人一起，率领自己的代理人及三浦庄司平义次、义明，中村庄司平宗平等部下共一千余骑闯入了御厨，以武力手段进行强取豪夺。

面对告状的御厨领主伊势神宫，国司回答说："义朝滥行之事，国司不能进止（支配，即国司什么都做不了）"。这里并不只是说在实力上无法制止此事，应该还有他们本来就不在国司支配之下的意思。与国司、目代对立激化的各国有力豪族武士团，在这里不断强化与"武家栋梁"的联结，"武家栋梁"之地位的重要性也越来越高了。

经历以上过程，再经过十二世纪末的源平争乱，镰仓幕府在东国地区成立。因为这次内乱的爆发，有力豪族主导的"夺取"国衙第一次取得成功。他们中很多都像小山、三浦、千叶氏等家族一样，被幕府任命为各国的守护，借此完成了对国衙的支配和对国内武士层的指挥。曾经为完成京都大番役而形成的国内武士组织，被幕府的御家人组织吸收、转化，为国内的一宫等大神社祭祀服务的组织，也被守护利用，由国司举办的"大狩"也转化成守护的国内巡回狩猎了。

武士团是什么

那么武士团到底是什么呢？本书第 105 页之后提到的"旨在战斗的武力集团"这一定义，实在太过于一般化了。但是，"以在地领主层为核心的战斗性权力组织"就是武士团，缩略说来就是"在地领主＝武士"的战后学界的通说，也无法充分展示我们对于武士的一般印象吧。

要想获得镰仓御家人的资格，首先需要是"开发领主"的这一事实确实无法无视。这一看法对明确中世武士团的社会性本质帮助甚大。但是如果再往前进一步，要问"那么在地领主是指什么人呢"的话，对此的回答就要扯上所谓的历史分期论争、日本的封建制（农奴制）社会是从何时开始的这种大型论争，绝对不是不言自明的。通说认为在地领主就是通过支配作为被土地束缚之小农民的农奴，从而收取地租的中世封建领主，那么不实行农奴制支配的就不能称之为武士，而且农奴制支配在什么时候成立也因指标的不明确性而众说纷纭。在这样的情况下，将"武士＝在地领主"论坚持到底，可能未必有效。

这样想来，我不禁想起了佐藤进一的名著《南北朝的动乱》（中央公论社，1965。后收录于中公文库，1974）中定义说："武士就是以武艺侍奉支配阶级的专业人士或者专业团体。"武士的另称"侍"，便是从侍奉高贵之人的"saburou"，或者是"samurou"这个动词中演化而来的，本来的意思是跟从贵族的从者。这应该是众所周知的事实了。中世武士也是一样，如

155 页介绍过的菊池武朝的诉状一样，武士的"家业"就是以武艺侍奉朝廷。

这种看法反而与战前通说中的武士形象更为接近，如果不怕被误解而将其单纯化，可以说这就是"武士＝专业人士"论，我认为这种说法明显突出了仅靠"武士＝在地领主"论说明不充分的侧面。特别是对于通常被认为是处于所谓的"开发领主"、在地领主登场以前阶段的初期武士团——"兵"们来说，这一看法很多时候更为贴切。

在两种看法之间

说起来，对于武士为何物这个问题的解答，到现在似乎有两种回答方式。一种是在地领主论，另一种就是专业人士论。前者关注武士的社会性本质，而后者关注其职能。

然而要说仅凭其中一种说法就可以完全解明武士这种存在，答案是否定的。在地领主论中存在的问题前面已经说过，而专业人士论也是有问题的。比如说定义武士是侍奉支配阶级的专业人士，就会出现中世武士自身，至少其中一部分就是支配阶层本身的疑问。为了说明武士在中世的种种专业人士、专业团体中的特殊地位，就不能只说其为专业人士，还必须要说明其特殊性在什么地方。

很遗憾，还没有人对这部分问题进行过深入探讨。首先能够想到的方式是，如前所述，用专业人士论说明初期武士团，用在地领主论说明在地领主诞生之后的情况。这虽然也算是一种整理，但只是将职能论和社会性实质论这两种不同看法分别用于不同时期，并没有充分追究这两种看法的差异，也没有说明为什么在这个时期就必须要转变看法。当然，实际上我自己也处于暗中摸索阶段，拿不出一个确切的好设想出来。

总之，对于中世武士团为何物这一问题，我的回答是，他们是以骑射战斗技术为特色的武力组织，从社会性本质上来说，是与当地的土地结合在一起的地方支配者。更为深入的回答，就等待今后的探讨了。

对于诸如武士团是什么，武士身份何时成立这些基本问题，现在的学界还没能诞生出一个能够让大家都信服的新定论。我认为在这种时候，与其摆出一副已经知道了的表情去重复思考这些绞尽脑汁也想不出的内容，不如去找出新的问题点。所以，这一章我特意将自己这些不成熟的想法和疑点老实地暴露出来，希望大家能够带着批判的眼光继续阅读下去。

第七章

小早川的源流（一）

——镰仓时代的进程

土肥氏三代

小早川氏的远祖

从日本中世初期一直生存到末期的武士团当中，就有小早川氏一族。其先祖是镰仓幕府创业功臣土肥实平，自他的曾孙小早川茂平以来，这一族就作为安艺国（广岛县西部）东端被称为沼田庄的大庄园之地头定居在当地，并在濑户内海扩张势力，发展成了一个实力强大的武士团。为其画下句号的是毛利元就的第三子，即小早川家的养子隆景，作为中世末期、近世初期的大名，将家族的名字留存了下来。接下来，我想一边追寻中世武士团之一的小早川氏的脚步，一边来思考镰仓、室町时代的武士团的历史。

从赖朝起兵到石桥山战败，从真鹤岬到登陆海路安房，土

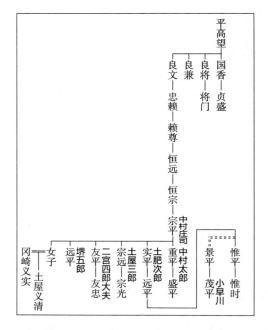

中村氏一族世系图。主要据正宗寺本绘制

肥实平起到的作用实在是太大了。慈圆的《愚管抄》中有一节中记载说，在石桥山战败的赖朝觉得希望渺茫，正要决定自杀，"那个时候，土肥实平是资历最老的武士，他说道：'大将军要脱下铠甲自杀，是有相应做法的。'接着切下松叶铺在铠甲下面，拿起头盔置于其上，十分沉着镇定，一举一动都是这么出色。"

前田青邨的杰作《洞窟中的赖朝》完美描画出了此时藏身于洞穴、在洞口绷紧神经的赖朝主从七人的紧张姿态。当中哪个人是实平？是那个在赖朝身后待命、目光锐利的人吗？还是赖朝右手边那个身形魁梧的人？一谈到实平，我总是不禁想起这幅画。

根据前页的世系图，实平是中村庄司宗平的次子。前面已经提到，就在保元之乱爆发的十多年以前，赖朝之父源义朝动员了一千多骑军队，入侵相模国的大庭御厨、犯下种种暴行而被伊势神宫起诉。这个时候，义朝一方武士的头目之一是"中村庄司平宗平"。他应该是离相模国府不太远的低矮山谷中的中村庄的开发领主，是此国内的有力武士。但是这以前的家族世系并不十分明了。在不同的世系图中，他或是被记作在《今昔物语集》中登场的骑马单挑的"兵"村冈五郎良文的后裔，或是被记作良文之兄、与将门对立的良兼的后裔，且中间的世系也完全不一致，留有很多疑问。

不过十一世纪下半叶，相模国的住民权大夫为季与押领使景平作战，斩下了景平的首级，因此景平一族聚集数千兵力进攻为季。就像在前面"敌讨及其周边"一章中介绍过的一样，这属于当时武士团之间的私斗的场面。也许这个押领使景平就是宗平的祖先，或者是他的近亲。

土肥实平其人

在宗平的子嗣、实平的兄弟当中，长子除了继承中村庄以外，也得到了分割转让而来的土屋、二宫、堺以及中村庄周围的丘陵地带。他把这些地区作为苗字之地继承并发展了下去。

曾我兄弟的姐夫二宫太郎，就是实平的弟弟友平的长子友忠。

　　其中，只有实平被分到了距离稍远的相模国西南角的土肥乡。他把这里作为苗字之地，自称为土肥氏。就像《万叶集》的东歌[1]中"足柄土肥间，河谷出温泉……"所咏唱的那样，被箱根山南麓环绕的山谷中涌出温泉之地、现在的汤河原一带就是土肥乡，赖朝从真鹤岬逃到的土肥杉山等地也都位于此地。现在的东海道线汤河原站附近，曾经被称为土肥堀之内村，而这里应该就是作为土肥氏根据地的宅邸遗迹。近处的城愿寺中，现在还留有许多爬满青苔的土肥家代代的墓碑。

　　土肥乡的北方，从早川流域到现在的小田原市城区北边附近的土地就是早河庄，实平似乎也曾支配这里，他的长子远平也被称为早河太郎。之前已经提到，远平的妻子就是曾我兄弟的姑姑。早河庄在十一世纪末曾被称为早河牧，随着土地的开拓而从牧场变成了庄园。因为这里曾经是牧场，所以作为武士团的根据地也是十分合适的。

　　那么，在幕府创立期的内乱中，实平作为赖朝亲信武将中的重镇而大显身手，特别是在义经、范赖麾下，作为武士大将决定经略畿内、西国地区的各种政务，负责军队部署等任务，同时还参加了一之谷、屋岛合战。

1　东国地区人们的和歌。本句所引用和歌收录于《万叶集》卷十四，全文为"足柄土肥间，河谷出温泉。心若潺潺水，阿妹未曾言。"（足柄の土肥の河内に出づる湯のよにもたよらに児ろが言はなくに）

让我们来读一下《平家物语》中的一节（第九"三草合战"），看一下描写了一之谷合战的前哨战、发生在播磨和丹波边界的三草山合战开展之前的场景。

当夜戌时，九郎御曹司（义经）召来土肥次郎（实平）问道："平家于三草山西山口布下大军，距此三里，我军是今夜奇袭呢，还是待明旦交兵？"田代冠者（信纲，狩野介茂光的外孙）闻言进言："若延至明旦，想必平家援军将至。今平家仅有三千余骑，我方军势一万余骑，以众击寡，稳操胜券。故此当于今夜奇袭。"土肥次郎附和道："田代大人此言实在（真可谓）有理。请即刻（立刻）发兵。"士卒难进，俱言："夜黑路险，如何是好？"九郎御曹司道："大炬何在？"土肥次郎道："原来如此（对啊对啊，还有这个呢）。"于是焚烧小野原（位于三草山东山口的村子）民房。火势蔓延极快，顷刻间山野草木皆燃，照得一路通明，源氏大军迅速越过了三里山径。[1]

我特意引用了原文，作品用生动的笔调，描画出将农民的家屋和山野焚烧后将其称为"大炬"的这份战斗的惨烈残酷，也完美地描写出了源平争乱中的一个场面。从这段描写中，我

1　译文引自王新禧译本，根据本书原文有改动。

想大家也能充分了解作为武士大将的实平的战斗表现。

另外，在内乱之中，实平担任可以称之为最前线的濑户内海沿岸的备前、备中、备后三国的军事指挥官，兼幕府一方的地方行政官总追捕使（后来的守护）的要职，支配国衙的在厅官人等，并且无可非议地完成了这一重任。他绝对不只是个勇敢的武将而已。

文治元年（1185）十一月，在义经、行家与赖朝的关系终于决裂，开始战争的时候，作为赖朝一方的先锋，实平家族一同进京。在这样的危急存亡之时被选为前锋，也能看出赖朝对于实平是有多么信赖了。

另外有一次，赖朝的亲信当中有一位叫作筑后权守俊兼的文官，身上同时穿了十余件美丽的小袖出现在众人面前，赖朝为了惩戒奢靡，用刀将他小袖的下摆的左右两端都割掉了，然后跟他说："你明明是有才能的，可为什么不知道节俭呢？像千叶介常胤、土肥实平这些不能区分清浊的武士，拥有许多所领，但也身着朴素的服装，心里注意着节约，这才能让家里越来越富裕，养育众多从者，遇到万一也能有所预备。"

这是《吾妻镜》（"元历元年十一月二十一日"条）中讲述赖朝的伟人形象的一篇故事。从这里把实平和常胤一起列举也能看出，他可以称之为东国武士的代表。他确实是个朴素的、没有什么教养的东国老武者，但也是个长于军略、从不疏忽大意的武将——这就是我们看到的实平形象。

土肥家的新世代

实平的儿子远平自幼随父亲一起跟随赖朝转战各地，作为父亲的代理官活动。但和父亲相比，他并没有那么引人注目，也不清楚是否继承了备前、备中、备后三国的守护职务。但是在远平及其子惟平的时代，因为曾经实平的威势，土肥氏一族在幕府内的地位依然很高。

承元四年（1210）六月初，在相模的丸子河（酒匂川）岸边，土肥、小早川一族和近邻的松田、河村一族发生了武斗，双方的从者都有负伤。之后，双方分别叫来了各自亲密的伙伴，在宅邸中闭门准备战斗。消息也传到了幕府那里，侍所别当和田义盛和相模守护三浦义村被紧急派往当地，为双方举行仲裁，最终事件得以平安解决。据说这只是双方傍晚在河边散步乘凉时，在杂谈之中开始比较自己先祖的战功，都认为自己的祖先更加优秀，互不相让，越说越来劲，最终导致了武斗的发生。

《吾妻镜》（"承元四年六月三日"条）中的这则逸事，显示出了当时武士们的风气，十分有趣。早河庄的北部大概扩展到了丸子河的河边，另一边，以上流的松田附近地区为苗字之地的松田、河村氏的所领应该也到达了河的左岸。换言之，到所领边境的河滩纳凉的土肥、小早川氏，和松田、河村氏双方，不知什么时候碰到了一起，在交谈的时候发生了这起事件。

在重视自先祖以来之武名的态度之外，我们也能看出这些武士易于冲动、容易兴奋、轻易诉诸武力的特点。在《曾我物语》的最初部分，也有在伊豆奥野的猎场中被河津祐通摔飞出去的俣野景久，因为当着满座之人蒙受羞辱而突然拿起武器准备战斗的场面。这种事件未必很稀奇。这样的风气，应该很受敌讨盛行的影响。

在和田合战之中

如在这则逸事中所见，血气方刚的惟平在不久之后爆发的和田义盛的叛乱中，作为支持者加入，接着在合战中败北被擒，最终在大约四个半月之后被斩首了。惟平的两个儿子也在合战之中战死，土肥氏迎来了十分重大的危机。

说到底，和田义盛的叛乱是受了北条义时的挑衅。北条氏想让长年居于侍所别当这一要职之位的义盛倒台，但跟随义盛一方的武士当中，有很多像横山时兼这样的相模武士，像土屋义清（实平的姐夫冈崎义实之子，土屋宗远的养子）等土肥氏的同族也加入了这场叛乱。惟平似乎也是因为这层关系加入了和田一方，在合战当中与土屋义清会合，共同战斗。据说这时，对手大庭氏一族的长尾氏的军中，有一名名叫江丸的年仅十三岁的少年，展露出一身好武艺，对此感到钦佩的义清、惟平等人特意没有对这名少年发射弓矢。这是一段让人缅怀惟平的武人风貌的故事。

惟平和他的儿子们被杀，土肥氏受到了巨大的打击。但他的父亲远平仍然在世，本领土肥乡也免于被没收的命运。这可能是因为远平等人采取了中立态度，或者土肥氏在幕府内的声望仍然很高，北条氏不可能做到否定其"家"的支配权。但是这之后，土肥氏在幕府内部即将走上一条艰险的道路。在远平之后，土肥乡似乎传到了惟平的小儿子惟时一系，这一族的名字，虽然在《吾妻镜》中时常作为在祭祀等场合跟随将军的侍从出现，但位次相比之前大幅后退，说明受到了和田合战带来的巨大打击。然后在这时，远平的养子，至今为止几乎没怎么露过面的景平终于登场了。

景平原本是源氏一族，是靠近信浓国佐久郡的平贺附近的平贺义信的亲生子。义信很早就跟随了赖朝，作为源氏一族，相对来说受到了厚待，长年担任将军家知行国武藏国的国守。从作为赖朝的乳母而拥有势力的比企尼的女儿，即曾我兄弟的叔父伊东祐长的遗孀再嫁给了义信这一点来看，也能知道义信的地位之高。义信之子、景平的兄弟朝雅，也是北条时政的女婿，拥有相当的威势。

虽说景平出自这样的名门，但不知是不是土肥氏的嫡流定的是惟平的缘故，他几乎籍籍无名。和田合战的七年之前，景平把从养父远平那里转让的安艺国沼田庄，让给了儿子茂平。之后在土肥一族面对逆境的情况下，发展最为显著的就是这个小早川家了。

小早川氏的苗字之地，位于远平的所领相模国早河庄内，似乎也是因此才称为小早川氏的。故意不自称是土肥氏有着某种深意，前面加上"小"这个接头词，可能包含着并非土肥氏之嫡流的意思。

小早川氏的根据地——沼田庄

濑户内地区的大庄园

沼田庄在现在的广岛县三原市，以注入濑户内海的沼田川流域为中心。它大致分为沼田本庄和新庄，其中本庄在河口附近平原区域较多的现三原市西部，以及其西边邻近的本乡町（现三原市）一带。新庄包括沼田川上、中游地区的山间各个村落，也包括距离这里较远的南方地区，即现在竹原市内的沿海区域。根据镰仓时代中期的调查，当时本庄田地的耕作面积为二百五十町有余，新庄的田地是二百一十町有余，二者合计四百六十町有余。

沼田庄正好位于安艺国的东入口。现在的 JR 山阳本线和国道二号线，还有山阳新干线从庄内穿过。不过曾经山阳道的陆路是福山—尾道—三原一线，不通过沿海路线，而是走内陆一侧的道路。从福山市沿着芦田市逆流而上近二十千米的府中市，就是备后的国府所在地。再从这里向西南，通过一条直直的断层谷到达本乡町的中心地区，渡过沼田川，穿过竹原市的北部，应该就是古代的山阳道。沼田庄正是交通要冲。

沼田庄的沼田读作"nuta"，也可以写作"奴田""怒田""渟田"或者"垈"，和"nita"一样，是湿地的意思。之所以写作"沼田"，也是表达部分相应的意思。沼田川下游一带现在已经化作一片水田，但曾经是一片广阔的湿地，濑户内海比现在还要深入，遍布于此的肯定是看不见河口也看不见海湾的风景。南北朝时代，为了菊池武光等人能够镇压南朝一方，名将今川了俊（贞世）被特别任命为室町幕府的九州探题。他把在西行途中的记录整理成了名为《道行振》的旅行记，其中是如下记述的。

今川了俊所见的沼田庄

五月十九日从备后的尾道出发，移动到安艺国一个名为沼田的地方。……通过备后与沼田的边界。迫在眼前的山中有一个茅草堂。山麓连着入海口，沼田川的河水在此汇流。自日落开始，在河面上泛舟而行，薄暮之中天际的阴影模糊不清，而萤火虫还在微微地飞舞，我的心中感到十分不安。人们点着火把来到这里，在火光的照耀下，水面波光粼粼，像是用鸬鹚捕鱼一样。

听说这一带在寿永年间以前还是海底，怪不得还能看见岩石旁边粘着牡蛎的壳。到处都能看见不相连的山峰，树木也很茂盛，景色非常好。沿着河川，西侧古老的松山中，立着一座名为甄天神的神社。道真公迁到筑紫时，用来将干米饭蒸熟的甑（蒸笼）一直留到了现在，在神社中受人们供奉。另外这里还有道真公掘出来的优质泉水。与甑天神的山并排而立，道路旁边突起的小山上生长着绵密的松与竹，还建有一座茅草堂。这里好像是在平家时代，沼田某某坚守的一座城，后来被平教经朝臣攻陷了。听说直到现在，农民们在给田翻地的时候，还会挖出古老的尸体，甚至还能看见箭孔和刀伤的痕迹。在那边，为了给田地除草，许多人都正在田里劳动。听说这南边供奉着很多神明，其中也有男山的八幡宫。

对于此地风物描写真是巧妙，因为这篇文章有很多部分都要在接下来的讨论当中用到，我就把与沼田庄相关的部分几乎都意译出来了。了俊不愧在此地生活了三个月，他并非以一介旅人的眼光，而是相当准确地描写出了当时沼田庄的一个侧面。

沿着沼田川

现在，乘坐山阳本线向西行驶的人们，经过拆掉了小早川隆景曾营造的三原城之本丸遗迹后建造的三原站，很快就可以看到左手边宽约一百米的沼田川。乘坐从三原站出发、在沼田川的堤防上行驶的公交车，就会更久、更清楚地欣赏到周围的景观。从三原市的市区出来不久，就能看到两岸略微突起的丘陵的尖端部向前突出，由此再往前，上游来的泥沙在此堆积，所以河相当浅，中间并列着几座小岛，两岸平铺着成片的水田。特别是南岸沼田东町一带，是被称为"沼田千町田"的广阔的水田地带。

在那中间，散布着海拔五十米到一百米之间的小山。根据形状，它们分别被称为鹤山、龟山等，与今川了俊当年记录的景观相仿。现在这片"沼田千町田"中也有很多部分化作了池塘和莲田，正是低湿地。如今写作"片岛"的这一地名，在中世写作"泻岛"。字如其名，它是处于入海口的岛屿。这附近一带的风景，让人觉得了俊说"这一带在寿永年间以前还是海底"也是理所当然。

这片沼田庄在平安末期是京都的三十三间堂，即著名的莲华王院的所领。庄园的下司是以此地名为苗字的当地豪族沼田氏，也是濑户内地区有力武士团中的一员。据说在源平争乱之中，沼田次郎响应了最先举起反平氏大旗的伊予国的河野通信，但平氏的勇将能登守教经攻陷了沼田城，他们再次归顺了平氏。

作为舞台的沼田城遗迹，现在位于从本乡町中心地区渡过沼田川向西大约一千五百米的，茅之市场集落外部北侧的小山岗上。这座山现在被称作"高木山"，后山有一座寺院，可能源自了俊所说的"茅草堂"。这座高木山据说就是平安末期沼田氏的居城沼田城的遗迹。的确，从位置关系来看，这里和了俊的记载十分一致。

高木山西麓一带有一座被称为横见寺的古寺遗迹。寺院遗迹一町见方，被认为是广岛县中最古老的寺院，曾出土白凤[1]时期的完整瓦片。其中有些瓦片与法隆寺、中宫寺的为同种形式，说明这座寺院历史悠久。这样的寺院当时会建在交通要冲、大型集落，或者豪族的根据地附近，所以横见寺遗迹的存在，说明这片地区在七世纪下半叶开始就是连接大和国与北九州的山阳道的交通要冲。位于其西侧的梅木平古坟，和向更西部延伸的御年代古坟等拥有巨大石室的后期古坟，告诉我们这片地区从古坟时代就有豪族存在了。

在律令时代，主要的官道中会设置驿站，为急着赶路的使者提供马匹和粮食。查阅《延喜式》可知，山阳道在安艺国的驿站有真良驿（现在的三原市高坂町真良）、梨叶驿、都宇驿（应该在现在的竹原市新庄町附近）。梨叶驿的所在地肯定也在高木山的山冈下面一带。茅之市场、原市场这样的集落名字，也能让我们想象沿着山阳道的市场，据说在中世末期的毛利元就时代，茅之市场也有驿站。

乐音寺的起源故事

沼田庄下司沼田氏的根据地，位于拥有如此古老历史的山阳道沿线的要害之地。从这里越过国道二号线到达对面，向西

1　在寺社起源故事、地方地志、史书中常见的非官方年号之一，一般认为是白雉（650—654）的别称。

南走五百多米，这一地区众所周知的古刹乐音寺，就位于东方的小小山谷之中。这座古寺现在属于真言宗寺院，过去曾是天台宗的，据说在中世的兴盛时代，从仁王门到内侧的山谷几乎都是僧人的居所，但现在只剩下本堂和若干屋室了。然而，寺里所藏从镰仓、室町直至江户初期的五十多件古文书，是了解沼田庄和小早川氏历史不可或缺的良好史料，另外还有一卷《乐音寺缘起绘卷》，是讲述乐音寺建立的由来的贵重品。

在承平、天庆之乱的时候，犯下罪过而被流放到安艺国的藤原伦实，被特别任命为追讨藤原纯友的大将，攻击了纯友的根据地备前国釜岛（现在的冈山县仓敷市）。在乱战之中，伦实也差点丢了性命，多亏了绑在发髻之中的一寸二分的药师如来像保佑才脱离险地，最后得以讨灭纯友。因为这一功绩，伦实被任命为左马允一职，得到了沼田七乡的土地。为了表示感谢，他建立了这座供奉药师如来的乐音寺。以上就是《乐音寺缘起绘卷》的概要。现在留存的绘卷，是原本献给广岛藩主浅野氏之时发放回来的摹本，在原本没有流传下来的今日，它显得格外珍贵。从摹本的图案来看，原本的制作应该不会晚于镰仓时代末期。

乐音寺传承的镰仓中期的文书（「楽音寺文書」3，『広島県史』古代中世資料編4）记载，这座寺庙是天庆年间（938—947）由沼田氏建立的氏寺，据说直到镰仓末期，乐音寺的住持都由伦实的子孙继承。所以这位伦实才是被尊为沼田氏之祖的人物。

与西边的纯友并称的东国的平将门，被下野的豪族藤原秀乡等人讨伐。这场承平、天庆之乱的结果，反而带来了武士团的成长，而同样的事态也发生在了濑户内的沼田氏身上。

灭亡之人的历史

沼田氏一族的一大半都随着平氏一起灭亡，所以几乎没有留下任何文字历史。但从主城沼田城和氏寺乐音寺的位置来看，其根据地应该就在这一带。

伦实是从中央来的流放罪人这一点，是为了粉饰家系的虚构。他应该本来就是当地的豪族，或者国衙的在厅官人之类，定居在地方成了开发领主。他还与国衙有深厚的关系，可能世袭沼田郡郡司，也作为武士团扩张实力。在这一过程当中，他应该也臣服于国司和中央贵族，利用后者来扩张自己的势力范围，最终和平氏联结在一起，成为其家臣。然后，沼田氏的所领成为沼田庄，捐赠给了平清盛出力营造的京都的莲华王院，成为其寺领，捐赠者沼田氏作为下司，掌握了支配庄园的实权。

就算只是沼田本庄，也由七八个乡构成：单纯被称为本乡的现在本乡町中心地区的沼田本乡；其对岸的梨子羽乡；本乡北边小盆地船木乡；曾经的驿站所在地、山谷地区的真良乡；沼田川下游北岸地区的小坂乡；位于其南岸的安直乡；靠近更南方山区的井迫乡；包括忠海、能地等地的内海沿岸的浦乡。

其中，沼田本乡、船木乡、安直乡、真良乡、梨子羽（梨

沼田本庄和新庄

叶）乡这五个乡，与《和名类聚抄》中所见律令时代的乡名一致。这和从 168 页开始叙述的东国常陆的情况不同，虽然律令时代的郡、乡名称原样沿用下来，但两者有本质区别。《和名类聚抄》中记录的沼田郡的乡名只有六个，所以沼田郡的大部分都转变成了沼田庄。我们有充分理由怀疑，这可能是因为庄园化的中心人物沼田氏就担任沼田郡司等职务，利用其职权将这些土地当作庄园捐赠了出去。

　　其势力不限于沼田庄内。据说沼田庄西邻的都宇竹原庄的

公文 [1] 们，和濑户内海上生口岛的公文和下司们，在源平合战的时候都被沼田五郎召集起来，从军至门司关参加合战。伊予国的有力在厅官人、以河野水军知名的河野氏之所以会和沼田氏缔结婚姻关系，应该也是因为作为海上武士团的沼田氏，势力已经超出沼田庄区域，扩展到更广阔的范围了。《源平盛衰记》中出现了"奴田尻"，即意为沼田川之河口的地名。到了镰仓后期，我们可以清楚地知道，在河口附近，一个被称为沼田市场的商业集落发展了起来，不过可以想象，早在沼田氏的时代，这一带应该就已经出现了市场，并形成了港口城市。

从土肥到小早川

沼田氏没落之后，进入沼田庄的是身为地头的土肥实平及其子远平。之前提到，实平担任了备前（冈山县东南部）、备中（冈山县西部）、备后（广岛县东部）三国的总追捕使（守护），而沼田庄正好就在与备后国界接壤的山阳道的要冲之上。对于备后守护土肥氏来说，获得这座庄园至关重要。

身为下司的沼田氏一族虽一度反抗，但之后还是投降了平氏，从军至坛之浦。幕府一方有充足的理由没收他们这些敌对者的所领。

另外，我们只知道在沼田庄的庄园领主中，本家是莲华王

1　庄园制下，负责处理庄园事务、征收年贡的庄官之一。

院，而我想象其下的领家，或者支配庄园的预所应该是平氏一族。安艺国（广岛县西部）是平清盛自久安二年（1146）就任安艺守后，与严岛神社的神官佐伯景弘一同支配的国，也是初次出现由平氏任命之地头的国。沼田庄是清盛尽心营造的莲华王院的寺领，在当地领主沼田氏向中央的莲华王院捐赠所领时居中协助，并获得领家或者预所地位的，无疑就是平氏一族。如此一来，沼田庄在双重意义上都是幕府的敌对者的所领，所以将其作为平家没官领[1]而新任命地头，对幕府来说也是理所当然的。

　　沼田庄的地头土肥氏和小早川氏在这片土地上的足迹，自远平的孙子茂平的时代开始清晰起来。如果说这之前是传说时代的话，那么从茂平开始，沼田庄小早川氏的历史时代终于开始了。后来小早川家并入毛利氏一

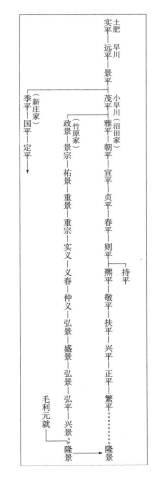

小早川氏世系图　据小早川文书其二世系图绘制

族，在明治时期成为男爵家。这些连绵传承的许多古文书，由
东京大学史料编纂所整理成《大日本古文书》系列中的两册《小
早川家文书》公开刊行，为探寻小早川氏历史的人提供了极为
重要的材料。

《小早川家文书》中收录的文书其实始于茂平的时代。另
一方面，《吾妻镜》中对实平以来的历代土肥氏的记述，在某
种程度上说是很丰富的，但茂平的名字却仅仅出现了一次而已。
这种史料上的变化，应该说明了茂平的生存方式发生了变化。
他从以镰仓为中心的重臣土肥氏脱离出来，向新的方向继续前
进。苗字也从土肥氏改换成了小早川氏。

茂平在文永元年（1264）年初去世。从他接手沼田庄的那
年开始算，实际上有五十八年，活动时期跨越了十三世纪上半
叶，长达半世纪有余。由于承久之乱的胜利，幕府首次获得全
国性统治者的实权，在北条泰时、时赖这样的优秀指导者的治
下，执权政治走向全盛期。从某种意义上来说，这正是黄金时代。

在承久之乱之际，曾经在沼田氏带领下跟随平氏一方的相
邻庄园都宇竹原庄，与位于内海的生口岛的公文和下司们，这
次准备再次加入京都一方，并做好了进京的准备。茂平向幕府
告发了两庄的领家都是京都一方的积极分子。乱后，生口岛的
情况不明，但茂平获得了都宇竹原庄的地头之位。

都宇竹原庄是贺茂神社的领地，位于沼田庄的西邻，山阳
道上梨叶驿西边的都宇驿曾经置于此地，庄园土地广布于贺茂

川流域。通过将这座庄园弄到手，小早川氏的势力基盘变得更
加充实了。

小早川氏相关事件年表 I

	公历	主要事件
治承四年 至文治元年	1180—1185	源平争乱。土肥实平随源赖朝大展身手。
建久二年	1191	此年以后，《吾妻镜》中不再出现实平的名字。 可能是去世了。
建久三年	1192	○源赖朝被任命为征夷大将军。
建永元年	1206	小早川茂平得到父亲景平转让的安艺国沼田庄。
承元四年	1210	在相模国丸子河边，土肥、小早川一族与松田、河村一族发生武斗。
建保元年	1213	和田合战。土肥惟平等人跟随和田一方，败北。
承久三年	1221	○承久之乱。
嘉祯四年	1238	领家西园寺公经允许茂平开发沼田庄内盐入荒野。
仁治四年	1243	沼田新庄的检注目录完成。
建长四年	1252	沼田本庄的检注目录完成。
建长六年	1254	橘成季委托茂平饲养都鸟。
康元元年	1256	新庄家国平从沼田庄内砍伐、运出三千根桧树圆木。茂平将其扣押。
文永元年	1264	茂平去世。
文永三年	1266	幕府就茂平与新庄家定平的诉讼做出判决。
文永十一年	1274	○元军来袭——文永之役。
弘安四年	1281	小早川左卫门三郎的妻子在京都购买土仓[1]和宅邸。 ○元军来袭——弘安之役。

1　为防止火灾，在周围的墙壁上涂上泥土加固的仓库。

续表

	公历	主要事件
正应元年	1288	幕府就梨子羽乡地头尼姑净莲与沼田庄杂掌[1] 的诉讼做出判决。
永仁五年	1297	梨子羽乡地头尼姑提交诉讼判决书。小早川景宗的所领都宇竹原庄以下尽数被幕府没收。
永仁五年至正安四年	1297—1302	梨子羽乡被从小早川氏没收，归于北条氏一族所有。
应长二年	1312	沼田市场的名字首次出现。
元德二年	1330	梨子羽乡弁海名主源信成建造东禅寺的多闻天王像。

沼田庄的检地目录

话说在临近茂平晚年的仁治四年（1243）和建长四年（1252），沼田新庄和本庄分别进行了检地，其检地目录的复印件就收录于《小早川家文书》当中（「小早川家証文」8、10）。我们首先以此为线索，来断定一下当时的沼田庄的情况以及地头的应得份额吧。

建长四年的沼田本庄检注目录中，记录了庄园全体的耕作田地数目和年贡米、分配给领家和地头的比例等。年贡米总计686石7升6合，其中分给领家483石2升7合，分给地头203石4升9合，即以2.4 : 1的比例进行分配。除此以

1　中世时期庄园中的职务名称。负责在庄园被提出诉讼之时，作为代表庄园的诉讼代理人书写、提交诉状和陈述状，以及出庭辩论。

外，地头还分有 12 町的给田 [1]，所得全部归地头所有。这样一来，地头小早川氏的收入，与可以称之为地头标准的新补率法相比，给田的占比虽只有 50% 多，分得的年贡米数量也上升到了 40%，在当时的庄园中应该是比较多的。

在此之前的沼田新庄检注目录，是将仁治二年（1241）的份额在第三年二月报上去的，按照和本庄同样的形式，记录了构成新庄的 10 个村庄中每一个村庄的情况。领家的应得份额，包括 1 町 7 反半的"御佃"，合计 220 石 4 斗 6 升 6 合，地头的则是 126 石 6 斗 2 升 2 合，另外还有给田 5 町。

构成新庄的各个村落，除了位于都宇竹原庄南方的飞地吉名和高崎浦、贺茂川上游的田万里，以及现在所在地仍不明的梨村以外，全都在沼田川上游的山谷地区。虽说是山谷地区，但其中遍布盆地状的小平原，散布着各个村落。与本庄不同，新庄的目录以村为单位进行统计且没有写明总计数量，应该就是与这样的情况相对应的。每个村的年贡标准各有不同，显示出各个村子的特性。新庄中还有内海沿岸的高崎浦这样的渔村，可见其构成的多样性。

以上两册检注目录的末尾，分别有身为制作者的领家一方代表的正检使橘氏、总地头茂平、公文三人的署名，其下方还附有花押（一种签名）。本庄的公文叫作恒宗，新庄的叫作中原，

1　在中世，领主给予庄官、地头、工匠们的田地，对领主免交年贡等诸种税金。

应该都是庄内的有力者。公文的给田在本庄和新庄都是 2 町。

与公文一同得到 3 到 5 反给田的，是制作白色皮革和给皮革染色的工匠，似乎因为这些是制作甲胄等兵器时所必需的材料，所以他们的地位也相对很高。原料估计是鹿之类的皮。新庄内确实有猎人，当时应该很盛行在山上打猎。说到兵器，在新庄内部的两个村子中，设有"宿人田"，这些田地不用缴纳年贡，但作为代替要上交弓。6 町 8 反半的田地，需要上交总计 116 张弓，其中分给地头和领家各 49 张，分给预所 18 张。这应该也显示出当时存在专门制造弓的工匠。

沼田庄，特别是新庄位于山谷地区，所以除了狩猎以外，还会放牧牛马，或者从鹰巢中捕捉雏鹰驯化以供鹰猎使用。这些从文书中都可以得到确认。另外安艺国在当时作为良好木材产地十分知名，新庄的群山上树木也十分茂盛。也有人将山上的杂木烧成灰，并将其制成用于蓝染[1]的绀灰。虽然与本庄相比，新庄每一反田的年贡数量较低，但除了农业以外，还像这样实施着诸多产业。

另外本庄内部有浦乡，新庄内部有高崎浦等渔村。在和田义盛之乱发生的建保年间（1213—1219），新庄有些住民做海盗度日，茂平还下达过命令取缔这些人。渔业、商业以及海盗也是沼田庄的产业。

1　用植物染料蓼蓝将物品染成蓝色的技法。

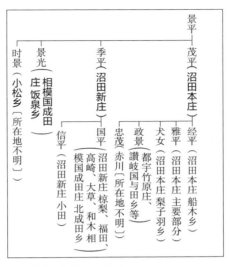

小早川氏一族的分割继承

分割继承与总领制

　　成立期以来的武士团，通常习惯将所领分割转让给子孙。一般来说，给嫡子的是最多的，之后按照顺序会一点点减少，但是全员有份。小早川氏也是一样，在景平的孩子们当中，嫡子茂平分得沼田本庄，其弟季平得到沼田新庄，下边的弟弟景光获得相模国成田庄内的饭泉乡（是与早河庄邻接的地区，在现在的小田原市内），再下边的弟弟时景分到的是现今所在地不明的小松。

　　如上图所示，到了下一代，小早川氏一族相继将所领分割传承，那么接受了分割领地的儿子是否作为完全独立的领主进行所领支配呢？答案是否定的。在当时被称为总领的本宗家嫡子，作为一族的代表者、首长，位于通称为庶子的各个分家之上，一般来说基于一个家族团结、协同的原则行动。换言之，虽然他们遵循分割继承的原理，也以此为前提，但另一方面，作为家族全体首长的总领的指挥权、支配权又影响着诸位庶子。这种矛盾的体制是当时的武士团的一般状态，学者们将此称为"总领制"。

小早川氏一族的"总领制"如何？正好在本宗家的嫡流茂平担任总领的时候，发生了这样一起事件。分得沼田新庄的季平的嫡孙定平，向幕府控告茂平的行为不法，最终在文永三年（1266），幕府的裁定（「小早川家文書」115）下达。就让我们随着这起诉讼的主要争论点，以及两者的主张、幕府的裁定，来思考一下"总领制"的本质吧。

一、沼田庄的总地头之事

定平如此上诉——沼田新庄的地头之位自祖父季平以来传承至今，也得到了幕府发放的保证文书，可是总领茂平主张自己是总地头，擅自介入定平的所领事务，实在不合情理。

茂平如此回答——自己继承了自祖父远平、父亲景平时代就代代相传的沼田庄总地头、公文、检断的职务。

我不会阻挠定平等小地头获得自己的那一份，但是小地头们必须服从总地头茂平的命令。

幕府的裁定——既然茂平、定平分别从幕府得到了不同的保证文书，那么茂平就不得主张自己是总地头去介入新庄的事务。

二、分摊关东公务的分配额度之事

幕府的裁定——定平、茂平各自有许多主张，需要远平的全部子孙共同承担幕府公务之时，由茂平根据各自所领生产农作物的数量分配工作。各自分别承担公务之时，茂平不得介入。

三、茂平是否是沼田庄总公文之事

定平如此上诉——沼田新庄的公文们，自祖父季平、父亲国平以来，都处于自家支配之下，但从仁治二年（1241）茂平被任命为沼田庄的上司（可能指的是预所）以来，公文们就转而听命于茂平了。御家人被任命为同僚之所领的上司，是违反《御成败式目》的行为，所以定平向幕府提起诉讼，茂平在正嘉二年（1258）也从上司一职上退了下来。可是公文们仍然听命于茂平，此事并不正当。请幕府澄清，新庄的诸位公文属于定平的支配之下。

茂平如此回答——新庄的公文们曾经是由季平、国平支配一事并非事实。从远平、景平那里接受转让以来，茂平支配这些人的年头已经很长，这是明摆着的事实。

幕府的裁定——在讨论过公文们的请愿书和证据文书过后，他们长年由茂平支配一事情况属实，也没有发现季平、国平支配过的证据，所以一如既往由茂平支配。

四、新庄的检断之事

定平如此上诉——沼田新庄的检断（行使刑事警察权、获得与之相应的粮食份额）职务，季平、国平之时都由自家行使，到了定平这代，茂平见我幼小，便将其霸占了去，此事并不正当。

茂平如此回答——季平、国平的时代定平一脉行使检断权利一事并非事实。茂平从远平接受转让以来，就一直在负责检断事务，为此已经任命四任代理官。之前在建保年间，他们接受了取缔当海盗的新庄住民的命令，并加以实行。另外在承久之乱的时候，作为巡检使来到安艺国府的平左卫门入道大人也就沼田庄的犯罪者一事向我递交了答辩书。

定平再次发言——任命四任代理官一事不实。只是因为他通过我的叔父小田信平向我请求，想让我把位于新庄内的总地头的名田[1]的检断之权交给茂平一方，我只应允了这一件事而已。详细情况想请您向信平和新庄的老一辈人寻求证言。

茂平发言——因为定平是地头，新庄的老一辈人应该不会陈述事实。如果要寻求证言，想请您询问本庄的住民。另外通过信平恳求一事概不属实。

幕府的裁定——虽然远平的转让书上写着由茂平负责全庄的检断事务，但幕府的御教书等文书中未提及任何新庄检断相关事宜，也没有茂平行使检断权利的确凿证据，所以今后茂平不得干涉新庄的检断事务。

茂平的时代

以上就是诉讼的概要。幕府的裁定大体上都对庶子定平一方有利，而总领茂平只有在（1）远平的子孙作为一个团体承担幕府公务的时候，决定和分配分担份额，以及（2）对新庄内的公文们的支配权得到了承认。庶子定平对于新庄的年贡、公务等征收相关事务，以及检断等刑事警察方面事务的权利都得到了承认。

但我们在阅读诉讼发生的缘由，以及两人争论过程中各自

1　平安中期至中世时期，国衙领地、庄园在土地制度上的构成单位称为"名"，属于"名"的田地称为名田。

的主张时，一定会发现至少在这之前，总领茂平对于沼田本、新两庄的支配权是十分强大的。因为十分繁杂，我就把这些省略掉了，但诉状中明确写着，新庄内的成富名田是预所供应给茂平的名田，而茂平把通过开发和霸占而扩张的部分编入了自己的直营田中，检断一项中，也写着新庄之内存在总地头名田。

茂平在新庄内部的山野上烧取绀灰，建造牧场围墙，从鹰巢中捉雏鹰，管理猎人。另外，他还为了建造旨在开拓沼田川河口的"盐入堤"，征发新庄内的农民充当劳工。

据说康元元年（1256），定平的父亲国平从新庄的山上砍伐了三千根桧树圆木，刚从沼田川运出去，就被茂平全部夺走了。根据茂平的解释，沼田庄是莲华王院的领地，这里的桧树是为了修理、营建莲华王院而准备的，禁止砍伐搬运。可是国平与借上人[1]共谋，不分新庄、本庄地肆意采伐，为了惩戒他们，这才暂时扣押，不料却被洪水冲走了。不管怎么说，既然茂平把持住了流经新庄主要部分的沼田川河口和下游流域，想要这样做也很容易。

国平是从借上人那里借了高利贷，困于偿还，最终才把手伸向了桧树采伐？还是说国平积极主动地参与了放高利贷事业呢？虽然真相不明，但这个借上人一定是沼田川河口的沼田市场的住民，或是相关人员。控制这个市场和商人，无疑会成为

1　镰仓时代到室町时代初期的金融业者。高利率、无担保出借钱粮。

支配庄内庶子的决定性手段，扣押三千根桧树圆木这种强硬手段，应该也是总领想要切断庶子家与商人联系这一意志的表现。

从诉状的很多地方都能看出，在刑事警察权的行使，和与之相伴的将没收的财产划入自身收入等检断相关的行为，都与幕府的决定相悖，反而是总领家在此之前实际行使这些权利。

在仁治四年（1243）、建长四年（1252）的沼田新、本两庄的检注账末尾，总地头茂平都有署名和花押。这正好是在茂平担任庄园的上司（可能是预所）期间发生的事，明确显示出总领负有两庄检注事宜的一半责任。

饲养都鸟的武士

镰仓时代中期成书的《古今著闻集》全二十卷，是以贵族社会的话题为中心，同时描写武士和庶民世界的说话集，其中有这样一则故事（卷十五第五百零五）。

　　某一年元旦，镰仓将军的御所中聚集了大量前来拜年的御家人武士。这时，有一位武士拨开拥挤的人潮，坐在了武士席位最上首的相模国豪族三浦义村的上席。原来是还很年轻的下总豪族千叶介胤纲。义村心头火起，发牢骚说："下总的狗不认识睡觉的地方啊。"胤纲听后立即还击道："三浦的狗还会咬朋友呢。"

　　和田义盛一党叛乱时，同属于三浦一族的族长、义盛的堂兄弟义村一开始支持，甚至写了献给神明的誓约书，但中途叛变，和北条义时一方勾结，为义盛一党的灭亡贡献了力量。我认为这个故事酣畅淋漓地批判了义村的行动，镰仓武士社会对此的反应也从中可见一斑。

　　除此以外，《古今著闻集》还收录了好几个能够让我们窥探到镰仓武士生活的有趣故事。其中末尾部分有名为"某殿上人[1]将右近卫府的府生泰赖方进献的都鸟寄放在橘成季处之事"的一节（卷二十第七百二十一）。这位橘成季就是《古今著闻集》的编者，某位殿上人将都鸟寄放在成季这里，但他不知道如何饲养才好，便将其又寄放在养育动物的名人小早川美作入道茂平那里，让他帮着饲养。后来在建长六年（1254）十二月，天皇行幸前太政大臣西园寺实氏（公经的长子）的宅邸之时，实氏将这只都鸟召唤来供天皇御览，还创作了许多和歌互相赠答。

　　橘成季此时只是从五位下的下级官人，一开始侍奉京都政界之雄九条道家，成为他的近臣，但在这个都鸟故事发生时，好像是在亲密地侍奉西园寺家。他可能是在九条道家与幕府关系恶化而倒台，悲惨地结束了一生之后，又接近道家的丈人、在朝廷的权势一时无两的西园寺公经，成为这一家的臣仆。

1　被允许进入天皇居所清凉殿的人，指除了公卿以外，四位、五位中蒙特许者，以及六位的藏人。自平安中期开始，成为次于公卿的身份的称呼。

我认为在这个故事中出现的小早川美作入道茂平，其实就是沼田庄的地头茂平本人。从九条家转入西园寺家，侍奉当时有力贵族的下级官人成季，与开发了"盐入荒野"，努力扩张地头直辖领地的沼田地头茂平的联结，看起来可能很古怪。然而，两人之间确实有一条看不见的线。当时沼田庄的领家是西园寺家，允许茂平开发前述"盐入荒野"和支配新田的，就是西园寺公经。

另一方面，小早川茂平因为幕府的命令常驻京都，被指定为执行市内警戒和六波罗探题警备任务的"在京奉公人"。京都市中有四十八所要地，分别设有警备要地的设施，所谓任务其实就是在晚上点燃巨大的篝火进行警戒，被指名的主要是畿内和西国地区的有力地头御家人。他们被免除京都大番役，带领一族的武士执行这份任务。这样一来，原则上茂平就要常驻京都，也有很高的可能性经常出入沼田庄的领家西园寺氏的家。事实上，当时的文书上明确记载，茂平之子政景从以前开始就"参候"在西园寺公经身边，所以茂平自身确实也和西园寺家有着密切的关系。

刚才介绍过的仁治四年（1243）、建长四年（1252）的沼田新、本两庄的检注目录末尾，除了地头前美作守茂平和公文的名字，还有正检使刑部大辅橘朝臣和前若狭守橘朝臣两个人的名字。这两人大概是庄园的预所，可能是成季的同族，或者其中一人就是成季。总之，橘氏一族属于亲密地侍奉西园寺家的身份，也确实做了这座沼田庄的预所和检注使。

京都土仓的买家

　　既然能列出这么多材料，那被橘成季拜托饲养都鸟的小早川美作入道茂平，无疑就是沼田庄的地头茂平了。其实《古今著闻集》的一种抄本将他的名字记作了"小田河美作入道茂平"，我认为，这个"小田河"肯定是"小早河"的误写。成季将从种种渠道采集而来的说话都编入了《古今著闻集》，其中应该也有从小早川茂平那里听来的。我每次阅读刚才介绍过的"咬朋友的三浦狗"的故事都会觉得，在千叶介胤纲对三浦义村的尖锐批判背后，茂平的身姿若隐若现。在和田义盛的叛乱中，茂平的伯父惟平和堂兄弟，以及好几位同族都被杀了。

　　然后我也会陷入想象之中：茂平受人委托饲养的都鸟，是否也大量栖息在当时沼田川河口一带的"盐入荒野"呢？毕竟他被称为饲养动物的名人，在沼田庄内无疑也很热心于狩猎，可能也很擅长用从新庄山上的鹰巢中捕捉来的鹰进行鹰猎吧。

　　茂平在身为沼田庄地头的同时，也作为"在京奉公人"常驻京都这一点十分重要。有必要的时候，他应该也会回到沼田庄，但是小早川氏的活动根据地是置于京都的。虽然他在京都的宅地具体位置并不明了，但可以知道，在室町时代的七条大宫、八条大宫和针小路大宫等当时京都市区下京的西南角落，有可以点燃篝火的地方。他应该是在这里拥有土地的。

另外，过去保存在祇园社的文书（『鎌倉遺文』14240）记录说，小早川氏一族的夫人在京都下京购入了宅邸和土仓。地点在绫小路通和东洞院通相交的十字路口附近，位于东洞院通的东侧、绫小路通的南侧，土地正面的宽度是东西方向三丈（约九米），纵深南北十七丈四尺八寸（约五十三米），属于京都特有的细长形状，其中建有五个柱间、两个面的房子两所，三个柱间的土仓一所，在泥墙上开门的栈敷屋[1]（三个柱间）一所。

这附近直到室町前期，都是以酒铺、油铺、木匠店铺、医师店铺等而知名的下京工商业地带一角。弘安四年（1281），小早川左卫门三郎的妻子以一百四十六贯文（其中七十贯文是土地的费用，七十六贯文是土仓的费用）买下了这里，三年后，她人在安艺国，但急需用钱，就以祖母如阿弥陀佛的名义，将这里以一百五十贯文的价钱卖给了武佐左卫门入道。

这位左卫门三郎无疑是小早川一族中的一人，但实名并不清楚。从名字的叫法来看，明显是分家一脉的，并且当时还没有担任官职。他的夫人在京都下京一角买下了土仓，从这一点来看，虽然传承到现在的文书中没有明确记载，但很有可能自茂平以下的嫡流家在京都拥有相当多的宅地和土仓。

1　为了供人远眺风景而建造的一种高大建筑物。

漫步沼田庄

高山城与小早川氏的宅邸

扎根于沼田庄的小早川氏用作根据地的宅邸，到底位于庄园内何处呢？从三原向本乡町的中心地带靠近，人们一定会被其后方隔着沼田川对峙的两座陡峭山峰吸引住目光。这就是小早川氏的山城高山城所在的山。耸立在车站背后、河流左岸的高达一百九十米左右的山名叫高山，或者叫古高山。至迟到南北朝时代就是主城所在地了。在沼田川对岸耸立的，与其海拔几乎相同的陡峭山峰名叫新高山，战国时代小早川隆景建造的主城好像就在这里。

沼田川从山谷地区流向平原，在即将流入大海的咽喉位置上，这两座大山并排而立，真可谓壮观。我认为从地理位置上看，小早川氏的居城选择在这里建造实在是巧妙。站在山顶能够将沼田庄内的景色几乎尽收眼底，也能远望向大海奔流的河水。干线道路山阳道通过城下，在不远的正下方渡过沼田川。那里被称为大渡，曾经是最好的渡河地点。就像这样，两座高山城正好占据了沼田庄扇形地的要冲位置。

根据室町后期的传说，高山城的筑城者是小早川茂平。或许确实如此，但很难认为他平时的居所也在这么高的山上。在高山城下游约两千米、沼田川北岸上，有一座被称为"三太刀山"的海拔三十五米的小山岗。据说是因为土肥实平曾做了三把太刀从天而降的梦，故而如此命名，也有传说说这里是实平的居城遗迹。三太刀山其实是假借字，因为可能是对御馆即领主的敬称[1]，所以这里应该是小早川氏的宅邸遗迹。

另外，其北方五百米左右、地面有一小部分凸起处的附近，有一片小字名为"堀之内"，应该也是武士的宅邸之一。然而，这一带作为小早川氏的根据地来说，离沼田川太近了。茂平以下人员的宅邸，可能还是位于高山城的南麓、向南连绵的平缓山冈与平地的接触面一带。紧急情况时，山城和在其山麓处的平日居所这种组合，是从常识上来讲最容易想到的组合了。

可是，小早川氏以前的沼田庄下司沼田氏的根据地，在与高山城隔了一条河的梨子羽乡的高木山附近。在这一带，沼田川的小支流从广泛分布的一百米左右的平缓小丘陵之间流过，制造出宛如生长出许多枝条的树木一般的低浅山谷。一般被称为"谷"或"迫"的这种地形，在水田化之后，就形成了被称为谷田、迫田等名称的景观。沼田氏的氏寺乐音寺就正好占据了其中一处谷的主要部分。由此可知，沼田氏时代沼田庄的主要耕地，应该就是这种谷田、迫田。为什么在沼田氏没落之后，作为地头紧接着进入这片地区的小早川氏，原封不动地继承了下司曾经拥有的权利，却选择在其他地方寻找根据地呢？

1　"三太刀"和"御馆"在日语中读音相同。

从谷田到平坦地区

说到这里，我想起了萨摩国的岛津庄入来院。从曾经的萨摩国府、现在的川内市（现萨摩川内市）向东方十余千米，川内川的支流在这片地区凿开名为"白洲"的山灰台地，制造出了一块山谷地区的小块平地，而入来院就在那里。据说在本书第9页提到的相模豪族涩谷重国的子孙作为地头移居到这里之后，便长时间自称入来院氏支配此地，即使是在近世的岛津氏手下，也分得了这片土地继续作为支配地。这真是一片稀有的地域。美国耶鲁大学的朝河贯一编辑了这些在入来院家传承的许多中世古文书，并加以充实的解说和研究，题为《Documents of Iriki》在大洋彼岸出版，入来院和入来文书的名字就在海外广为人知了。

以前我曾陪同永原庆二氏等人，探访过这个世界闻名的中世庄园遗迹。这是我最初的调查，所以印象很深刻，现在还能想起很多事情。其中一个就是，镰仓时代之后移居到这里的地头涩谷氏的根据地，和之前就在当地的豪族阶层的根据地，在选址上是有差别的。平安时代末期以来支配入来院地区的，是国衙的有力在厅官人伴氏一族，而自从设置地头之后，伴氏受到他们的压迫，势力也就变弱了。这一族作为院内的塔之原村的名主寄田氏留在这里，与地头继续诉讼，在败诉后名主之位被剥夺，但之后还是继续支配着根据地榆木田中的二町田地。

现在这片地域的水田，大体分为在川内川的支流入来川、市比野川沿岸的比较宽广的平地上开拓的一片肥沃田地，和流入这些河流的小支流切开白洲台地从而形成的谷田、迫田。调查过后，永原氏探明了以下结果：用来自上游的长距离水源灌溉的前者中的大部分肥沃田地，都是江户初期以后的新田，在探索中世耕地的时候必须将其排除。后者谷田、迫田才是中世主要的水田，农民家孤立地分布于每个谷、迫之中，或者两三户集合在一起形成一个小村落（参照"参考文献"）。

话说现在的塔之原近处、市比野川的中游，有一个名为仁（祢）礼北的地区。这里应该就是中世的榆木田，在我们调查的时候，有人告诉我们其中一部分是名为 yotta 的小字。那里正好有一个自东向西的舌状低矮山谷凹陷进去，山谷最深处有一个泉水积聚而成的水池。山谷的一面是水田，面积大概有二町。这里正是平安时代以来入来院的领主寄田氏的根据地，换言之，可以认为这里就是他们的门田，是他们最后的城寨。

与之相对，将塔之原村分割转让的涩谷氏一族的宅邸和直营田，明显位于入来川、市比野川交汇点附近，樋胁町（现萨摩川内市）的中心街和以前宫之城线所在的一片平坦而宽广的地域。在平安时代以来的在地领主和镰仓的地头之间，宅邸选址条件确实不一样，可以说是从谷田转变为平坦地区。

梨子羽乡的调查

我认为，即使是在原来的沼田庄内部，隔着沼田川、位于本乡町中心地区对岸的梨子羽乡也很重要。开发领主沼田氏的根据地高木山城也好，其氏寺乐音寺也好，都在这个乡内。就地头给田十二町这一镰仓中期的规定来说，虽然可以认为小早川氏继承了原来的下司沼田氏的田地，但其中八町有余都在梨子羽乡内，如实地显示出这个乡是下司沼田氏的基本地盘。

梨子羽乡南半部的南方村一带，是典型的谷田地带。而且那里留有很多可以追溯至中世的地名。昭和四十五年（1970）五月初，我第一次探访了沼田庄。坂本赏三氏和岸田裕之氏也与我同行，在本乡町教育委员会的中山氏和当地的乡土史研究家稻叶桂氏的引导下，我们参观了乐音寺等庄园内部，之后几天，我一个人在庄园内漫步。

对于我来说，这次调查给我留下了直到现在还难以消除的印象。特别是贯穿沼田庄地域的国道二号线上的络绎不绝的汽车，沿线排列的汽车旅馆、烤肉中心等，二号线沿线被填埋的、放弃耕作的水田，不断发展的工场，还有因为树林砍伐而暴露出来的山峰地表。而步行片刻之后，连绵的布满新绿的杂树山峰，陷入其中的许多谷田，云雀和各种野鸟的婉转鸟啼，山谷深处的乐音寺等好几座古寺却静谧而舒适。

我在这之后的第二年、第三年也各花了几天时间探访沼田庄附近，试着多少进行一些调查，每次都会收获很多，深感自己的研究还很不充分。

下面，我就根据自己至今为止的调查，就这片地域中世时期的领主和农民、村落和耕地的存在方式问题，试着讲述一下我的推测。因为这些都是与中世武士团及在其支配下的农村相关的有趣实例，另外我认为，这些实例比较少见地能与古文书的记载和留存到现在的诸种过去痕迹多少对得上。

地头的门田与泉

首先，遵循这种调查时的一般规律，我们先从小字等地名看起。在镇公所翻阅小字图就会发现，有很多类似以前人名的地名，比如说重胜、宗成、光清、末守、宗贞、吉国、光贞等等。这样的地名常常是构成中世庄园和国衙领地基本单位的名田的痕迹。留有这种中世痕迹的不仅是小字，现在仍然被当作通称使用的小地域和谷等的名字，或者每一家的家号、家名，甚至家族的苗字自身当中都有很多这类痕迹。

我是先从稻叶氏那里得知的这些地名，之后到各处转的时候，又受到了许多人的指教。其结果基本上就是下一页的这张图，我认为这里收集到了相当完善的与中世有关的地名。从这张图应该可以看出，在深陷于地面的谷田之中，特别是在中游附近，分布了较多的与中世有关的地名。

其中地头的"门田"集中于乐音寺所在的山谷，以及其深处的羽迫（羽坂）的谷和迫之中。在旧沼田庄一带至今还有很多水塘，几乎每个小山谷的深处都有堤坝，星星点点地分布着小水塘。濑户内海沿岸是雨量非常少的地方。其中在羽迫山谷

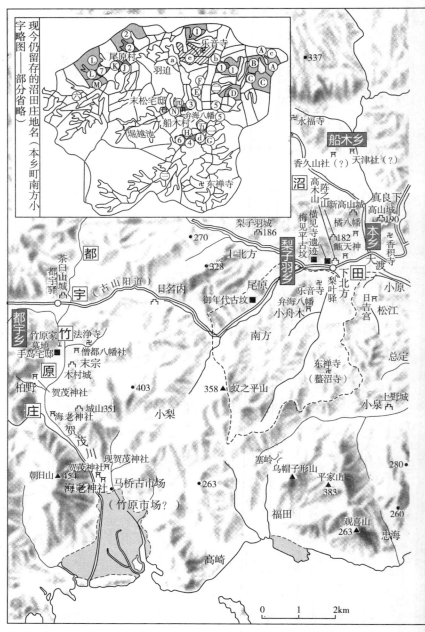

中世的沼田庄、竹原庄关系图

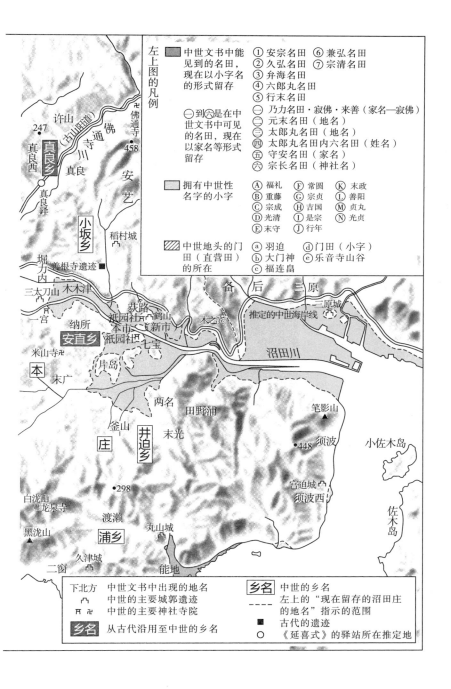

中，涌出了梨子羽乡中少见的优质清泉，现在这片小字被称为
"清水"。作为村落所在地来说条件正合适，用作耕地也条件良
好的区域被选为了门田。这也让我不禁想起，之前我们看过的
常陆国真壁、长冈氏的直营田就位于一等田地上。另外，门田
的内部还包含给予造纸工人、建筑工匠、木匠等工匠的部分。
通过这一点可以知道，这些工匠群体直属于地头，反过来说，
地头的"家"的经济是通过组织工匠群体的形式得以运营的。

　　梨子羽乡地头的宅邸在哪里呢？十分遗憾，目前没有找到。
另外，因为门田的规模原本大至八町有余，能够复原的还只是
很少一部分，除此以外当然还有很多。门田在原则上是免除年
贡的直营田，但也有课以高率地租让佃农耕作的情况，也有给
予工匠群体的。称其为领主的直辖地可能好一些。

　　地头小早川氏努力扩张门田，称一些土地为新开垦或者追
加的门田，或者没收有罪的名主的所有地，以继续扩张年贡
免除地。弘安十一年（1288），通过这些方法新获得的各种田
地加起来已经有十四町有余，和以往的门田合计起来达到了
二十二町有余。虽然被领家一方控告强占土地，六波罗也判定
了地头败诉，但地头让门田增加到之前的近三倍这件事，仍清
楚地表明了地头的庄园支配在不断强化。

"名田"的实际状态

　　接下来，我们来观察一下除了"门田"以外的一般名田吧。

下北方有一片名为"宗广洼"的小字。我们可以看到几个小的谷、迫和洼等连同背后的山林构成名田一样的小字。这正和永原庆二氏从入来院等案例中归纳出的结论如出一辙：中世村落主要类型是散居制的，或者规模极小的。每个小的谷、迫中都含有山林和水源，耕地也集中在一起。

与这种名田有关的古文书最为丰富且留有种种中世痕迹的良好案例，是南方的弁海名田。位于乐音寺山谷南边的小舟木山谷从西侧向内凹陷。这座山谷的谷道，刚一进来就分为两股，正好在分歧点的正面，于山谷间隆起一个小山岗。山冈尖端生长着一片茂盛的丛林，石阶从下边的石制鸟居出发，笔直向上抬升。这便是弁海神社。神社院内扫除得很干净，夏天，陡急的石阶下面，在山谷中长成一片的青苗绿得十分清爽。这座神社曾被称为弁海八幡宫。今川了俊记述说，高木山南方供奉着一座男山八幡宫，从方位上来看，无疑就是这座弁海八幡宫。至迟从南北朝时代开始被视作为清和源氏的氏神、式神的石清水八幡宫，也被请到这里来了。

现在弁海神社周围的这片小字被称为弁海，那么中世的弁海名田和现在的小字弁海是同一地域吗？就算有将中世名田的痕迹传承下来的小字，也难说这个小字就完整对应中世名田耕地。幸好在乐音寺、东禅寺和稻叶氏收藏的文书中，有将近二十件镰仓后期到室町时代的中世古文书及其抄本记录了弁海名田的情况。沼田庄的名田中，可以说这是留存史料最多的一例。

　　十四世纪上半叶到南北朝初期的九件文书，是对弁海名田的名主的任命书，以及围绕该职位斗争的记录。这些文书显示，自从右卫门尉源信继以后，按照源信贤、源信成、源孙鹤丸的顺序，代代弁海名主都来自源氏中名字中有"信"字的家族。

　　其中右卫门尉在幕府御家人中也有相当的地位。小早川氏一族中的庶子家基本上最高只能到卫门尉的位置，一些总领家也只能当上这一类的官，所以弁海名主的势力无疑很强。从他家把源氏氏神石清水八幡宫请过来，建成弁海八幡宫并祭祀一事上，也能感觉到这一名主家族浓厚的武士型特征。

东禅寺的佛像和名主

　　从弁海神社再向南两千米的南方最深处，就是蠹沼了。海拔一百米左右的小山环绕着的安静山谷，东禅寺悄然立于其中。它也叫蠹沼寺。寺里秘藏佛像的本尊是十一面观音，据说是曾经行基用山中的巨大胡枝子树直接雕刻而成的观音像，雕刻佛像的树木还在土中扎根，火灾时搬不出去，因此烧得焦黑。然而根据参观过的人说，其高约七尺（两米多一点），是用整根木头雕刻成的，胴体细长，腰肢突出，可称杰作，据说是藤原时代[1]初期的作品。这应该是某位在山中修行、信仰虔诚的僧人

1　日本文化史，特别是美术史上的时代，指弘仁贞观时代（810—877），特别是宽平六年（894）遣唐使废止之后的约三个世纪。在这一时期，日本逐渐脱离了唐文化的影响，形成了本国的"国风文化"。

雕刻的佛像。我想起东京附近的镰仓山谷深处的杉本寺的本尊，就是三尊十一面观音，其中一尊据传是行基所做的佛像，风格十分地简朴、朴素。东禅寺的创立应该也可以上溯到很久以前。

东禅寺本堂的本尊两侧立着精湛的四天王像。高有一米七有余，眼珠由珠玉制成，雕像木纹十分美妙。这几座威风凛凛的雕像被指定为广岛县重要文化遗产。战后，人们在其中的多闻天王像的脖子的榫卯连接处，以及框住眼球的这部分木头上都发现了铭文。铭文明确记载，镰仓最末期的元德二年（1330）六月十七日，源信成为阿弥陀佛，以及为往生极乐而建造了这尊多闻天王像。

这位源信成，无疑就是刚才提到的弁海名主源信成。因为没有在其他三尊四天王像上发现铭文，所以并不清楚这些是否全部是信成一个人建造的。就算只建了一尊多闻天王像，所需财力也是极大的，从此也能看出弁海名主一族的势力之大。

话说回来，任命弁海名主的，是侍奉沼田庄领家西园寺家的预所橘氏一族，而非地头小早川氏或者北条氏一族。到了建武元年（1334），源信成除了被赐予位于羽迫的地头门田的百姓职[1]一职（「稲葉桂氏所蔵文書」6，『広島県史』古代中世资料編4）以外，与弁海名主、地头的关系并没有直接显露于表面。我认为，自古开发的梨子羽乡的谷田地带，和入来院的情形相

1　中世时期庄园的职位之一，拥有特定土地的耕作权。

同，都是由之前的名主们努力开拓，并与地头势力形成了对抗；东禅寺是他们的信仰中心，如果四天王是由弁海名主源信成及同等程度的几个人共同建造的，那么这里可能也是他们这些名主们的共同组织的一个集结点。

地头对于东禅寺的支配似乎不如乐音寺那样彻底，即便到了南北朝，庄园的预所仍然在对寺里进行捐赠。谷田地带的名主应该是通过东禅寺和其他庄园管理机构，与中央的领家、预所联结在一起的。

名主的转让书

历应三年（1340）的任命书（「稲葉桂氏所蔵文書」9）之后，弁海名主源氏一族的名字就消失了，也看不见预所下发的名主任命书。二十年之后，代替他们出现的是一位名为贤阿的人物，在他的转让书（「東禅寺文書」12、「蟇沼寺文書」13,『広島県史』古代中世資料編4）中详细列示了水田、旱田、树林、宅地、一位下人乃至各种家具，显示出当时的弁海名主的真实情况。从法名上看不出来这个人是否属于源氏一族。

又过了三十多年，明德四年（1393），只转让了弁海名田内部分田地的，是一位名为和气扫部入道的人物（「弁海神社文書」1,『広島県史』古代中世資料編4），而并非源氏一族。另外，转让的对象也只是弁海名田的六分之一。在南北朝的动乱中，弁海名主源氏一族应该家道中落，名田也分解成了几部分。这大概是领主小早川氏用实力压制沼田庄一带的时期。需要注意，这和后文也会提到的从镰仓式、总领制武士团转变成室町式武士团是相对应的。

　　根据室町时代的史料（「東禅寺文書」13 及之后），弁海名田中，田地合计十一处，其中水田二町三反多、旱田二反半多，树林六处，宅邸两处以上，除了两反水田在山对面的邻村尾原村，其他的全都在船木村（现在的小舟木）。所在地中能够和现在的田地对应上的有将近一半，如图（参照下一页）所示。这说明这里就是中世的船木村。就在两座山谷汇聚点附近的神社下方有比较多的、集中起来一町不到的田地。这里有神社，肯定还有名主的主宅邸。虽说如此，也不能立刻断言这和现在的小字弁海就是一致的，因为在山谷相当深的地方还散布着弁海名田的水田、旱田、树林。发现传承着中世痕迹的小字和区划，就立刻认为是中世名田的耕地本身，还是有些跳跃了。

　　刚才说过，这一带是雨量较少的地域。就像指示着这里是干燥地带的小字"焦"一样，这一带，特别是山谷深处，少有泉水，多靠下雨浇灌。另一方面，梨子羽乡内靠近下游的平坦地区，也分布着相当多的湿地。被称为"寒田"的湿地似乎就延伸到山谷中相当深的地方，弁海的中心地区、神社下方正好就有相当数量的"寒田"。

　　现在的小舟木山谷，通过南边山谷深处的堀越池的水灌溉水田。根据这处池塘堤坝上的石碑，可以判明它建于江户时代

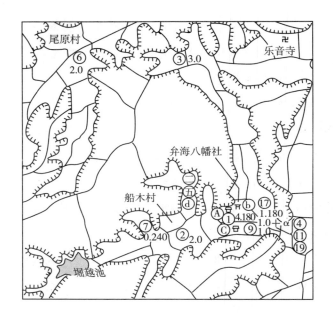

中期的宝永年间（1704—1711），所以思考中世的弁海名田时，必须要把堀越池排除在外。在这种情况下，神社附近的弁海名田的中心耕地中有相当数量的寒田应源于堀越池，中世时期这里反而是适度湿润且条件良好的耕地。控制了船木村入口、两座山谷汇聚点的弁海名主，应该也由此成为村子里的中心人物。

南北朝时代以后，梨子羽乡南部成了小早川一族的竹原家的所领。竹原家支配了自平安后期以来的沼田庄中心地区一事，如后所述，是与本宗家并驾齐驱，甚至有时凌驾其上的势力扩张之证明。南北朝之后，到了室町时代，弁海名田也被编入了

弁海名的耕地、宅邸、树林的分布

水田	所在地	现在地		旱地	现在地
反 步				ⓐ 助太郎作	
①4.180	额坪、鸟居许	（可能在神社附近）		ⓑ 御宫前	（可能在神社附近）
②2.0	横田	小字		ⓒ 伊织迫	
③3.0	羽坂	地名		ⓓ 厚木原 以及堀田	小字
④1.0	神田	（可能在神社附近）		ⓔ □二郎作	
⑤2.0	（助太郎）家前			ⓕ 宫木野作	
⑥2.0	尾原	地名		ⓖ 中四郎宅邸	
⑦0.240	大岁田	小字		ⓗ 那畠	
⑧1.0	检注开地			ⓘ 藤五郎作 反	
⑨1.0	上士前	小字		ⓙ 油木坪 1.0	
⑩大町	同上	小字		ⓚ 弥二郎作 1.180	
⑪町三	神田	（可能在神社附近）		ⓛ 落悬	
⑫1.0	荒野冈			ⓜ 井上	
⑬1.180	（弥二郎作）			合计 2反180步+11所	

树林	现在地
㊀ （助太郎）家奥、风吕奥之上	
㊁ 厚木原	小字
㊂ 神之迫	
㊃ 同上	
㊄ 味原	小字
㊅ 金太郎沙古、风吕之冈	

（续水田表）

水田	所在地	现在地
⑭0.120	石町	
⑮0.90	同上	
⑯1.0	柳之坪	
⑰1.180	卷之下	姓名
⑱0.180	金太郎沙谷	
⑲町三	神田	（可能在神社附近）
合计 2町3反90步+大町、町6处		

宅邸	所在地	现在地
Ⓐ 主宅邸		（可能在神社附近）
Ⓑ 道教遗址宅邸		
Ⓒ 扫部主宅邸	上信前	小字

竹原家的支配之下。

从古文书中可以得知,弁海名田中的相当一部分都作为"御恩""给分"分给了竹原家的中坚家臣矢原氏和末松氏。现今,弁海神社的旁边就有姓矢原的住家,稍微向里一点就有名为"末松"的小字,小山谷的入口处有建有古老石墙的被称为末松宅地的房屋。

在竹原家一方看来,南方山谷是与本宗家的势力接触的第一线,矢原氏、末松氏应该是为了巩固前线才特地被派到这里的。弁海名田中除此之外还有很多需要思考的问题,但是难懂的部分实在太多,我们就先到这里吧。

"盐入荒野"的开拓

接下来,我们将目光从谷田地带转移开,思考一下沼田川河口附近分布的低湿地带的开发问题吧。地头小早川氏自从茂平的时候就已经注意到这一地带,并着手开垦。在执权北条泰时时代的嘉祯四年(1238),茂平为代代将军祈祷冥福,在庄园内建造了念佛堂,为了筹措出维护费、修理费,请求开发"盐入荒野",并获得了当时的沼田庄领家西园寺公经的允许。

"盐入荒野"用来称呼满潮时海水倒灌的河口低湿地带是很确切的。如何排水开垦这片大湿地带?虽然不清楚细节,但当时应该是动员庄园内的农民去强化自然堤坝,并建设新的堤坝,以此来封闭海水,再通过建造排水工程、清除盐分等困难的操作，将背面湿地中的适宜土地逐渐变成水田。深深切入陆地的海湾，和星点分布于各处的小丘陵，应该是在这片地带进行排水开垦工作的有利条件。即便如此，这也是一项大工程，从镰仓、南北朝时代开始，历经整个中世，该家族兢兢业业地持续着开发工作，才终于建成了这片近似于"沼田千町田"样式的景观。

考虑到中世文书中所见的新田所在地，"盐入荒野"的开发应该不限于河口南岸的安直乡，而是扩展到更深处的沼田本乡和木木津附近。"盐入市庭""市后新田"这些地名，完美表现出了选址于河口附近自然堤坝上的商业集落，及从其背后湿地中不断开发出的新田这一景观。

根据我昭和四十八年（1973）所见，直到前几年能够从沼田川接近上游的位置直接引水为止，旱魃之年的水田底部会有盐分反上来造成盐碱灾害。现代还会发生这样的事，那么中世被形容为"盐入新田"的开发部分更不能说是什么安稳的田地。

然而，这里是就算加上了"不得二次开发旧有的庄园田地"这一条件，也可以断绝领家的支配关系，使得地头的支配权获得承认的地域。对于小早川氏来说，这里是珍贵的直接支配土地。

从念佛堂到米山寺

成为地头从领家获得新田支配权之理由的念佛堂，曾经拥有巨真山寺或米山寺的寺号，作为小早川氏的氏寺发挥作用。

在那之前，小早川氏主张自己继承了前任下司沼田氏的支配权，以乐音寺作为氏寺，但是乐音寺直到后来还有一部分沼田氏的势力残存，并非纯粹的小早川氏的氏寺。另外其位置也处于梨子羽乡的谷田之中，距离小早川氏的宅邸，和正在开发的"盐入荒野"未免太过遥远了。米山寺的位置位于深陷安直乡山冈的谷田最深处，但只要站在山陵上，"盐入荒野"就在眼皮底下。

从沼田寺的氏寺乐音寺向小早川氏的氏寺米山寺的移动，与从沼田氏的高木山城移动到小早川氏的宅邸和高山城这一变化相对应。这也反映了领主的关注点从谷田变成了"盐入荒野"的开拓。

在南北朝初期，"盐入荒野"中修建好的新田就已经在小早川一族之间分配，所有者负有维持米山寺的责任，并且形成了这样一种体制：在新田耕作的百姓需要承担米山寺的修理、扫除任务，以及盐入堤坝的修理工作，作为对价，他们获免庄园内一般农民承担的其他劳役。此后直到室町后期，有很多小早川氏嫡流家中的人遁入佛门，担任米山寺的住持。

米山寺由此强化了作为小早川氏的氏寺的地位，起到团结家族的核心作用，也和"盐入荒野"的开发密切相连。安直乡本市东南方向有一个名为"米山田"的小字，据说在农地解放[1]之前都是米山寺的所有地。这里正好位于旧"盐入荒野"的正

1　第二次世界大战后，日本在驻日盟军的命令下进行的农村土地制度民主性改革。

中央，似乎象征着自中世以来米山寺在这片低湿地带开发过程
中起到的作用。

现在拜访位于山谷深处的由白色墙壁围绕的安静的米山
寺，会发现在山门对面山岭的背阴处，并排立着二十座宝箧印
塔，即自土肥实平以来的小早川氏历代族长的墓碑。根据石刻
美术研究家川胜政太郎所说，这些塔从样式上看，一半能够推
定为镰仓、南北朝时期的，另一半是室町时代以后的。地方豪
族的古老墓塔能够留下这么多，是很少见的。站在寂静无声的
山阴，我不禁开始想象起小早川家四百余年的历史。

沼田市场的繁荣

被称为"奴田尻"的沼田川的河口，肯定在很早的时候就
已经有市场并出现城市了。当时许多河口处于日本古代以来的
交通大动脉濑户内海的沿线航路，与沟通内陆地区之支脉的小
河川交汇点上，附近分别产生了商业集落，成为各地域的交通
据点。同在广岛县内近处、流经备后国府附近后注入大海的芦
田川河口周围，也有因近年发掘而出名的草户千轩町遗迹，其
对岸有着更古老的港湾和深津市场。都宇竹原庄也是一样，贺
茂川的旧河口有马桥古市场。现在属于广岛市内的太田川旧河
口，从平安末期开始也是港口和商业中心。

沼田川河口沼田市场的名字初次出现在文献上是在镰仓末
期的应长二年（1312）（「蠹沼寺文书」5）。曾经藏于东禅寺的

河口附近发达的市场　需要注意每一处都在比现在的河口位置更靠内陆的上游

　　文书中，有一件此年二月四日四郎太郎友氏的土地卖出证明。其大意是："以五贯文卖出一处土地给沼田市场的比丘尼小井法师之事千真万确。如果这片土地出了问题，我会负起责任处理。另外无论京都、镰仓出台何等德政令，我都不会有任何异议。"这是幕府出台《永仁德政令》——御家人可以无偿收回所领的命令——的第十五年，是一则显示其激起的波纹之大的好材料，不过在此引起我们的兴趣的，还是沼田市场的首次出现。

　　在近一个世纪后的永享五年（1433）左右，沼田庄的安直乡中出现了本市场，其中有大约三百间村舍以及一所土仓。庄园内的小坂乡也有新市场，有村舍一百五十间。两者都被写进了小早川氏本家和分家的支配地目录（「小早川家証文」62）中。仅从当时的文献史料来看，这些市场作为地方的商业集落来说，规模史无前例地大，很好地显示出了沼田市场的繁荣。那么这些市场集落到底在什么位置呢？

探寻市场遗迹

在现在的三原市内，从现在的沼田川河口向内陆方向前进五千米左右，在河流南岸有一个名为本市的集落。这应该就是中世的安直乡本市场的遗迹。翻开文政八年（1825）赖山阳的叔父赖杏坪等人编纂的广岛藩地志《艺藩通志》，当时的本市村的概况就如下页略图所示。沼田川沿岸有名为"市"的小字，形成了一个纺锤形的街区。守护神社是祇园社，还有两处供奉商业神海老的神社。长方形的街区中有名为"小屋小路""风吕小路"的地名。小路是与大路相对的词语，由此可以看出这片地区是相当密集的商业集落。

《艺藩通志》记载，与本市村隔着沼田川的荻路村中有市、市里等小字名。这里正好在小坂乡内，十分符合与安直乡本市场并论的小坂乡新市场。荻路的守护神社也是祇园社，与本市场的祇园社如夫妇一般。这让人不禁遐想隔河相望的两个集落的密切关系，也是本市场、新市场这种关系在信仰上的表现吧。

在沼田市场首次出现的史料中，成为卖出对象的土地只有"一处"，并且只记着"东以万才助家为界，西以小路为界，南以大道为界，北以大道为界"。到了第三年，在转卖这片土地的证书（「蚕沼寺文书」7）中，就明确写着"宅邸"了。因为三边都是道路，东邻是住家，所以这片宅地处于房屋相当多的集落当中，而且买主是沼田市场的住民。因此它肯定是在沼田市场里边。

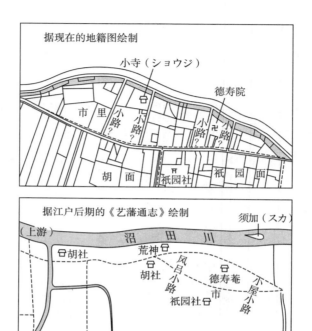

沼田的本市场

　　东西方向的两条大道，中间连着一条南北小路，这不是完美与《艺藩通志》中的本市村的绘图相符吗？根据三原市政府所藏这片地区的地籍图，曾经的本市场南侧大道现在还留存着，但北边大道在这片番地中仅剩下一条细长的带状痕迹了。但是一共有四条南北小道与这条大道构成直角。这些应该就是曾经的小路的遗迹。昭和四十八年（1973）夏天，我从本市的和泉克实氏那里听说，小屋小路、风吕小路等名字现在已经不存在了，但其中一条南北小道上的旧家的家号，从以前开始就称作"小路"。祇园社斜坡前面的寺院德寿院，背后散布着十几座中世的五轮塔和宝箧印塔。认为十四世纪初的沼田市场，就是十五世纪的安直乡本市场，也就是现在三原市本市这片土地应该没有问题。

市场与祇园社

那里正好是"沼田千町田"这片广阔田地所处低湿地的一角，位于沼田川沿岸、切进陆地的入海口和沼田川汇合的大湿地带。满潮时海水逆流的湿地、芦苇丛生的荒野、集群的水鸟，种种情景映入眼帘。其中，沼田川运送来的土壤慢慢在河流两侧堆积，形成了一道自然堤坝。在这片微高地上，市场出现，港口出现，城市也得以成立。那么本市场和新市场在隔川相望的自然堤坝上接连建成也是很自然的。

这也和两个市场的守护神社都是祇园社有关。祭祀因政治压迫而最终惨死之人的怨灵的御灵信仰，从平安时代初期开始就在都市生活中蔓延，京都的祇园社处于其中心位置。与此同时，祇园社也有祭拜牛头天王的水神祭祀。这种信仰在全国范围传播，特别是在港口都市和多有河川泛滥的低湿地为人接受。如此一来，在沼田川河口附近的低湿地上建立的沼田市场的本市场、新市场的守护神社是祇园社，就一点都不奇怪了。

现在广岛市北方的祇园町（现安佐南区祇园）中，有一座可以追溯到平安末期的祇园社，神官自那时就居住于此。广岛市的中心地区中世的时候当然还在海中，大海一直侵入到这个位置上。太田川注入的河口附近有港口和集落，内陆地区还有几个为了装运庄园年贡而设置的仓库（"仓敷"。冈山的仓敷市也是由这样的仓库发展而来的城市）。应该说沼田市场的情况与这是很相似的。

据说本市场的祇园社创立的历史也很悠久，特别是很多人将其作为渔业神来信仰。据说在原沼田庄中的浦乡的忠海、二窗、能地等地的渔民都相信，只要把神社的御神木——杨桐的叶子放在海上漂浮，就算是打不到鱼的时候也会立刻丰收。濑户内的渔业还很兴盛的时候，夏季祭典时，好几艘船会首尾相连地向沼田川的上游回溯。现在变成内陆地区的本市的祇园社有很强烈的渔业神特征，可以说也是从这里还是入海口的时代就遗留下来的传统。这则材料带我们回溯神社创建的历史，也很好地告诉了我们，作为祭祀主体的沼田市场相当古老。

南北朝初期的历应三年（1340），茂平的曾孙总领宣平，发出了下面这样的命令（「小早川家証文」19）。

以后严禁家臣住在沼田市场。至今为止也禁止了多次，但很多人都说已经在市场购入了宅邸，或者自称是市场的住民一族，并不听从禁令。如此一来，总领宅邸

附近逐渐荒废，情况紧急之时也赶不过来。以后不管理
由如何，一概不允许这样的人在我面前出现。如果不严
格遵守此条命令，你们就接受沼田七社的神明们降下的
处罚吧。

本应聚集在本宗家宅邸周围居住的家臣团，有相当一部分
都外流到市场那边去了。对此，主人一方明确表露出了担心和
畏惧。另外，在十多年以后，宣平之子贞平也发布了几乎同样
的三条禁令（「小早川家証文」25），其中加了更严格的管制命令：

禁止沼田市场住民家的女儿与家臣的子嗣们通婚。
已经结缘之人不予追究，但今后如果发生，双方都以有
罪论处。
在沼田市场发生的刑事案件、动产归属相关诉讼，
都由总领直接裁定。

禁令明确提出了这样的方针：一方面，将家臣团从市场中
分离，就连和市场住民的婚姻都要限制；另一方面，在市场发
生的案件的审理权由总领自身掌握。在某种意义上，这也显露
出了将武士与商人身份分离，让武士集体居住在城下町，让商
人集中居住在市场集落，且想要将市场自身纳入总领直辖支配
之下的意图，实在是很有趣。

第八章

小早川的源流（二）

——南北朝、室町时代的武士团

竹原小早川家的分立

中世武士团中的女性

小早川茂平的女儿犬女，出家为尼后法名净莲。她大概是生于狗年。这位女性从父亲手中分得了沼田庄内的梨子羽乡，成为乡的地头。在镰仓时代，女性成为地头的例子绝不稀少。这是因为分割继承的原则也适用于女性，从某种意义上说，女性的地位比后世还要高。南北朝时代的文书中时不时可以看到"女地头"的表达，但这反而表明到了这个时代，女性地头数量有所减少，所以必须如此强调。在这之前有很多位女性地头，以至于根本没必要出现这种词汇。

这位净莲留有好几件相关文书，在小早川氏一族的女性中相当少见。特别是她应对沼田庄的领家一方的控告，进行了好几次诉讼，巩固了自己地头的位置；为了给关东将军家和父亲茂平，甚至还有自己祈祷后世幸福，她向乐音寺捐赠了三重塔等等，行动不输给男子。

现在位于三原市内的、原沼田庄真良乡香积寺中，有一尊推断是镰仓时期制作的尼僧坐像。据传这是同样在真良乡内的尼寺延命寺的开山祖师像，富有张力的下颚骨、绷紧的嘴角、棱角分明的头部、结实的身躯，显露出一副十分符合镰仓时代地方女性印象的风貌。当然这并非净莲的形象，但她也有可能是这种风貌的女性。看着这尊尼僧像，我就不自觉地会在脑中想象净莲的姿态。

她好像没有结婚，也没有子孙。但奇怪的是，在她死后，梨子羽乡的地头由一位家族中的女性继承。东禅寺的古文书中，有一件永仁五年（1297）围绕蟇沼寺的住持职位而起的诉讼的判决文书（「東禅寺文書」1），送出的文书的最上方堂堂地写着"地头尼"，还加上了花押。

因为花押的形式与净莲的不同，所以能够判断是不同的人，但是地头行使审判权的文书很少留存下来，特别是女性地头的判决书，就更有意思了。这是一件显示出中世武家女性地位的珍贵古文书。

被北条氏没收

可是就在这位梨子羽乡地头尼出现后不久，这个乡就被从小早川一族手中没收，归六波罗探题北条宗宣所有了。这是从永仁五年（1297）到正安四年（1302）一月之间的事情，可以认为是在北条氏得宗专制这种强大的支配体制下，各国的守护和地头被聚集到北条氏手中的一例。即便如此，这对于小早川氏来说还是太不幸了。

没收的理由不明，但据说是小早川氏家族内部分成了三股势力提起诉讼，结果被没收了。其中之一应该是小早川总领家，还有一个是地头尼的家族，另外一个大概是在梨子羽乡内拥有五町地头门田的竹原家。

从结果来看，无论对谁来说，到嘴的肥肉都被抢走了。沼田庄内的一角，而且还是开发了相当久的重要地点，就这样被北条氏乘虚而入了。

几乎同时，在茂平次子政景继承了都宇竹原庄而成立的分家竹原家中，也发生了大问题。政景只有一个亲生女儿，就收养了一位名叫三郎长政的养子。然而老丈人政景却对约定好要嫁给长政的女性出手，生下了名为景宗的亲生儿子。就像政景自己也说的"此等羞耻之事，怕为外人所闻"（「小早川家証文」285）那样，这不是什么体面的事情。之前说过，成为《曾我物语》开端的伊豆国工藤氏也几乎是同样的情形。另外，在小早川氏之中，曾有同族控告说，本宗家的雅平之子朝平其实是他母亲和高鸭神社的神官所生，并非雅平的亲生子。都到了这种程度，看来在当时的社会中这种事并不少见。

政景很快就开始了运作, 跟六波罗的奉行人[1]等打点好了关系, 使得景宗的继承人身份获得了承认。然而在政景死后, 政景夫妇唯一的亲生孩子、景宗的姐姐尼僧觉生向幕府上诉, 问题随之变得严重起来。

据她说, 在祖父茂平给父亲政景的转让书 (「小早川家文书」52) 中, 明确写着 "如果政景没有儿子, 都宇竹原庄以下的所领就要转让给家族中适合的男子。绝对不可以将其送给别家别门之人"。景宗是养子长政的妻子所生之子, 并非政景的孩子, 所以其成为竹原家的继承人违背了祖父的转让书, 是无效的。身为政景亲生女儿的自己才应该理所当然地继承竹原家。

她的主张当中, 幕府认同了景宗并非政景亲生子, 但尼僧觉生也并非男子, 根据茂平的转让书, 也没有继承的资格。结果因为没有适合继承竹原家所领的人物, 永仁五年 (1297), 景宗的所领被全部没收了。强调不能把小早川氏的所领让给别家别门的茂平的转让书, 招致了完全相反的事态, 这结局何其讽刺! 这正是对御家人的 "家" 支配权的否定, 北条氏得宗家的专制支配, 破坏了赖朝以来的幕府政策。这一事件可以说是显示出这种动向的良好案例。

这对竹原家来说是非常事态。景宗拼命尝试反驳, 越级提起诉讼, 也努力做了种种幕后工作。在该判决下达的二十余年

1　镰仓、室町幕府中, 负责行政、审判的事务官僚的总称。

之后，景宗的主张终于得到承认。可是之前被没收的都宇竹原
庄以下的所领，已经被幕府赠给了建长寺，所以新判决就附加
了一个条件：要等找到合适的代替土地捐赠给寺院之后，才能
把所领还给景宗。

　　然后，北条氏崇敬至极的镰仓第一大寺建长寺这边，并不
想如此轻易地放开这些到手的所领。好不容易下达的判决却无
法实行，就这样虚度了十三年。这时离竹原氏失去所领已经过
去将近四十年了。

对镰仓幕府的反抗

　　元弘三年（1333）四月，自足利尊氏在丹波国筱村八幡宫
前面举起反北条氏旗帜以来，为尊氏效劳的武士中就有竹原小
早川景宗的身影。被北条氏没收所领，好久之后终于获得返还
的判决，但实质上却被当作废纸。很明显，对这一系列事件的
不信任和愤怒，才使得景宗最先投靠到了尊氏身边。之后，竭
诚为尊氏"御内奉公"的景宗，请求归还都宇竹原庄以下的本领，
并压制住了建长寺一方"原则上捐赠给寺院神社的土地不得返
还"的抵抗，总算成功拿回了所领。这在很大程度上源于在内
乱期诉诸武力，但不管怎么说，这也是侍奉在尊氏身边的成果。

　　建武三年（1336）二月，被赶出京都、暂时前往九州的尊
氏军，从兵库岛乘船通过濑户内海逃往西边的途中，在备后国
鞆之港开了一次军事会议，将足利一门中的有力者和地方有力

武士分别都任命为各个国的"大将"。这便是室町幕府守护的先驱。景宗与足利一门的桃井直常一起被任命为安艺国的大将。据说景宗与族人商议，命令他们立下军功。其实在这里，尊氏已经承认了景宗作为小早川氏一族嫡流的地位。后来的竹原家子孙，是如此讲述的（「小早川家証文」337）。

> 景宗大人受到尊氏的召唤，在他身边侍奉。另一边，沼田家的备后守（贞平）作为北条氏的同伙，与六波罗探题一起前往近江国番场驿站的集体自杀的场所，总算是从那里逃回国来。于是沼田庄被没收，决定由我们竹原家领受。但毕竟备后守十分诚恳地向我们道歉，"故人"景宗大人又是身为"头目"的总领家，于是大人就向尊氏公请求赦免备后守。尊氏公也认为这是心灵善良之举，同意了这一请求。

比起竹原家来说，本宗家只被没收了梨子羽乡，损伤确实不大。可是受到沉重打击之后，竹原家毅然决然地赌在了反北条氏上，最后获得了完全成功，将灾祸转化成福分，而本宗家因为直到最后关头还在支持北条氏，反而变成了起步较晚的一方，因此在南北朝、室町时期也背负上了若干不利条件。历史也真会开玩笑，某一时期的优势条件到后来会发生逆转，而有时候负面条件也会转化为正面条件，上述事实就是一例。

竹原家的转让书

竹原小早川家一直保存着自家族之祖政景从父亲茂平那里得到的转让书以来的历代转让书。按照代际顺序向下探寻，就可以探知竹原家所领扩张的细节、武士之间继承法的变化，还有武士团存在方式的变化，真是令人兴味盎然。

在这里，我们就拿出其中具有代表性的茂平给政景的转让书（「小早川家文書」52），和从政景算起第八代的仲义给嫡子弘景的转让书（「小早川家文書」77），来做一下比较吧。

（甲）转让儿子政景那份所领之事

合并

一、安艺国都宇、竹原两庄之地头、公文、检断并竹原庄总检校职之事

二、同国沼田庄内的梨子羽五町地头门田之事

三、讚岐国与田乡地头、公文、案主、田所、图师、总检校、检断职之事

四、镰仓米町一间民家之事 曾为宗次入道居住之所

上述所领通过此转让书交由政景支配。至于镰仓殿相关公务，按照本佛（茂平的法名）规定的分担法，听从总奉行雅平（政景之兄、总领）的催促，不得懈怠。从与田乡分得的一百石中的五十石，要用作祭祀实平大人的京都灵山不断念佛的六位时宗僧人和灯油费用，不

得有误。剩余五十石，在政景之妹松弥在世期间，每年都要交付于她，不得懈怠。如果这一点没能实行，就由总领雅平进行催促。如果你没能生下男子，就在小早川家一门当中找一个适合的男子，把所领转让给他。绝对不可转让给别人或者别家。另外，虽然已经将这些所领转让给你，但如果在本佛在世期间，你敢违背我的命令，我将进行悔返（取消本次转让，并让给他人）。以上就是考虑到日后的转让书内容。

正嘉二年（1258）七月十九日

沙弥（茂平）

这是茂平的转让书的抄本，据说茂平不会读写，所以并不清楚这份文书是否是茂平亲自书写，但至少原本之上应该有作为签名的花押。接下来是从政景算起第八代的仲义的转让书。

（乙）转让所领之事

合并

安艺国都宇庄 同国竹原庄 同国梨子羽乡南方 同国吉名村

同国三津村 同 木谷村 同 风早村 同国高屋保

同国兼武名 备前国裳悬庄 美作国打穴庄内上下村

相模国成田庄藤太作 阿波国助任乡 镰仓米町屋地

京都四条油小路屋地

上述所领，连同代代御下文和转让书都转让给嫡子弘景。将军相关公务等，遵守总领的催促，按照先例实行，不得懈怠。

一、庶子五郎左卫门尉春景和太郎三郎、松寿丸等人，不得丝毫违背总领弘景的命令。要作为同族子弟做好本职工作。若有违反总领命令者，没收其支配的所领。

二、分给代代孀妇和女子的领地，在她们在世期间就按转让书的规定进行支配。在她们死后，交由总领弘景处理。但是，梨子羽乡内的守安名田、宗长名田、三町门田、公作等地，是永久转让给女子的一份，属于例外。要按照先例，催促公私事务。

三、如果弘景没有儿子，则收养弟弟长千代丸为养子继承家业。要好好扶持栗法师以下诸弟。还有，福寿丸和吉光法师是出家之身，要按照惯例加以扶持。

四、至于孀妇和女子们分得的领地，全都有我亲笔书写的转让书，她们在世期间要好好遵守，不得有误。转让书上的每一条都必须执行，不得有一丝差错。另外，虽然已经执行上述转让，但我仲义在世期间若发生不义之事，我将实行悔返。以上就是考虑到日后的转让书内容。

应永五年（1398）五月十三日

仲义（花押）

巨大的变化

下边这份文书是仲义亲笔的转让书实物，还留有花押（签名）。正好相隔了一百四十年的两份转让书之间，发生了相当大的变化。

第一，作为转让对象的所领。将两份文书相比，可以发现不仅所领的数量远远增加，在表现形式上也有很大差别。就像（甲）中的"都宇、竹原两庄之地头、公文、检断职"，"与田乡的地头、公文、案主、田所、图师、总检校、检断职"一样，庄、乡这类地域中的"职（地位与收益的结合体）"记载得十分详细。而与此相对，（乙）中只列举了都宇庄、竹原庄这样的地域名，记载得十分简单。

在一定地域上，从上面的本家、领家开始，到下面的预所、地头、下司、公文、检断、案主、田所、图师、名主等，成立了各种各样的"职"，按照各自的职务来分割从这片地域获得的种种收益，换言之，成立了"职"的体系。而这两份转让书的内容变化中，可以看出按照"职"的体系构建的世界走向崩溃，而像竹原氏这样的领主作为一定地域的支配者开始出现。

第二，总领（嫡子）和庶子的关系。在（甲）中，政景自身就是一名庶子，需要遵从被茂平指定为总领的哥哥雅平的催促，执行分配给自己的种种劳役。但作为庶子的政景分得了这么多所领，自己也作为独立的御家人执行在京公务，之后自家的所领继承也以将军家政所命令这种最高形式获得幕府承认。

换言之，这展现出了以基于分割继承的庶子之独立地位为前提的一族结合，即"总领制"的世界。

与之相对，在（乙）中，曾经是庶子家之一的竹原家自身已经成长为一个独立的家，被指定为总领的嫡子弘景的地位也得到了很大的强化。

在竹原家，早在仲义四代以前的重景的时代，南北朝时期的转让书（「小早川家文書」68）中就说："就算你生了几个儿子，也要从中选择一个有能之人，把所领交给他。到了将来的子孙那一代，也要告诉他，只能把这片所领交给一个人。"嫡子单独继承的规定由此显现。（乙）仲义转让书也完全立于这一基础之上，规定弘景的伯父春景和弟弟们都要作为"庶子"听从总领弘景的命令，大家作为"同族子弟"侍奉总领。

于是，基于单独继承制的"总领"的权力就得到了极端强化，以分割继承制为前提的曾经的"总领制"业已完全崩溃。

以上两点是从镰仓式武士团向室町式武士团质变的最具特征的侧面，竹原家代代的转让书正是表现这一过程的良好案例。

接下来我们就来看一下这一阶段竹原家的所领是怎么扩大的吧。他们是否能够实际支配以关东地区所领为首的、转让书上记载的所有所领，多少让人有些怀疑（比如说像平贺氏的本领高屋保这样的）。但是我们必须注意的是，他们实现了以本领都宇竹原庄为中心向西边的内海沿岸发展，在东北方还获得了曾是本宗家领地内的梨子羽乡南部，大大扩张了自家的领地。

沼田总领家的"家骚动"及其结局

春平、则平的时代

在镰仓幕府灭亡、南北朝动乱爆发这样的激烈风暴之中，本宗沼田家一时摇摇欲坠的地位，在贞平之子春平、孙子则平的时代再次安定下来。这正是将军义满到义持的时代，与室町幕府之确立几乎同时。位于现在三原市内西北角山谷地区的临济宗佛通寺派大本山佛通寺，就是显示当时沼田小早川家势力的良好纪念。

佛通寺的开山祖师是被誉为当时一流禅僧的愚中周及。周及一开始跟随国师梦窗疏石学习，后来远程渡海前往中国元朝修行，跟着金山寺的佛通禅师即休契了，终于开悟。回国之后被迎为在京都五山[1]之中首屈一指的南禅寺的书记。入寺之时，按照禅林的习惯，要说明自己选择的老师的名字时，周及并没有说梦窗国师，而是说了佛通禅师，所以当天夜里就被某人袭击，额头上受了刀伤。

这是当时已经占领了五山禅林的梦窗门生将周及视作异端分子加以迫害的案件，是对他的理想主义的攻击。

进入山林之后，接触到中国即将兴起的清新宗派风气之新思潮的周及，在此放弃了五山，准备在地方开拓新的势力。游

1　拥有某种寺院等级的五座寺院。京都五山是京都五所著名佛教临济宗寺院的并称。

历四方之后，他接受了位于现在京都府福知山市内的丹波国金山的领主那珂宗泰的邀请，在那片地域的天宁寺落了脚，之后三十余年都以之为基地活动。应永四年（1397），很久以前就仰慕周及高洁人格的小早川春平，挽留了即将前往九州的周及，创建了佛通寺。

　　根据后来整备好的直接侍奉室町将军家的奉公众名簿（『永享以来御番帐』等），沼田小早川氏和金山的领主那珂氏都是奉公众，而且被编入了同一组。可能是因为这种关系在小早川春平和那珂宗泰的时代就已经成立，所以春平和周及才能够产生联系。

佛通寺

　　佛通寺的位置，在流经沼田小早川氏主城高山城下方的沼田川支流向东北方回溯八千米的地方，正好就在古代的山阳道通过的山谷最深处，越过山峰就是备后国了。这里现在也是秋天红叶似火的深山幽谷之地，周围的环境如此美好，不愧"安艺之高野"之名。因为发生过多次火灾，寺院创建之时的建筑几乎不存，但在本堂对岸，立在石阶尽头的含晖院地藏堂是应永十三年（1406）的古建筑，据说是周及的爱徒尼僧松严营造的。

　　据推测，这位女性大概是小早川氏一族的近亲。建筑呈现出匀称而美丽的折中样式¹，被指定为国家的重要文化遗产。寺院里藏有很多古文书和文化遗产，其中一个国家重要文化遗产就是小早川春平画的周及画像，上面有周及自己的赞。它生动描画出了周及长身瘦躯、严肃的高僧风貌。但最让人惊叹的，还是沼田家家主春平亲自绘画这一点。一想到五代以前的茂平据说不能读写，那么这期间小早川氏文化水平的上升真是令人瞠目结舌。从这个意义上讲，这也是重要的文化遗产。

春平打好了建造佛通寺的基础，而将其引导至完成阶段的则是春平之子则平。寺院的佛殿和方丈的建设以则平和其子持平为中心，以梨子羽、船木、真良、小泉、浦等沼田庄内各个乡的名字作为自己苗字的分家也参与了进来，分别捐献了钱财和马匹等。就连竹原家也列位其中，甚至还有本市仓、新市仓、前仓等沼田市场的有力商人们齐聚一堂的盛况。

据推测，为了营造佛通寺，领主把小早川氏领地内的许多住民征发为劳工。建设于高山城东北的这座大寺院，也正是沼田小早川家势力的标志，是家族繁荣的表现。

当时的将军义持远闻周及的名声，于应永十四年（1407）邀请他进京。因为五山派的反对，周及怎么也不答应。则平派出使者对他说，"如果不接受将军的邀请，我立刻就引咎自杀"，

---

1 日本建筑样式之一，指将镰仓时代从宋朝传来的大佛样式（天竺样式），同属宋朝样式的用于禅宗建筑的禅宗样式（唐样式），以及日本本土的和样式混合起来的样式。

这才取得周及的同意。据说周及因为自己立下过不踏入京都一步的誓言，最终还是没有进入京都，而是在伏见和京都外面的寺院与义持会面。这很好地显示出与五山派对抗的地方派禅林"林下"的面目。周及应该是希望再次回到佛通寺的，但最终没有实现，在进京的第三年，他在金山氏建立的丹波国天宁寺走完了一生，享年八十七岁。

而在不久之前，由于义持的命令，佛通寺被承认为与五山第一的南禅寺相并列的紫衣出世的道场，确立为被列入禅宗二十四流中的愚中派的根据地。

向将军接近与海外贸易

就像佛通寺寺院等级提升所示，在这位则平的时代，为了追赶上在与将军联系这点上先行一步的竹原小早川家，沼田小早川家也强化了与将军义持的关系。

在大内氏重臣平井备前入道祥助的旧领地周防国玉祖社领田岛村、玖珂庄等地被划为将军家直辖领地"御料所"时，则平收到了将这些领地"先寄放在你这里"的命令（「小早川家文书」32）。换言之，就是依将军命令管理御料所。负责管理这些的人都是直属于将军的奉公众，他们能够直接服侍将军，相应地就要承担起经营御料所的任务，并将一定的年贡钱缴纳给将军。这便是这一制度的实际状态。

在为将军效力时，他还在仪式上担任带刀一职。从这些事实来看，则平无疑就是奉公众中的一员。所谓管理，从另外一方面来看也是由自己支配。与将军家紧密结合的沼田家的势力，最远甚至到达了长门、周防两国（山口县）。

从沼田市场的有力商人们参与营建佛通寺一事中能推测出，则平在商业活动和贸易等活动上也投入了力量。特别是在海外贸易中，他密切参与了对朝鲜的贸易。这时候朝鲜一方为了限制源源不断的日本通商船，创建了一种制度：将名为"图书"、刻有对方名字的私印交给特定人群，作为其使者前往朝鲜时候的证据。而在记录中，获得第一号私印的就是则平。

从应永二十五年（1418）开始的十一年间，以则平之名的通商实际上有十七回之多，频率相当之高。这时候的出口商品中，有很多诸如苏木、蕾香、水牛角、犀牛角、常山、胡椒、檀香、陈皮等原产于南洋的物品，而像硫黄、铜、铁、铠甲、太刀、蜡烛等日本产商品反而很少。反之，进口商品主要是正布（麻布）、棉布。从这样的贸易商品内容中可以发现，则平的贸易并非单单基于沼田市场和濑户内海航路，反而范围更广，是同时以南洋贸易为基础的大规模活动。

看一下与朝鲜通好之时的则平的头衔，基本上都是"九州总守、西海路美作大守""九州巡抚使、作州前刺史""平常嘉"或者"九州上使"。与则平一起参与通商的人物，以九州探题涩川满赖及其家族为首，全都是以壹岐、对马、松浦、博多为中心的北九州地区贸易相关人员。这告诉我们，则平在将军身旁侍奉收到了特别命令，身兼辅佐九州探题的特使，与朝鲜的贸易也是他基于自身特别的地位才得以进行的。被赐予朝鲜一方的"图书"第一号，由此看来也是理所当然的。

则平在直属于将军的奉公众中，拥有濑户内海沿岸以西的根据地，在海上贸易上也拥有实绩。这应该就是将军提拔他为九州特使的理由吧。

室町的家骚动

从这位则平的晚年到去世以后，其子持平、凞平之间发生了激烈的继承纠纷，家族中的裂痕和对立在这之后也长时间留有余音。长子持平好像从很早之前就进京侍奉将军去了。应永二十年（1413），他从父亲那里得到了所领和世代相传的铠甲，也获得了将军的保证。将近二十年之后的永享三年（1431），父亲则平因为持平有不孝的举动，突然取消了转让书，重新写了一份，把所有的所领都传给了时年不满二十岁的年少的凞平。这就是我们在95页讲过的"悔返"，属于行使亲权。

这种彰显本书开篇及"敌讨及其周边"一章中所述"家"支配权之优势的行为，到底会被如何处理呢？之前已经看过，在北条氏的得宗专制政治之下，发生过没收竹原家所领这一否定"家"支配权的行为，而现在恰好处于著名的专制将军足利义教的时代，事态不容乐观。

永享五年（1433）正月，则平在六十一岁辞世之后，持平立刻袭击了存有则平给溉平的转让书，以及家传的古文书等的叔父琴江令薰的居所，强行夺走了这些证据文书。令薰是则平的弟弟，很早以前就出家做了东福寺的住持，是当时第一流的禅僧。对持平诉诸武力感到惊讶的令薰，用混入自己鲜血的墨汁写了誓约书，发誓"三世诸佛、历代祖师、日本国中大小神祇冥界神佛，特别是沼田七社、十社"所共鉴，溉平继承了从父亲则平手中转让的以沼田小早川家家督为首的所领、世代相传的铠甲、太刀、刀、文书等事千真万确。

小早川氏相关事件年表　Ⅱ

	西历	主要事件
元弘三年	1333	镰仓幕府灭亡之时，沼田小早川家跟随镰仓幕府战斗，竹原小早川家跟随足利尊氏战斗。
建武元年	1334	○建武新政。
建武三年	1336	竹原小早川景宗被尊氏任命为安艺国"大将"。
历应三年	1340	沼田小早川宣平禁止家臣在市场居住。
文和二年	1353	沼田小早川贞平再次禁止家臣在市场居住。
元中九年=明德三年	1392	○南北两朝合一。
应永四年	1397	沼田小早川春平邀请愚中周及，创建佛通寺。
应永十一年	1404	○足利义满获得明朝勘合符。
应永二十五年	1418	沼田小早川则平从朝鲜获得勘合印（图书）。
永享三年	1431	则平对让给持平的所领进行悔返，将其转让给溉平。新庄小早川氏一族签订一揆[1]盟约。

1　参加者出于同一目的而结成的集团。在中世指拥有同一目的的武士和农民的集团。

续表

	西历	主要事件
永享五年	1433	则平去世。持平、凞平的继承之争成为幕府的难题。
永享十二年	1440	将军义教承认凞平为总领。 持平派遣一艘岁遣船的权利获得朝鲜承认。
嘉吉元年	1441	将军义教没收凞平的总领职，将其赐给竹原家盛景。 〇嘉吉之变。
嘉吉二年	1442	小早川家总领职再次被赐给凞平。新庄小早川氏一族签订一揆盟约。
嘉吉三年	1443	竹原小早川弘景的置文。
宝德三年	1451	本庄、新庄小早川氏一族签订一揆盟约。
宽正元年 至文明二年	1460—1470	小早川持平向朝鲜派遣通好船。
应仁元年	1467	〇应仁之乱开始。
应仁二年以后	1468以后	竹原小早川弘景与沼田小早川氏战斗，攻击高山城。
文明九年	1477	沼田小早川氏于高山城开城投降，与竹原小早川氏议和。
天文十三年	1544	毛利元就之子隆景继承竹原小早川家。
天文十九年	1550	隆景也继承了沼田小早川家。
永禄二年	1559	隆景开始建造新高山城。
永禄三年	1560	〇桶狭间之战。
永禄十年	1567	隆景开始建造三原城。

　　这一事件立即就被上报到幕府，四月中旬，将军义教对管领[1]等重臣进行了如下咨问（『满济准后日記』"永享五年四月

1　室町幕府的职务名，负责辅佐将军，管理全体政务。

十四日"条）。

    小早川家发生了继承之争。根据历来的"通法"，从
父亲手中收到日后转让书的凞平才是正当的。但我觉得
应该看这时候族人和家臣选择跟随哪一方，然后根据结
果做出判决，怎么样？

重臣们一致表示赞同。这之后持平和凞平双方都以幕府的
领导层为对象，开始了激烈的陈情，最后可能幕府也不知道如
何决定，暂时就以一人分得一半所领的条件让他们议和了。

但是当时的继承制已经变成单独继承制，这样的并存方式
终究很不自然。最终在永享十二年（1440），义教承认凞平为
总领，命令持平的支配领地都要交给凞平。从结论上看，幕府
还是遵从了"通法"，承认了"家"支配权的优势，但事情绝
非如此单纯。

自此之后还不到一年，凞平的总领职就以"无正体（无能）"
为理由被没收并将其交给了竹原家的盛景"小早川一系"。这
一决定对于沼田本宗家来说无异于晴天霹雳。然而在这之后不
久，就发生了将军义教因为他的专制性政策被重臣赤松满祐杀
害的大事件，幕府政治暂时陷入了混乱。先前义教做出的决定
也有了变更的可能性。

次年嘉吉二年（1442）四月，持平给一位同族去信（「小

早川家証文」544）说："这次管领大人总算是答应了我的主张，总领职给了我，也允许我支配沼田家的所领了。"在继承了义教位置的幼小将军义胜的统治之下，曾经的一部分政策得到修正，再次讨论小早川家问题的机运也成熟了起来。

然而这次对持平做出的保证，结果是一张空头支票。同年十月，小早川家的家督再次给了凞平，对于持平一方的反抗，幕府下令动员出云、备后两国的当地人进行讨伐。持平的亲人和家臣们在城郭中固守，战斗了一段时间，可最终还是失败了。于是凞平的继承终于得以确定。而我们需要注意的是，对于本来应该体现出"家"支配权之独立性的"悔返"的承认，在此通过将军一方的武力介入才得以实现。

总领职的出现

在这场纷争的过程中，小早川家的家督地位被表现为"总领职"。这是一个重要的事实。在小早川家，茂平时代最典型的镰仓时代的"总领制"，是以诸子的分割继承为前提，在此之上由总领代表全族、进行指挥的体制。然而，总领的地位本身并没有特意表现为"总领职"一词。

以小早川家的本宗家为首，曾经分出去的诸多庶子家，基本已经完成了从分割继承到单独继承的转变。在这样的时代中，新出现的"总领职"，和从前的"总领"的性质不同。

现在小早川家传承的中世文书当中，沼田家的凞平之前的转让书之类的文书也显著稀少。这应该是因为持平和凞平争抢继承权时，将此前的文书带走，但该家就此没落下去了。其中只有则平给持平的应永二十一年（1414）的转让书抄本（「小早川家証文」53）留了下来。根据这份转让书，转让给持平的沼田庄内的所领有：

> 沼田庄本乡总地头职、公文职、检断
> 同　安直本乡总地头、总公文职、检断
> 同　小坂乡地头职、公文、检断、盐入市场
> 同　御名田
> 同　安直盐入新田、新开
> 同　市后新田、木木津新田、盐入市场
> 沼田新庄西方公文职

像这样，庄内每个乡都详细地写着其地域和对象的职，而且几乎都加上了"庶子的部分除外"的限制。

然而，在与持平的继承之争中取得最终胜利的凞平的转让书（「小早川家文書」39）又如何呢？答案是只写了一行：

> 安艺国沼田庄总领职全体

沼田庄内包括已经成为庶子家所领的部分，都被承认为本

宗家的家督所有，过去存在的职的区别被无视，全部统一为"总领职全体"。这是一个很大的差异。并且在转让书的正文当中记有以下内容：

> 幕府的射靶仪式，侍奉的经费要按照将军的决定在家族中分配。对于那些不担任参加战斗的"阵役"的人，要严厉地命令他们。凡是不肯在各种职位上侍奉的人，务必上奏给将军，处以重罪。

这段文字强调对整个家族侍奉幕府时的职务分配，对于违反者不仅要向将军报告，还要处以严惩。这是过去从则平到持平的转让书中见不到的内容，表明新出现的"总领职"正是通过直接与将军家联结的形式来实现强烈的权力集中。虽然表面上仍是"总领职"，但它实质上已经是站在嫡子单独继承体制的基础上，大幅转向将家族作为家臣团使其从属其下的体制了。

一族的一揆

之前已经讲过，在持平和凞平的继承之争中，将军义教发言道："我们就拥立族人和家臣选择跟随的那个人。"幕府按照这一原则采取了行动。正好在这一时期，被称为"一揆"的协力、盟约现象在小早川氏一族之间逐渐表面化。这是一个有趣的现象。最初是永享三年（1431），就在则平撕毁对持平的转让书、重新让渡给凞平之前，沼田新庄内的新庄家内部进行了盟约交换。留存到现在的是同族中上山、大草、和木三家家主，对新庄家的嫡流椋梨家出具的文字几乎相同的盟约书（「小早川家文書」104—106）。

一、对将军的御公事、守护的差役需要商议之后执行。

二、如果沼田总领家出了大事，成员之间要齐心协力商议，决定态度。

三、本盟约中的成员与他人共同起事之时，其他成员要一同协力参与。

四、沼田总领家直接扶持成员的兄弟、亲戚，将其作为家臣时，成员要协力申诉，拒绝此事。

五、如果当前成员中有人做出非法之事，需要全体成员合议之后进行处理。

以上五条是向诸神立下的誓言，这三家以外的家族与椋梨家之间应该也交换了同样文字的盟约。换言之，新庄家的一揆是通过以椋梨家为中心的一对一盟约书积累形成的。在这份号召新庄家全员普遍合作的一揆盟约书中，第二项条款似乎预见到了则平死后家督继承会发生混乱，可能是新庄家一揆对事实上所领重新转让给凞平一事的态度吧。

就在凞平终于被批准成为小早川家"总领职"后的嘉吉二

年（1442）十一月，秋光、小田、乃美、上山、清武、野浦（乃良）、和木、大草八家的家主聚集在一起，向椋梨氏提交了一份八人联署的盟约书（「小早川家証文」460）。其内容是："今后，如果当前成员中有一人发生了大事，我们都应该将其视作是发生在自己身上，为之四处奔走。如果沼田的总领家再次向我们提出无理的要求，那么当前成员必须协力上诉。"这明显是对凞平获得"总领职"一事的回应。

油纸伞联署

九年后的宝德三年（1451），大家签署了具有下述特征的联署盟约书（「小早川家文書」109）。因为画上一个圆，在周围放射状签名的形式让人联想到油纸伞，所以它经常被称为油纸伞联署。由于顺序难以确定，中心人物也不明确，所以这也是江户时代百姓一揆的联合签名书中经常使用的形式，应该说是后者的先驱，是个很有趣的例子。

以明示大家互相平等的形式联署的十三家中，梨子羽、船木、小泉、生口、浦、土仓、秋光显然是从沼田本宗家分出来的。在这里，已经不仅仅是新庄家族，而是"小早川本庄、新庄全家"结成的一揆。

十多年前，小早川的总领职被从沼田本宗家没收，交给了竹原家的盛景。当时，幕府特别向小早川家全族十六个分家发出了传达这一主旨的文书（「小早川家文書」81），其中十三个

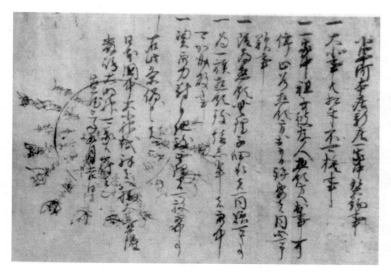

小早川一族的一揆盟约书。背面十三家联署的油纸伞联署的印迹透于正面。（文化厅保管。图片来自于东京大学史料编纂所编《大日本古文书　小早川家文书1》）

分家都参加了这次油纸伞联署。自建武年间以来，竹原家直属于将军家，与本宗家处于同等地位。除了竹原家，小早川氏分家中的家族有力者几乎都签订了这份盟约，意义重大。

其五条盟约为：

一、成员之间，大事小事互帮互助，互不抛弃。

二、禁止家族中的庶子家和官员出仕沼田总领家。如果总领家主动要求，所有成员需要协力上诉。

三、即使是总领家，只要有不合常理的行为，所有

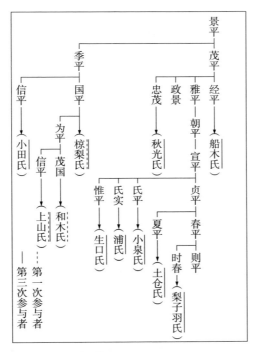

小早川氏的一族一揆

成员也要协力上诉。

　　四、一族中若有怠慢总领家者，成员共同对其加以制裁。

　　五、如有滥用成员之力行无理之事者，则将其逐出成员"众中"。

以上是向诸神立下的誓言。这个契约的目的是团结以"家族""成员""众中"等意识联系在一起的所有人，避免冲突。

正如其中第二条、第三条所规定的那样，他们强烈反对自己及其下属官员被总领家家臣化。我们之前看到，与将军直接相关，以将军之权威和权力为背景的"总领职"的出现，正是从这个时候开始的，并且以前所未有的强烈程度波及沼田家的领内。抵抗和反对这种离心力，并确保有利的发言权，就是这次一揆的目的。

但另一个事实是，当时他们还有与其他领主的所领之争，以及来自发言权终于增加的下面的小武士团和农民的冲击。正如第四条所述，处于这种情况下的这些小的分家，也强烈地、无法阻止地被纳入总领家之下。

之后的持平

话说回来，败给凞平的哥哥持平后来怎么样了？有一种说法是他与亲戚、家臣一起灭亡，但事实恐怕并非如此。我认为，持平逃到了海上，在那里开拓新天地。此时朝鲜开始推行了限制每年出航的贸易船只数量的岁遣船制度，作为贸易限制政策的一环，与前面提到的"图书"并行。早在永享十二年（1440），文献记录中第一号被允许每年派遣一艘船的人士，就是我们的持平。和"图书"第一号是他父亲则平这件事一起考虑，可以看出小早川氏当时与海外贸易的关系之深。

然而，在朝鲜方面的记录（《世祖惠庄大王实录》等）中，

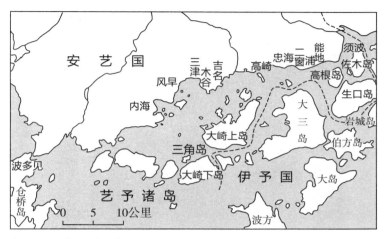

小早川氏一族的海岸和岛屿所领

从二十年之后的宽正元年（1460年）到文明二年（1470年），一位名叫"关西路安艺州小早川美作守持平"的人，前后十一年七次派遣通好船前往朝鲜进行贸易。根据之前的说法，持平应该已经在嘉吉二年（1442）灭亡了，所以这被认为是北九州附近的商人假借已死的持平之名的"伪使"。然而，没有任何证据表明持平已经死亡，所以我认为这单纯就是持平本人进行的贸易。

　　小早川氏一族的势力在镰仓时代就已经发展到了濑户内海的海上，南北朝时期以后，其所领进一步扩大到生口岛、伊予大岛（大崎岛）等地。从土肥实平让赖朝一行人逃到海路安房一事来看，即便小早川氏是东国武士，也并非与水无缘。这一族控制了以内海沿岸和众多岛屿为根据地的海盗群体，最终自身也变成海上商人和海盗重新登场了。

其中最早进军海上、作为海盗也很有名的小泉氏，和持平之间似乎联系得相当深。最终以空头支票告终的嘉吉二年持平胜诉的报告，实际上也是写给小泉氏的，内容是将之前寄存在持平那里由其支配的濑户内海的伊予大岛（后来的安艺国大崎岛）四分之一归还给小泉氏。与父亲则平不同，持平的头衔直接出现了"安艺州"这一国名，或许源于持平被剥夺了"总领职"、失去了九州公职的地位，贸易内容本身应该不会有太大的变化。

一边在内海的岛屿据点和北九州一带建立根据地，一边转变为海外贸易和海盗集团的首领，应该就是在继承之争中败北的持平的后半生了。他的姿态也象征着室町时代小早川氏的发展的一个侧面。我们没有必要拘泥于海盗这个名称。正如歌德在《浮士德》中一语道破的那样，无论东洋西洋，"水军、贸易、海盗行业，这是神圣的三位一体，是不可分割的"。

木村城与两座高山城

竹原家的发展

竹原家势力最为发达的时期是室町时代中期，即十五世纪上半叶至中叶的弘景、盛景、弘景（与祖父同名。为了区分，之后称为后弘景）三代。如在 332—333 页所述，当时竹原家的支配领域在内海附近的安艺国（广岛县西部）东半部，以据称是清盛开发的音户濑户为首，控制着安艺三津、高崎浦等内海交通要冲。以周防、长门两国（山口县）为根据地，将强大势力扩张到北九州的大名大内氏的家主教弘，是弘景的乌帽子亲，为他的实名中赋予了"弘"字。在这一事实中，可以看到竹原氏与大内氏结盟，尽可能地扩大着势力。

如果看看弘景在嘉吉三年（1443）为盛景留下的十四条置文（「小早川家証文」351），便可知他对家人的关怀很细心：

不管是男是女，都要好好抚养你的兄弟姐妹。

女孩很不方便。对于那些嫁入别家的，也要像对待自己的孩子一样好好扶持她们。

如果她们离婚回来，就算是值十贯文钱的地方也好，送给她们，让她们能够安心过活。至于御上（弘景的正妻），我希望你能特别细心地、像对待我的法事一样服侍她。

我希望你能够特别照顾妙春御前（可能是弘景的爱妾），不要有任何疏忽。我另外写了一封给她的转让书。

但另一方面，曾经镰仓时代武士团的置文中总是详细写着家族之间的年贡和公务等关于各种负担的分配方法的规定。想必大家已经注意到这些在这份置文中完全消失了吧。这反映出之前的镰仓式武士团体制已经完全成为过去的事实。与之相对的，浮出水面的是对亲大内氏、反本宗家政策的宣示：

> 千万不要背离将军家。另外，我们和周防国的大内大人关系很亲密，所以大内大人委托我们做任何事的时候都要恭敬对待。无论如何都不能对沼田家放心。不可掉以轻心。即便总领家是我们的同族、亲戚，也不可为沼田大人效劳。如果出现了此等情况，要处以严厉的惩罚。

其中还有对家臣团控制的考虑、对公正审判的要求、对领地统治的心得：

> 领地内的村庄中，有一些因歉收或贫困而免除公务的地方。到底是不是事实，应该直接去那个村子看看实情。另外，即使有些地方被免除了对竹原家的差役，也要让他们到京都和北九州去当差。你一定要好好记住。
>
> 京都和北九州的差役，通常只由代理官、沙汰人[1]或富人担任。但现在是非常时期，即使所领只有十五六贯文的人也要让他当差。不过，天数不要太多。如果是十五贯文左右，就以在京都当差六十天为标准。如果超

1　在中世的庄园、官方领地中，处理年贡收取及其他杂务的下级庄官。

过这个标准，就给他一些资助，让他效劳吧。

特别是对于由活跃在内海地区的富裕商人和手工业者组成的"领地内的德人"，弘景说：

> 领地内的德人要好好给予扶持。要严格禁止私下互相蚕食等违法乱纪行为和灾祸，应该让德人发挥出他们的作用。

这里露骨地表明了在保护、培养他们的同时，也要摘取他们的成果，让他们做大的蛋糕全部为领主服务的意图。

这与前面提到的沼田本宗家的商业政策类似，但表面上还是表现出了保护和培育的考虑，或许是因为与"沼田市场"相比，竹原家领地内的商业和市场还是落后了一步。

如此一来，在曾经镰仓式武士团的主人、家的总领的立场中，作为一定地域支配者之侧面的室町式武士团的样貌得以显现，弘景的置文可以说就反映了这一点。

探访木村城

置文中还有一条如下：

> 无论谁说了什么，我的居城都绝对不可舍弃。每个

月五次，要驱使大批劳工前来筑城。把围墙和望楼也分
配给他们修理。

这座城郭就是木村城，位于竹原市中心沿贺茂川向北约五
公里处，紧靠着供奉小早川隆景的和贺神社东侧耸立着的一座
海拔约一百五十米的丘陵。

和贺神社一侧的斜坡极其陡峭，但背后的城郭东坡相对稍
缓，有两个入口，山腰上有曲轮[1]的遗迹。在山顶最高点，城郭
以相当于本丸[2]、二之丸、三之丸的曲轮为首，形成了几段曲轮，
还留下了漂亮的水井。山顶北端有城郭的守护神社若宫祠的遗
迹。东、北、西三面都是高一百至一百一十米的陡坡，西面是
贺茂川，东面和北面山麓中流着细细的溪流。确实是天然的要
害之地。

虽然与本宗家的高山城相比规模确实很小，但这是一座建
得极具冲击力的城。向南延伸的山脊之间被挖得很深，形成了
一座独立的山冈。山冈逐渐升高，最终成了一座海拔三百五十
米有余的城山。这就是木村城的诘城[3]吧。

木村城东侧山麓地区有一片名为末宗的小字。承久之乱

1　城郭外被削平的梯田状的平面空间。最前缘设有围墙以及侦查和攻击用的望楼等。
2　日本城郭建筑的最主要部分。大多会建造天守阁，在周围砌上石墙或挖出壕沟，城
　　主在此起居。其周围有二之丸、三之丸等外围小城。
3　城郭被敌方包围之后的最后的城寨据点。

后，竹原家作为地头进入这个庄园时，作为领主一方与之争夺的庄园的预所就叫末宗。如果说预所拥有的名田的名字以小字的形式保留至今，那么这一带应该也是昔日庄园的政治中心。竹原氏将主城放在这里也很有道理。城郭脚下的和贺神社，实际上是明治二十三年（1890）作为供奉隆景的县社而创建的。现在呈现出相当荒废的景象，不禁引人思考历史的转变。

观察都宇竹原庄

站在木村城遗迹上，横跨贺茂川中游的都宇竹原庄中心地区一览无余。河对面西南方向约一公里的山脚下，有一座被密林环绕的贺茂神社。这里与位于河流向下三公里、竹原市区外围北部的下贺茂神社相对，所以也被称为上贺茂神社。两者应该都是都宇竹原庄自平安时代以来作为京都贺茂神社之神领时，从京都请过来的神社。

下贺茂神社的南面供奉着惠比寿神社。从这里向南五百米左右，应该就是被称为马桥古市场的中世市场的遗迹。现在的竹原市区是近世以后填海造陆形成的场所，以前海水会流进这一带。就像沼田庄的沼田市场一样，都宇竹原庄的市场形成于一条小河注入濑户内海的河口。另外，木村城下游约一公里、马桥古市场上游约两公里半的水之口也有惠比寿神社。这里也可能有城下市场。

在竹原家，正月初四，主人要带着一名正逢本命年的男人去集市。这个时候可能也举行了初次购买等仪式吧。另外，正月初二的庆祝仪式上，除了"市场管理员"参加之外，"四村的大管理员、小管理员"，还有建筑工匠、铁匠、木匠、船匠、皮匠等工匠群体参加。其中应该有许多人住在市场里。我们由此也能很好地理解下贺茂神社位置的重要性了。

木村城遗址以北不到两百米处，有一座海拔八十米左右的小山。山顶附近可见一座神社。这就是僧都八幡宫。毕竟是八幡宫，所以应该也是竹原家的守护神吧。在此北方有一个被称为法常寺宅邸的地方。这里是竹原家的氏寺法净寺的所在。这附近也是竹原家信仰上的中心地区。

在木村城遗址西北约五百米处、贺茂川对岸丘陵的山脚下，有竹原家族世世代代的墓地。在地图上这里被认为是隆景的墓，但恐怕并非如此。相当数量的宝箧印塔和五重塔混杂而立。几年前，我第一次探访这里，草丛中到处都是古墓塔，或是倒下，或是倾斜，令人毛骨悚然。这些大都是中世末期的样式，从位于城郭西北的方位来看，无疑就是竹原家的墓地。从这里再登山五分钟左右，会有一小片平地，并列着两座宝箧印塔。传说这是隆景的养父竹原小早川兴景夫妇的墓。

再往南一点，正好在东南方向能够正面望见木村城，可以看到背靠着山、正面宽度约五十米、高三米左右的威风凛凛的石墙宅邸。石墙的两个角被凿成桝形[1]，应该是中世武家宅邸的遗迹。它被通称为"手岛宅邸"，是竹原家家臣团中屈指可数的重臣、在江户时代担任村长的手岛氏的宅邸。问了附近的老人，听说这里以前好像叫"西殿宅邸"。它正好位于木村城的西方，真是如此，它应是竹原家一族的宅邸，或者是本家的别墅的遗迹吧。能够想象到，小早川氏离开竹原后，出身于木村城下附近的手岛氏继承了这座宅邸。即使已经经过后世的大量改造，这里仍是足以引起人们追忆的中世末期武士宅邸的遗迹。

竹原家的家臣们

弘景的十四条置文颁布约半个世纪后，即十五世纪末，他的孙子弘景再次写下了长篇置文（「小早川家証文」401）。作为中世武士的置文，其内容极具特色。它首先写了"关于亲属的分类和顺序"，然后将家臣团分为（1）"亲戚"、（2）"内部人员"和（3）"中间人员"三部分来记述，并从序列和分类对每个人的能力做出评价。

如下页图表所示，（1）"亲戚"大致分为（一）被称为"一家、一属（可能是'族'）"，拥有被称为"别分"的独自所领的庶子家，和（二）被称为"家子"，没有"别分"，接受主人扶持的家族。在（一）当中，处于最高地位的是越中家，他们是自祖父弘景

1　为了防御而在城郭入口处设置的四边形空地，通常周围有门或石墙等。

（1）亲戚

（一）"一家、一族"，拥有"别分"（独自的所领）的庶子家

越中、小梨子、包久、草井

（二）"家子"，没有"别分"，接受主人扶持的家

濑户、南、裘悬、木谷、中屋、大垣内、川井、三吉、武部

（2）内部人员

手岛众（中屋、大木、吉近、末松、井悬、田中等）、日名内、光清、风早、用田、山田、萱野、柚木、冈崎、神田、西村、望月、有田、内海众、八木、阿倍

　附　足洗

彦一、九郎右卫门、横田众、新左卫门、助七、神二、彦三、左卫门、七郎、荒谷

（3）中间人员

新右卫门、小六、弥六、弥三郎、太郎兵卫子、与七

小早川弘景的置文的内容

以来的重臣。弘景也经常告诫说："千万不要和这些家族闹翻。"他们是"一家、一族"，虽然是广义上的家臣，但仍然是具有独立性的家族。

与之相对的（二）"家子"虽然属于"亲戚"，但实际上却是与家臣团相称的身份，数量也很多。关于他们之间的排序，置文中教导说，要把家族等级放在第一位，如果等级相同，则按照年龄顺序排列。

　　说实话，要好好照顾那些就算替主人去死也会尽心

服侍的家臣。……如果麾下没有好的家臣，主人就会被别人欺负。……总而言之，人的情谊很重要。……只要一出现好的家臣，就去想方设法照顾好他。无论你有多少钱和米，如果没有好的家臣，一切都是徒劳的。……在家臣中，只重用或排斥某些人，无论怎么想都是不好的。我的祖父弘景大人以前也告诉过我要好好注意这一点。现在我觉得祖父说得很对。……请多多关照他们。家臣们也是，情谊越深，服侍你的意志也就越深。你可能会觉得我说的话很好笑，但你以后一定会觉得我说得对。我一边看着家臣们的值班簿，一边想到哪里就记到哪里。……年轻时，你绝对不能侮辱家臣或开不好的玩笑。有心的人是会十分记恨的。……你不应该猜忌或仇恨你父母所照顾的家臣。

弘景当时似乎年龄相当大了，说话重复得甚至有些啰嗦。以上举出的只是一小部分样本。

（2）"内部人员"是指一般的家臣团，其中受到重视的是被称为"手岛众"的一个团体。据说他们是"对我们家长年忠诚勤奋之人"，前些年出征大和国时，因忠诚而引起将军的注意，所以弘景将此家族列为"内部人员"之首。手岛家的宅邸就在现在的木村城下附近，构成"手岛众"的家族中，吉近、井悬都作为地名在木村城下附近留存了下来，末松在梨子羽乡的南方留有宅邸的遗迹。所谓"手岛众"，应该是在竹原家主城附近拥有据点的小武士集团吧。

其他"内部人员"还有随着竹原家势力扩张而新加入的家臣风早家（三津三浦之一的风早浦附近的小武士团）和内海众（其西部的内海附近的小武士集团，风早家的同族），以及新来的但能力很受重视、在京都担任杂掌的西村氏等家臣团。还有山田、萱野、柚木等主城附近的沙汰人等级的小土豪们，和原本是"内部人员"的随从但后来被提拔为直属臣下的冈崎、神田氏等，相当丰富多彩。还有被称为"足洗"的，以给主君洗脚为职责的家臣，比沙汰人的等级还要低一些。

其内部的序列也相当复杂，是否为主尽忠，是否是原来就有苗字的武士身份，是否是没有苗字的农民，是否拥有"家"等都被视作问题，各自的职务也分别都有规定。

　　在我们这家中，与庆祝有关的事务，大体上是手岛氏的工作。但是，如果他们有困难，就请光清、风早、用田等团体来做。只有在招待大内大人和国守等贵人时，才会让越中家的三郎等人为客人斟酒。弘景大人也说，不能让他们在其他场合做这件事。我曾在自己的喜事上，让越中入道（三郎的父亲）斟酒，结果受到责备，说这真是岂有此理。

　　正月的御弓仪式，规定好首先要从亲戚开始，第二是山田、萱野氏，第三是手岛众。无论在什么事情上，二、四、六、八、十的偶数次序都要轮到下一等级执行任务（所以第二是沙汰人等级的家臣的任务）。

细致入微的诸般告诫以此结尾：

以上是我想到哪里就记到哪里的内容。如果有什么可疑的地方，请仔细询问我。主人如果不了解内部人员是很荒唐的。差遣内部人员是很重要的。

弘景的课题

至于（3）"中间人员"，因为都没有苗字，可以看出他们不是武士。弘景在这里反复强调，要根据这个人当时的能力来差遣他，要让那些从小就受差遣、能够把握住心思的人上战场拿起武器。最后，弘景再一次对置文整体进行了总结：

以上是我想到哪里就记到哪里的。……总而言之，如果你偏袒或不公平地对待你的家族和家臣，即使你这一代无事发生，终究也会引起他们的怨恨。这样一来，竹原家就会变成看似强大、实则弱小的家族。不可因为别人的煽动或谗言而无情地对待你的家臣。对待别人的上诉也要十分慎重，不要轻易相信，即使上诉重复了很多次也要仔细调查，然后采取相应的处置。到我这一代为止的三代时间里，我们竹原家到最后都没有消灭过任何一个像样的族人或"内部人员"（这是我们家的骄傲，希望你这一代也能如此）。我想跟你说很多事情，但说出来的还是没有我想的那样多。如果你有任何疑问，希望你能直接来问我。我是因为自己的生命已如风前之烛，才决心写下这篇文章的，但当我想起我的家臣时，不可思议的是，我竟然痊愈了。真是意想不到。以上这些就是我记下的自曾祖父仲义大人、祖父弘景大人、父亲盛景大人以来世世代代的家族的例子。

弘景这篇长篇置文，生动地展现出在应仁、文明之乱所象征的动乱时代生存下来的地方武士的身姿。置文的内容本身被家臣团的名字、序列和区分填满，"总而言之，人的情谊很重要"这一段被反复重复的话，显示出对家臣团的控制和支配是一家之主最大的课题。其内部构成的复杂性、确定序列的基准之多，则说明竹原家的家臣团还没有完全超越镰仓式总领制。弘景自己说，这些内容只是"转述"了自曾祖父以来的家规，特别提到了祖父弘景的话，对其倾慕的态度非常明显。

在之前经常作为例子引用的常陆大掾氏的族谱中，有一本创作于中世末期的《常陆大掾传记》，其中有如下记载：

家子当中，有让拥有本领的代理人来前来侍奉的情况。虽然是一家之主，但没有与世代相传的苗字相关的本领之人，就不是家子，而称作家人。

讨论中世武士团结构的学者经常会引用这段话来讨论"家子"和"家人"的区别。这在内容上与弘景置文中的（1）"亲戚"中的（一）和（二）的划分正好对应，只是在名称上有一些错位。常陆大掾氏所称的"家子"，在竹原氏仍称作"一家、一族"。这应该反映了小早川氏一族虽然相对较早地转换成了单独继承制，朝着让庶子们家臣化的方向发展，但仍未完全将他们控制在家臣团之内的事实。

应仁、文明年间的战乱

在置文中，弘景提到了"父亲如果陷入疯狂，孩子就应该敲锣打鼓"的"旧事"，其保守精神似乎也与上述状况有关。但仅从与沼田本宗家的关系来看，弘景的实际行动与"古人"，即建武时代的祖先景宗绝不相同。前后围攻沼田家的高山城长达六年并最终让本宗家乞和的，就是这位弘景。应仁、文明大乱时，竹原家追随大内氏，活跃于以山名宗全为统帅的西军一方，与投奔以细川胜元为头目的东军的本宗沼田家对立。其背景是沼田家的继承之争由来已久，竹原家也参与其中，并一度获得了小早川氏的总领职。以此为导火索，两家的争执再次爆发。

中央的大乱终于趋于平息，但地方的战斗反而更加激烈，竹原家对沼田家的攻击也愈演愈烈。首先是应仁二年（1468）左右开始的长达三年的高山城围攻战，接下来从文明五年（1473）开始，弘景再次断然进攻高山城。与原来的梨子羽乡茅之市场北部相连的海拔近两百米的山冈被称为阵山，北面马上就可以望见新高山城隔着沼田川的山谷与高山城相对而立。这里是弘景军进攻高山城的大本营，据说现在山顶上还留有土垒的遗迹。

在大内氏的支持和备后的国人[1]的协助下，第二次高山城攻击一直持续到第三年，被逼得走投无路的沼田家频繁向中央寻求援助。东军方面的备后守护山名是丰也急忙前往救援，但无济于事。文明九年（1477），沼田家的元平（敬平）终于以割让熊井田本乡、安直本乡、梨子羽乡北方三处领地的条件开城投降，进攻军也解除了围城。和约之所以能够达成似乎主要是源于备后、安艺的国人的共同斡旋，但其内容显然是竹原家的胜利，对沼田家来说则是很大的亏损。

在应仁战乱中，东军以弘景明明是奉公众，却投奔了西军为由没收了他的所领，并将其交给了沼田家的一人和弘景的儿子。我并不认为这一命令发挥了效果，但竹原家的家臣团内部

---

1 中世后期在地方支配村落的领主，战国时期成长，一些成为战国大名，一些成为大名的家臣团成员。

恐怕也发生了相当大的动摇。弘景成功应对并坚持到高山城开城投降的手腕还是相当厉害的。前面置文中的每一条，大概都饱含着这场血淋淋的战乱的经验。

两座高山城

应仁、文明战乱以后，小早川氏再次兴盛起来，实际上是因为毛利元就的第三子隆景进入竹原家做养子，然后又做了沼田家的养子，从而将两派势力合并到了一起。至此为止，沼田家已经过了四代，而竹原家已经过了两代。这段时间的事件虽也值得讨论，但限于篇幅，最后就以耸立于沼田庄中央的两座高山城为题，边整理问题边为这一章收尾。

耸立在沼田川左岸，山腰宽阔，拥有两座山峰的是高山城，立于右岸与其对峙的，则是锋利的新高山城。这两座特色鲜明的山峰都拥有着近两百米的高度，矗立在沼田庄的中心地区。我每次在庄内行走时，都会或近或远地眺望见这两座山峰。无论是从沼田川河口附近的沼田市场遗址，还是从梨子羽乡南方深处的群谷之间，我都能在意想不到的时候望见它的山容。两者面向沼田川的斜坡都相当陡峭，岩壁高耸，越靠近就越能感受到其威压。有一天，我想试着独自攀登一下新高山。途中，我望着向沼田川峡谷笔直下降的陡坡，不觉入迷，对岸高山崎岖的山容也给人留下深刻印象。

我想着之后一定要登上两座高山城，亲眼看看留存至今的许多遗迹，但时至今日这个愿望还是没有得到满足。幸运的是，我们可以试着总结一下在昭和四十八年（1973）底与我同行去沼田庄进行调查的荒野泰典氏的成果。

至少在南北朝时期以后，小早川氏主城所在的高山城，就如下下页图中所示，由南北两座山峰组成了。根据遗留下的名称等，北方的山峰在本丸以下主要有六段左右的曲轮，从本乡町一侧可以清楚地看到，南侧山峰有千叠敷、高之丸等主要的五段曲轮。现在的攀登路线一般是越过横亘在本乡站背面的丘陵地区，到达南峰的东端，再通向山顶。荒野氏如下记述从千叠敷眺望的景色：

　　　　站在这里，几乎可以将曾经的沼田庄的全貌尽收眼底。……从浓绿色向群青色渐变、一路蜿蜒到远处的山系将周围的景色团团围住，层层叠叠，上下起伏。最后那山一边显露着自己的棱线，一边向下走低，它手臂的位置夹着许多山谷，向平地方向延伸而去。……平地将它低低地支撑起来，它弯曲着身子沿着山谷爬升。从这里开始的大部分山谷，只要不被隆起的群山挡住，就可以一眼望到头。看不清楚乐音寺，但羽迫清楚可见。松原山谷也能一眼望穿。虽然很难望到蠶沼寺，但可以看到门田的位置。……在夏天绕着山谷转时，只要回头看去，就一定能看到高山的山峰。它耸立着，散发着一种奇怪

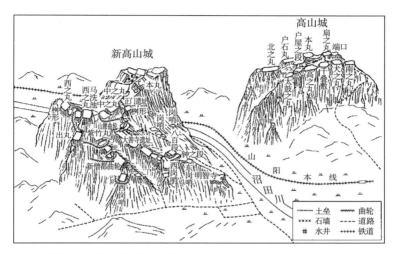

高山两城遗址鸟瞰图　稻叶桂氏绘制

的威压，给我留下了深刻的印象。而现在与那个时候的位置正好相反，以各种各样的形式、向各个方向延伸的山谷就映在我的眼前。

这座高山城正处于俯瞰和支配谷田地带的绝佳位置。

新高山城的优势

与之相对，据说新高山城曾经是高山城的出城[1]，虽然这很有可能，但在天文十九年（1550）将沼田家也纳入支配之下的

1　在主城之外、国境等重要场所建造的用于监视的小城。

小早川隆景，据说是永禄二年（1559）左右开始将新高山城作为主城，进行了大规模的整修工程。如上图所示，至今仍留着几处曲轮、寺庙遗迹、水井、土垒等。

在对高山和新高山两边都调查后，荒野氏发表了以下感想：

高山城分为两座山峰。这可能意味着，在城中固守之时，兵力一定会被山谷一分为二。这座山峰南面的形状非常好，而且因为前面是错综复杂的山丘，所以在这里修筑适当的设施，对于来自南方的敌人来说就会是坚不可摧的。但是既然分为两座山峰，而且北方的并不如南方的那样陡峭，这就成了一个弱点，换言之，作为一座城来说，它在整合性上还有所欠缺。

新高山城在这一点上要好得多。它集中在一座山峰上，而且从下面看，它的两面斜坡都非常陡峭，给人一种像要压到自己身上的感觉。这也就是说，它的上面要比从下面想象的更宽。与高山城相比，可能更适合实战。然而，隆景选择此地作为主城的更重要的理由应该是选址条件。在能够俯瞰沼田庄的低湿地带和谷田地带，特别是在巩固南面的防御这一点上，高山城更有优势。但是在从沼田川流域瞭望入海口这一点上，新高山城更为出色。另外，利用沼田川水运这一点应该也是一样。看一下小早川氏在隆景时代的性质就会知道，这两点都具

有象征性意义。然而，如果小早川氏想从单纯的战国大
名中蜕变出来，那么这座新高山城就无法满足他们的条
件了。据小早川世系图记载，永禄十年（1567），隆景在
沼田川河口、备后国三原建造了一座通称为"浮城"的
海上城郭，并以此为主城。……他设定、构建城郭源于
他的历史性质，即城郭领主准备以什么作为权力之基础。
因此，我现在有一种强烈的预感，即城郭的选址条件就
是对城主历史性质的反映或临摹。

这是一个很完美的推论，我没有什么需要补充的。高山城、
新高山城，还有三原城，小早川氏的主城从中世到战国时代末
期、织丰时期的这种演进，确实是一次完美的三级跳。这些城
址至今仍清楚地保留着，从这一点上看也不愧为珍贵的遗迹。
中世的城郭、宅邸遗迹中还有很多没有被指定为历史遗迹，而
文化厅却特别将这三所遗迹统一指定为国家历史遗迹，由此我
们应该就能理解它们的重要性了吧。

　　然而现在，山阳新干线偏偏穿过这三座城址，三原城址遭
到越来越严重的破坏，高山和新高山都被隧道贯穿。这不过是
由开发引起的文化遗产破坏这一现代问题的一个例子，即便是
国家指定的历史遗迹也是如此，实在是发人深省。

第九章

被埋没的战国城下町

——朝仓氏的一乘谷

生于战国之人的心理准备

一名战国武士的语录——《宗滴话记》

> 伊豆的北条早云，是一个连绣花针会储存在仓库里
> 的节俭之人，但如果为了战斗和武士，他连宝玉都能果
> 断地摔成碎片。

这句有名的同时代人对于早云的犀利评论，源于《朝仓宗
滴话记》中的一节。据说这本书是支配北陆要国越前国（福
井县）的战国大名朝仓氏的族人，侍奉本家并作为"武者奉行"
指挥军事，被誉为"智谋无双"的朝仓宗滴（教景）偶尔向亲
信讲述的故事的记录。由长短不一的八十三条故事组成的这本

书，除了这句话以外，还收录着以下有趣的记录，正是能让人想象出中世末期的一位有力武将的模样的再好不过的史料：

在当代日本，要说治国无能、用人不善的样板，就要数土岐大人（赖艺）、大内大人（义隆）、细川晴元三人。

另外，要说日本治国有方、善于用人、为人模范之人，有今川大人（义元）、甲斐武田大人（晴信）、三好修理大夫大人（长庆）、长尾大人（上杉谦信）、安艺毛利大人（元就）、织田上总介大人（信长）、关东则有正木大膳亮大人（里见义尧的重臣），就这些人。

但这本书的最后如此写道：

义景大人成年以来，我们越前国一直安然无恙，我自己也活到了八十岁这般长命，所以无论什么时候死都不会留下任何遗憾。只是我希望能够再活三年。这并不是因为惜命。只是出于想要听到织田上总介的下场的想法。

这段话说的好像他已经预见到了在自己去世的十几年之后，义景和朝仓氏一族会被织田信长灭亡的命运一样。不可否认这里有一种故意为之之感。特别是早在桶狭间之战中信长击败今川义元的五年以前，宗滴就在关注信长的动向，实在过于有远见。由此可见，《宗滴话记》中掺入了后世的润色，但我认为大部分内容还是值得信赖的。

武士以胜利为第一

"武者就算是狗，就算是畜生，也须以胜利为本（第一要义）。"如此断言的宗滴自十八岁初次上战场以来，在一次次的战斗中立下功名，历经六十余年的战国的惊涛骇浪，最终在七十九岁高龄，与加贺一向一揆 [1] 的对战中，因病猝死。因此，这本书的内容不一定是连贯的、统合的，但正因为如此，才富有现实性，有很多有趣的东西。

> 无论是山上的城还是平地上的城，只是一个劲儿地胡乱攻击，作为大将就是失格的，因为这会让优秀的武士在你面前白白死去。
>
> 大敌逼近，预测到这一点并提前逃跑也是一种战术，对于武士来说，闻声而逃并不可耻。但接触敌军后，见敌而逃就不好了。到了那时，我们就只能以全员战死的觉悟去战斗了。自古以来都说，耳朵要胆怯，眼睛要勇敢。

1　室町、战国时代的宗教一揆。由一向宗的僧侣以及作为教徒的农民、新兴小领主、土豪阶层联合起来对守护大名进行的斗争。

战斗的要义，就是不应该讲不可能这个词。因为这会让你被别人看穿。(这让我想起了拿破仑,他断言道:"我的字典里没有'不可能'这个词。")

在攻击敌人之前，不要轻率地说敌人根本不堪一击。如果你攻击之后遭遇顽强抵抗，你的军队就有可能变节。

在重大的战斗和重大的撤退中，你的部下会试探大将的心境。在这种情况下，你不能表现出丝毫的软弱。

要成为一名大将，首先就要从平日起注重武艺。一旦别人评价你笨手笨脚，那么即使你在战场上表现出色，你的部下也会认为这是侥幸，根本不会听从你的命令。平时的举止是第一位的。

以上语录都很诚恳地说明了作为大将应该注意的微妙之处，但作为朝仓家的"武者奉行"，宗滴本人所注意的事情则更为具体。

武者奉行的注意点

直到七十多岁的今天，我每年都会为了探查九头龙川以北的道路和地形，对外宣称是鹰猎到那附近去。那是因为我预测将来一定会有来自加贺一向一揆的攻击。只要我还活着，作为武者奉行我会做好随时出征的准备，但那个时候,如果不熟悉当地,根据绘图指挥就太丢人了。

因为我这么想，所以一直都在做准备。

国中全部的道路，从近路、顺路，到该给马钉掌的地方和不该给马钉掌的地方，都必须非常清楚。

如果你想成为一名优秀的武者，不仅是邻国，你还应该十分了解各国的道路、海洋、山脉、河流和要害之地。

作为一名武者奉行，在战斗中应该始终站在军队的最前面。因为斩获对方首级的或受伤的人都会聚集在这附近。如果武者奉行待在军队的后方，前线的士兵就会向后方靠近。即使只有两三个敌人进攻，他们也会被击败。如果发生这种情况，即使勇敢的大将想要单独发起反击，也会落得被我方士兵踩死的下场。需要非常小心。

有时给马喂一些用水浸泡过的硬大豆当作饲料就好。在野战中没有锅的时候就这么准备。

去布阵、转移阵地、出征时，要做好雨天的准备。如果你为下雨做好准备，天气一定会晴朗，但如果你不为下雨做好准备，天气一定会下雨。

这是与福井地区的风土密切相关的教训，福井地区多雨，据说即使在今天，外出的时候雨伞也是必不可少的。但即便如此，从这本《宗滴话记》所记录的来看，宗滴侍奉朝仓家的代代家主，是支配越前西南、通往京都的要冲之地敦贺郡的重臣，是武者奉行，更是关心朝仓家未来的政治顾问。

宗滴的自负与卑躬屈膝

> 人们都说老人晚上睡不着觉，很无聊。我从来没有这样的感觉。北方的加贺自不必说，如何抵御来自四面八方的攻击；即使只有我和义景大人两个人，以越前一个国为对手，也能打赢战争的方法；在此之上进攻并侵占邻国的策略；然后是最后进京，让天下归于朝仓家的战术。我总是全神贯注于这些事情，所以没有时间在半夜感到无聊。

这一段展现出一位辅佐年轻的家主义景，为各种事务操心的老将的姿态。那么宗滴到底是什么样的人物呢？在应仁之乱的漩涡中，乱世英雄朝仓孝景（又称教景或敏景。法号英林。另外，他的曾孙中还有一个同名的孝景，所以后文为区分称他为初代孝景，或者英林孝景）从守护斯波氏的家臣中崛起，终于凭借实力成功支配越前一国。他的小儿子，就是宗滴。从364页的世系图中可以看出，朝仓家的嫡流在宗滴的长兄氏景之后，被其子孙的血统继承，最终到了第五代义景，而宗滴主要活跃于三代贞景、四代孝景和义景的时代。

宗滴与父亲死别时，年仅七岁。但对他来说，生为一代英杰孝景的亲生儿子，是无比的自豪。

> 英林有男子八人。合战之时，在自身所持刀剑上沾

血的，只有我一人。我从十八岁到七十九岁，在本国、他国参加战斗十二次，其中在马前进行的野战应该有七次。其中三次，在所持刀剑上沾了血。

正如他自己所说，宗滴最大的自负，就是在众多兄弟中，最具实战经验。

但另一方面，他对总领家的义景却卑躬屈膝地顺从。

听说有人说我的坏话，说我到了八十岁还要继续为总领殿下效力，真是极尽谄媚之能事。这真是大错特错。正因为总领大人能够稳如泰山，我们才能自由地命令国中的武士。特别是一想到孝景大人自己在白发苍苍的头上戴上头盔，历经千辛万苦之后，才得以平定越前国，我宗滴不管别人怎么说，都要拜倒在总领大人面前，对他说"万事如您所愿"。

这正是他的自我辩护。尽管宗滴有亲生儿子景连，但他还是决定收养总领家贞景的儿子景纪，并让他继承敦贺郡。

这也正是为了我的家臣。我的家臣都是孝景大人差遣的赫赫有名之人。我觉得我只是临时的主人，我希望大家将来都过得好，才做出了这样的决定。

他如此积极地辩解。宗滴的自负，以及与之相反的卑躬屈膝，背后是否隐藏着某种深层次的原因呢？

景丰、元景之乱

朝仓氏第三代贞景的统治中期，即十五世纪末至十六世纪初，发生了朝仓氏历史上最大的内乱。这被称为朝仓景丰、元景（景总）之乱。孝景的第四子名为孙五郎景总。他是一个脾气暴躁的人，以至于被称为鬼五郎。孝景的六儿子小太郎教景是他的正妻之子，深受父亲的宠爱，虽然是景总的弟弟，但总是坐在他的上首。景总对此不满，兄弟之间的关系一直都不好。孝景去世三年后，景总终于在相扑场上杀害了教景，随即逃进寺庙出家了。但是，孝景的正妻五位尼公，和将教景收为养子并百般宠爱的孝景之弟、实力者慈视院光玖等人异常愤怒，所以景总不得已从越前逃亡进京，投靠了当时握有幕府实权的有力者细川政元。景总不久之后还俗，被授予政元名字里的一个字"元"，改名为朝仓元景，据说投靠幕府之后，其威势一日盛过一日。另一方面，被杀的教景的家业，由同母的弟弟、最小的孩子来继承。他和哥哥一样被命名为小太郎教景。这就是宗滴。

当时，朝仓一族中拥有越前西南部敦贺郡的，是一位名叫敦贺城主景丰的人。他是孝景的弟弟景冬之子，是元景的堂兄弟，并且娶了元景的女儿。另外，景丰的一个姐妹也是宗滴的妻子。于是这样一个计划便被悄然推进下去：这位景丰和元景联合起来，邀请同族中的其他人，以图某天消灭总领家贞景。

但是之前同意这一计划的宗滴却突然叛变，在某一天深夜偷偷造访贞景家，告密了这一阴谋。贞景立即向国中发出动员令，包围了敦贺城，宗滴也紧随其后。被打了个措手不及的景丰无法抵抗，以自杀告终。第二天赶赴敦贺救援，但还是没有赶上的元景，在第二年集结反对派从加贺入侵越前，但未能占据胜机，战败后不久就病逝了。就这样，景丰、元景之乱被平息，叛变的宗滴被授予了景丰的旧领地这一最丰厚的赏赐，成为新的敦贺城主。

以上就是唯一一部讲述朝仓氏兴亡的史书《朝仓始末记》所记载的动乱经过。

《宗滴话记》背后之物

贞景平定了朝仓氏称霸越前一国以来最大的内乱，由此成功强化了对国内的支配。但是，关于这场动乱的背景，还有一些值得思考的地方。我们就以朝仓氏一族的世系图为线索，试着进行一些推理吧。从世系图来看，朝仓一族的实名大多是（A）"□景"型或（B）"景□"型，代代嫡流都以（A）"□景"型为名。在中世的武士社会，经常举行名为"一字书出"的习惯，即主人将自己实名中的一个字，大多是后面的一个字，赠给家臣和从属人员，被赐予的一方则将这一个字放在实名中前面的字上。

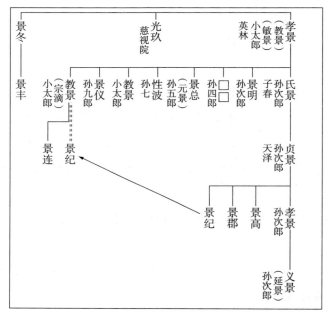

朝仓氏世系图　主要据称念寺本绘制

比如说，投奔细川政元的景总被授予了政元的一个字"元"，并被命名为元景，就是一个好例子。

　　如此一来，朝仓氏中的（A）型"□景"就成了朝仓氏内部的主流，而（B）型"景□"则是从主人那里获得一个"景"字，并将其作为实名中第一个字的人。换言之，后者是朝仓氏内部的旁系，被当作家臣对待。叛乱的罪魁祸首之一的元景，以及一开始是（B）型名字的景总，在逃离越前后改为（A）型的元景，这些事实都可谓意味深长。

可是根据相对古老的朝仓氏世系图，第一代孝景的八个儿子中，（Ａ）型只有第二代氏景和两位教景这三人，其余三人都是（Ｂ）型（另外两人的实名不明）。正如前文所见，这两个教景都是正妻的孩子，所以（Ｂ）型名字的兄弟应该都是庶出的孩子，在元服时，他们就已经被决定为相当于家臣的身份了。

这里需要注意的是，除了两位小太郎教景之外的兄弟，都有孙次郎、孙四郎这种带"孙"的假名。水藤真氏着眼于这一点，提出了以下说法（「敦賀朝倉景豊の乱と教景〔宗滴〕について」『若越郷土研究』18—6）。从朝仓氏历代嫡流的假名来看，小太郎和孙次郎这两个名字显然较多，但到第一代孝景为止的三代都是小太郎，而从第二代氏景到第五代义景都是孙次郎，这种对比非常鲜明。在此之前，被赋予了持续三代之小太郎假名的两位教景，反而是孝景的嫡子吧。我认为这是一个非常有趣的推测。

在孝景的孩子中，氏景最为年长，从能力来看似乎也是一个合适的继承人，但他是否是正妻的孩子则有疑问。包括这样的原因在内，围绕孝景死后朝仓氏的总领地位，似乎发生了多次相当严重的对立和暗斗。在孝景的晚年，他已经频繁地观察到，自己去世后朝仓一族和国内的武士们之间必然会爆发叛乱。在这样的形势下，孝景最终不得不定下了最为年长也最有能力的氏景作为继承人，而正妻的孩子、小儿子宗滴，则被放在了一个极其微妙的处境上。

不久，氏景也去世了，他的儿子贞景继任。终于成长起来的宗滴之后不知何时开始与敦贺城主景丰结下了缘分，一度企图对嫡流发动叛乱，但中途转向了告密者的角色，最终成为敦贺郡的支配者，获得了朝仓家的武者奉行的地位。《宗滴话记》的主人公，其实还隐藏着这样的过去。

以上就是我根据水藤氏的见解，用自己的方式进行的论述和总结。这也解释了为什么宗滴对自己是孝景之子一事感到如此的自信和自豪。另外，他对总领家表现出的无异于卑躬屈膝的谄媚和谦逊，通过思考他的这些过去，似乎也可以理解很多。宗滴的自信和不安，以及曲折的心情背后，其实就是以上这样的经历吧。

朝仓家的家法——《朝仓敏景十七条》

《朝仓敏景十七条》

话说，朝仓孝景写给后代的家训，通常被称为《朝仓敏景十七条》（敏景曾是他暂时自称的实名）或《朝仓英林壁书》（以下简称《敏景十七条》）。

朝仓家不规定宿老等身份，应该根据家臣各自的能力和忠诚来任用。

不应该仅仅因为至今为止世代都担任这一职位，就任命没有能力的人担任战场指挥官或奉行的职位。

其开篇如此强调能力主义。

我不太喜欢昂贵的名刀。比起一把价值一万疋[1]的名刀，还是一百杆价值一百疋的枪更好。如果让一百个人每人拥有一杆这样的枪，不就可以很好地防御一方了吗？

不可喜好观赏经常从中央叫来的大和四座的猿乐[2]。不如拿出这笔钱，让越前国内的猿乐名人进京，让他们学习表演。

诸如此类，他高调地提倡军事、文化方面的实质主义。从中应该也能感受到，孝景不愧是应仁之乱后下克上的冠军之一。

一年三次，让有能力的、正直的家臣巡视领地，听取当地居民和农民的意见，以便改正政务。有时稍微放下自己的身段，亲自进行巡视也是件好事。

1　日本中世、近世的金钱单位。一疋等于十文，一贯文等于一百疋。
2　繁荣于平安、镰仓时代的一种艺术形式。室町时期以后被用作能乐的古称。大和四座指中世时期在大和国（奈良县）的兴福寺、春日神社表演猿乐的外山、结崎、圆满井、板户这四个流派。

巡视寺院和城镇的时候，要稍微停一下马，表扬好的地方，清楚地指出不好的地方。能否把国建设成一个成功的国，和国主的操心是分不开的。

这是在说明作为越前国主的思想准备，以及对民政的注意。一共十六条（根据抄本的不同也有十七条的）此种条文的这本家训，不单单是朝仓家的家训，还有着统治越前一国的大名朝仓家之家法的性质。因此，它经常被算作战国大名的家法或分国法。

武士的"盆栽"令

那么，在《敏景十七条》中，最有名的、高中日本史教科书中也经常提到的是下面这一条。

朝仓家除了宅邸之外，不能在国内建立其他城郭。总别（所有）有分限者（拥有很多领地的人）应该搬到一乘谷，而在乡村只设置代理官。

位于福井市中心东南约十公里处山谷中的一乘谷，是自孝景到义景五代朝仓氏统治越前的中心之地，也是其主城的所在地。这条规定，将成为朝仓氏家臣的国内有力武士们从世代传承的本领中分离出来，让他们聚集在一乘谷居住，在乡、村只设代理官。这意味着国内除了朝仓氏的宅邸以外，是不允许建造城郭的。从本书开篇以来就一直被视作问题的扎根于地方这一中世武士团之特质的角度来看，这是一个非常重要的内容。因为对中世武士团的特质否定，以"盆栽武士"这一表达为象征的近世武士团化，换言之就是武士的"盆栽"化，早在应仁之乱后的战国时代初期就已经在朝仓氏的内部完成了。武士团聚集到城下町居住这一点，或许可以说是江户幕府在元和元年（1615）颁布的一国一城令之先驱，十分具有近世性质的特色。

然而，在朝仓氏的第一代孝景时代，是否实施了这种整顿国内城池、向一乘谷的城下町聚居的政策呢？朝仓氏本是出身于但马国（兵库县北部）的武士，南北朝时代初期开始，成为越前国守护斯波氏的家臣而进入越前国，最初以现在福井市内西北部的九头龙川和三里滨沙丘之间山冈上的黑丸城为根据地。在那之后过了几代，朝仓氏终于在斯波氏的家臣中崭露头角，但仍然位于担任守护代理的甲斐氏之下。一代英雄初代孝景，在争夺主家斯波氏家督的义敏和义廉掀起的应仁之乱的漩涡中，作为勇将而扬名。起初他跟随义廉，从属于西军的阵营，但后来叛至东军，受到将军的特别赏赐，表现出了巧妙的举动，最终凭借实力占领了越前的大部分地区，夺取了许多庄园，到了君临一国的程度。

此前的普遍说法是，孝景从西军反叛到东军的时候，被特别任命为越前守护，从斯波氏的一介家臣一跃成为直接侍奉将

朝仓氏年表

	西历	主要事件
应仁元年	1467	应仁之乱爆发。朝仓孝景跟随西军的越前守护斯波义廉与东军战斗。
文明三年	1471	朝仓孝景、氏景转入东军，转战越前。
文明四年	1472	孝景击破甲斐氏。
文明五年	1473	孝景败于甲斐氏。
文明六年	1474	孝景击破甲斐氏。
文明十一年	1479	孝景与斯波氏、甲斐氏等作战。
文明十二年	1480	孝景与斯波氏、甲斐氏等作战。
文明十三年	1481	孝景去世，其子氏景继位。氏景与斯波氏、甲斐氏等作战。
文明十四年	1482	一乘谷发生大火。
文明十五年	1483	氏景被任命为越前守护代理。
文明十八年	1486	氏景去世，其子贞景继位。
长享二年	1488	○加贺守护富樫政亲与一向一揆作战，战败而死。
文龟三年	1503	朝仓景丰之乱。
永正元年	1504	朝仓元景（景总）与贞景作战，战败后不久病死。越前发生大地震。
永正三年	1506	一向一揆入侵越前。朝仓教景（宗滴）击破之。
永正四年	1507	教景再次击破一向一揆。
永正九年	1512	贞景去世，其子孝景继位。
享禄四年	1531	教景进攻加贺一向一揆。
天文十七年	1548	孝景去世，其子义景继位。
弘治元年	1555	教景在与一向一揆的对战中病死。
永禄十年	1567	足利义昭投靠义景，进入一乘谷。
永禄十一年	1568	义景在一乘谷南阳寺与义昭举行酒宴。义昭在一乘谷元服，然后退出一乘谷投靠织田信长。
元龟元年	1570	信长自若狭进攻越前。朝仓、浅井联合军在姊川之战中败于信长。
天正元年	1573	义景出征近江，与信长对战，败北。回国后自杀。朝仓氏灭亡。

军的守护，上升至越前一国支配者的地位。然而，重松明久重新讨论了这一普遍说法，发表了下面这样的意见（「朝倉孝景と越前守護職」『若越郷土研究』18—3）。他认为孝景的守护任命书是伪造文书的嫌疑很大，越前作为幕府三管领家族之一的斯波氏的重要守护国，很难正式任命身为一介家臣的孝景为守护，不如说孝景应该是基于自己的能力夺取了一国，这样做才是下克上的典型，是与战国大名相符的行动。

我也认为重松的观点应该是正确的，但如果真是如此，孝景对越前的支配完全基于自己的实力，那么他的支配在初期必然呈现出不安定的状况。事实上，以守护代理甲斐氏为首的反对派势力还很强大，孝景每一天都在与反对派的武力抗争中度过。这样看应该是正确的。

对于《敏景十七条》的疑问

《宗滴话记》中记载了下面这样一段话：

> 统治一国，扶持家臣之事。支配美浓国的实力人士守护代理斋藤妙椿（利藤），在找到适合赐予家臣的土地后，就把土地分成几万贯、几千贯的分量，将其赐给优秀的武士们，分别给予了相应的扶持。孝景大人却不是这样，一没收某人的土地，就会对另一位家臣说"你去支配某地某某的旧领地吧"，给予扶持。所以有的家臣

只领受一次赏赐就能支配五百石、千石之地，也有领受三次、五次都不到五十石、百石的家臣。由于孝景大人广泛赐予家臣们如此厚恩，人们都心存感激，纷纷效劳，直到现在，国祚长久，愈发繁荣昌盛。而像斋藤妙椿一样，等到达到一定的贯数后，再分别分出去的做法，家臣之间的身份尊卑过于清楚，反而不好。

然而，如果我们把宗滴对孝景的崇拜剔除出去之后再认真阅读就会发现，出现可由自己自由分配的土地时，立即将其一个接一个地分配给家臣的孝景，和将其"积累"一段时间之后计算数量再将其赏赐出去的斋藤妙椿两个人中，谁才是地位更稳定的主人，想必大家都能够立刻明白。正是因为在与反对派的激烈战斗中，无论如何都要赢到最后才是至高无上的命令，才产生了孝景的这种态度。

此外，《宗滴话记》中这样赞扬孝景：

年寄[1]们都认为他以恭敬为第一要义来治理一国。写给武士们的信自不待言，写给农民和工商业者的信也十分有礼貌，收件人的写法也是礼仪周到，甚至礼貌过头了。

1　武家中参与政务的重臣。

然而这种凡事都以恭敬为第一的政治，反而应该解释为孝景的权力基础还很薄弱，所以不得不采取努力避免摩擦的姿态。

这样想来，前面看到的《敏景十七条》中最著名的一条，与孝景时代的现实之间总让人感觉有相当深的鸿沟。当然这只是家训中的一条，而不是制定、颁布的法规本身。另外，就算是颁布了，不马上全面实行也没关系。虽然可以这样进行辩护，但从《宗滴话记》的记述中可以看出，朝仓氏在孝景时代的政策基调，与前面他对国内城郭的否定和城下町聚居令所象征的态度之间存在某种奇怪的错位。我还是想对这个《敏景十七条》，尤其是这个向一乘谷聚居令持怀疑态度。至少不能认为这是孝景时代的产物。

宗滴与《敏景十七条》

松屋信之氏已经指出，实际上没有任何史料能够证明《朝仓敏景十七条》是孝景本人创作的。另外一个问题是，其中还含有向一乘谷聚居令等难以认为是孝景时代之条令的部分（「朝倉孝景〔英林居士〕に関する研究」,『福井県地域史研究』2）。松原氏在此基础上介绍说，在一本题为《朝仓家之拾七条》的江户中期抄本的开头，有大意如此的记载："这是朝仓英林入道写给子孙的一本书。一天晚上，我想起了朝仓太郎左卫门尉（宗滴）的讲述，将其大概内容写了下来。这是一本近代名人的作品，所以我无法判断内容的好坏，但无论如何还是请读一下。"

　　在现在流传的几种《敏景十七条》的文本当中，这个抄本不一定属于最古老的系统。不过，松原氏所指出的确实很有价值，他的推测十分有趣："这本书的大部分恐怕都是英杰宗滴写的。为了使其具有权威性，才将其题为《英林入道致子孙之一书》传给后世的吧。"实际上，《宗滴话记》本身就是"担任书记的荻原某某记住了宗滴大人之闲谈的各种细节并记录下来的"书籍，而根据这份抄本，《敏景十七条》也是经同样的过程而成书的。

　　如前所述，宗滴对身为孝景正妻所生之子的这种自豪感是非常强烈的。在《宗滴话记》中，诸如"英林大人这样说过"的表达频繁可见，孝景本人的事迹被多次重复。宗滴追慕奠定朝仓氏在越前之支配的初代英林孝景的言行，并依附于他的权威，也增强了宗滴本人的权威。

　　这样想来，宗滴应该是使用孝景过去的许多训诫和教训，将其整理成一卷家训，这便是《敏景十七条》的原型。今天流传下来的这本书，是听闻了这些并记录下来的宗滴亲信，甚至可能就是《宗滴话记》的记录者、担任书记的荻原某某记录而成的。我忍不住这么想。

　　虽然这可能是我卑鄙之人多疑心，但《敏景十七条》一开始显示出的对实力主义的高调提倡，正是以战场上的指挥官和奉行为例，而这难道不能被视为长期占据"武者奉行"之位的宗滴本人立场的反映吗？在流传着这种家训的朝仓家，宗滴正是通过长期担任最需要实力的"武者奉行"之职位，才逐渐获得更高的评价，并得到强力支持的。

探索一乘谷

一乘谷之谜

值得怀疑的朝仓氏的向一乘谷聚居令虽然在孝景时代是不可能的，那么（1）这样的想法在宗滴时代的朝仓氏身上已经得到具体化了吗？还是说（2）它是由记录者在朝仓氏灭亡后的某个时间点整理现在流传的《敏景十七条》时创作并插入的呢？这一点还是没有解决。

为了寻找解决这个问题的线索，我们来探访一下朝仓氏五代的城下町一乘谷吧。永原庆二氏已经在其著作《下克上的时代》（中央公论社，1965年。收录于中公文库，1974年）中，将孝景视作为下克上的代表人物，并重点关注了《敏景十七条》中的具有创新性、理性的思考方式，以及他的行动。但是在叙述完这些之后，他提出了一个"一乘谷之谜"，如下所述。

昭和三十九年（1964）十一月，我有了探访一乘谷的机会。这里曾经是最典型地进行下克上的朝仓氏的根据地，也是最早进行家臣团城下聚居的地方，给人留下了深刻的印象。然而造访当地之后，完全出乎意料的是，这是一个过于狭窄的山背后的小区域。……一乘谷是一个过于旧式的中世型小宇宙，与后来的战国大名和近世大名所展示的城下町的构想完全不同。……从这个意义上说，无法否定通过《敏景十七条》所预想的朝仓氏的形象，与一乘谷的地形之间存在着很大的错位。

确实，仅仅在纸上阅读用文字书写的史料是很危险的。我们要结合当地的情况去重新阅读史料，不要只去读纸上的也即绞丝旁的历史，而是要用脚去确认，换言之要构筑起足字旁的史学。从这个意义上说，永原氏提出的问题是非常宝贵的。比起对《敏景十七条》的解释，他要更重视一乘谷当地的地形条件，并得出了以下结论。

认为朝仓氏对越前的支配和近世大名对领土的支配一样彻底是错误的，朝仓本身作为一个守护大名，需要做的还是作为一个国人领主去巩固自己的根据地，不过他还需要凭借其手中稳定的力量来把国内的许多小武士组织起来。

这一见解确实包含了值得倾听的内容。但不可否认的是，也许是篇幅所限，结论中并没有继续深究从《敏景十七条》中引出的"创新性""理性主义精神"与实地考察的结论之间的错位。关于两者之间的错位，有两项有必要做的工作：一是如上所述，要重新审视《敏景十七条》本身是否真的是他自己的著作，二是要进一步深入一乘谷进行实地考察。

十分幸运的是，在永原氏的勘察之后，经过各种事由，一乘谷一带被指定为国家特别历史遗迹，朝仓氏的宅邸遗迹等的发掘研究由福井县教育厅朝仓氏遗迹调查研究所进行。在中世的遗迹当中，这是一个例外的幸运事例。正如前文所述，我带着对一乘谷聚居令的疑问和永原氏留下的问题，于昭和四十八年（1973）十一月探访了一乘谷。这正好是永原氏勘察的九年之后。

一乘谷的城门之内

从福井市中心向东南方向，沿着足羽川回溯约十公里，乘公交汽车大约二十分钟，河流终于穿过山谷开始蜿蜒，不久之后与从南边汇入的一条支流合流，其地是安波贺。这条河就是一乘川，这座山谷就是一乘谷。以下，请对照 381 和 383 页的地图阅读。

福井平原的西面被海拔二百米左右的御茸山连绵的峰峦围住，东面、南面有四五百米到七百多米的群山耸立。这座一乘谷三面环山，南北狭长，只有北边敞开，正是一处堪称天然要塞的地方。

过了安波贺村不久，在山谷入口最狭窄的地方，建有一段被称为下城门的土垒。因为现在西半边被削掉了，所以如果不仔细注意的话就会忽略。然而，从公交车上下来时，我发现这是一处高四米多、宽十八米、长二十九米左右的宏伟土垒，尤其是在东侧靠近山的这边，似乎建有一个由巨石组成的交错的桝形。以前这里立有守卫严密的城门，想必出入一乘谷的管理十分严格。

过了下城门，我们终于进入了一乘谷的城下町。它现在位于福井市内，但以前是足羽町，再之前是足羽郡一乘谷村的通称为城门之内的村子。在下城门南方两千米的上游，有一段被称为上城门的土垒。它也只剩下东侧一半，高四米五、宽十三米、长五十一米，据说前面曾经有护城河。在上城门的外侧，山谷一分为二，形成了比之前稍微开阔、宽广一些的山谷空间。所以上、下两处城门，正好选择了一乘谷最窄的部分，并用土垒将两个地点加固。也就是说，天然的要害之地被人工要塞进一步加固了。被这两座城门包围的部分，正是"城门之内"，是聚集朝仓氏一族的宅邸、家臣的武家宅邸，以及许多寺院的城内都市。

探索山城

矗立于城门之内东侧的就是高达四百七十三米的一乘城山，山顶至今仍清晰地留有山城的遗迹。来到一乘谷后，我决定首先在福井市一乘谷朝仓氏遗址管理事务所的梅田清治氏、水藤真氏的带领下登上这座城山。十一月初的这一天，北陆漫长的冬天终于要开始，阴沉的天空让人感觉大雨马上就要落下。

从前武士们从山城出来时的上马之地，以及为了登上山城的下马之地现在是名为"马出"的小字附近。我们由此出发，选择了一条立刻可以进山的道路。一边观看利用其南侧山腰上的小突起的"小城"遗迹，一边向上爬升，这一带山腰的斜坡被削成了几段平地，道路左右的石墙都爬满了青苔。显然，这里应该是以前的武家宅邸的遗迹。

不久之后就到达了利用山腰小突起的"小见放城"的遗迹。差不多快要爬到山顶了。我气喘吁吁地挪动着双脚，过了几十分钟，终于到达了山顶本丸遗迹正下方的清泉——不动清水。这里供奉着不动尊的石像和千手观音等数尊石佛，刻有十六世纪中叶天文、永禄年间的铭文。它一定是这座山城宝贵的水源。

其上是统称为本丸遗迹的一块土地。从不动清水沿着道路攀登，最先映入眼帘的是被称为千叠敷的平坦地面，南北长五十米、东西宽三十米左右，草丛中还留有十七块基石。再往南一点，隔着土垒，有一片叫观音宅邸的平地，接近于二十五米见方的正方形，也能看到几块基石等。东南有一片稍高的平地，据说这里曾供奉着朝仓氏的氏神赤渊大明神。

其总社至今仍镇守于兵库县朝来郡和田山町（现朝来市和田山町）的枚田，其中留有义景时代从朝仓氏寄来的信件等，说明朝仓氏当时仍然与祖先的出生地但马国保持着联系。据说一乘谷西侧的山上也有赤渊大明神。这些应该都是朝仓氏从家乡请来的氏神。顺便说一下，位于下城门入口处的安波贺这一地名，据说也源于但马的著名神社粟鹿神社的名字[1]。这一事实让人思考朝仓氏与故乡但马的联系。

　　绕着这一带往西南方向走，就是一片被称为宿直遗迹的海拔四百零七米的山脊上的平地。草丛中还残留着石组[2]门的痕迹和几块基石，甚至还有像是庭园的痕迹。站在其边缘，视野会突然开阔，像是能够一览一乘谷的全景一样。在御茸山连绵的山峰对侧，还可以随心所欲地眺望广阔的福井平原，晴天时似乎甚至可以眺望到遥远的日本海。

一乘谷的地理条件

　　站在这个地方，我们来思考一乘谷在越前国中所占的位置吧。自古代以来就成为越前政治中心的国府位于现在的武生市（旧名府中，现在的越前市），从敦贺越过木之芽岭到达今庄、国府，再向北到达北庄（现在的福井市）、金津，几乎沿着现在的北陆本线前进的路线就是以前的北陆道。

　　从这条主干道来看，一乘谷确实有点太向山谷凹陷了。但

1　"粟鹿"与"安波贺"的日文读音相近。

2　日本庭园布景技法之一。将自然石块组装起来进行配置。

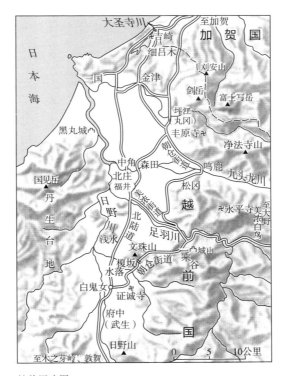

越前国略图

如果沿着从福井到这里的足羽川沿线道路再往东前进，穿过越前东部的要害之地大野，就可以抵达美浓国（岐阜县）了。这就是所谓的美浓街道。自不用说，一乘谷肯定控制着这条街道。

另外，如果要和国府联络，有一条约二十公里的路，从上城门出发，登上右侧的山谷，越过御茸山连绵山峰中通称鹿俣越的鞍部。据说鹿俣越山口的这一部分，过去的石阶一直保留到近年，一种很有力的说法认为，这条路才是一乘谷的大门口。

我们打开地图思考越前的地形时，就会发现一乘谷几乎位于越前的中央地区，反而是支配一国的绝佳地点。而且，据说在与一乘谷西侧相连的御茸山的群峰上，到处都留有望楼、城寨和空壕沟的遗迹。以这片连绵山峰为第一道防卫线、城墙的一乘城山，虽说有点深，但我们不得不感叹这是一座建在能够眺望福井平原之绝佳要地的完美山城。

福井平原一带肥沃的水田地带是朝仓氏自先祖以来最大的基盘之地，其对面就是加贺国（石川县南部）。都不用等到宗滴的时代，对于朝仓氏来说，这个方向上来的侵略军早就是最大的敌人，也是最需要警惕的对手。几百年以前，想必朝仓家的武士们也是站在这个地方，手搭凉棚、目不转睛地注视着北方加贺一方的动向，轮流交替、毫不懈怠地执行日常任务的吧。

两座山城

本丸遗迹的背面向南矗立着一之丸、二之丸、三之丸这三座高达四百四十米至四百七十米的山峰，外围有好几条南北长约四百米的人工水渠和空壕沟。在每个丸的山腰周围，都朝向险恶的谷底垂直地挖了无数条竖向壕沟。其功能不明，有一种

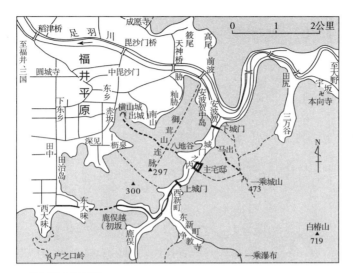

一乘谷附近概念图

一乘城山略图

说法是伏兵地，也可能相当于近世城郭的石落[1]。几乎没有人到这一带来，路上只有微弱的足迹，通行也相当不易。感觉冬日将至的山里的静谧深深地向我袭来。

即便如此，与刚刚经过的本丸遗址等遗迹相比，一之丸、二之丸、三之丸一带给人的印象还是大不相同。这一带完全是利用自然的地形，仅仅加以削平山顶、挖掘壕沟和竖向壕沟等人工手段建造的山城，换言之，它远比前者朴素，在时代上也保留着更古老的样式。

考虑到本丸遗址附近至今还散布着相当多的基石，甚至还有类似庭园的遗迹，应该与本丸这座山城的建造阶段明显不同。如果说每个丸的叫法都是事实，那么本丸与一之丸并存很不可思议。本丸和一之丸应该本来就是不同时期的两座山城吧。

根据世系图，在南北朝时期从朝仓氏一族分出的分家中，有一个姓安波贺的。可以认为，当时一乘谷一带就已经是朝仓氏的所领了。如此一来，把一乘城山中从一之丸到三之丸这些朴素山城，还有位于从马出前行的登山道附近的小城和小见放城这样的设施，看作是从那个时候开始就存在的建筑也就不足为奇了。可以认为，孝景以后的朝仓氏通过建造本丸，改变、利用原有设施，将一乘谷改造成了综合性的大城塞。

---

1 在城郭的墙壁或石墙的上部，为了让地板突出而设置的开口。使石头、热水落下或射箭的地方。

发掘战国村

观察一乘谷"战国村"

接下来我们就来参观一下城山脚下、城门之内一带所谓的"战国村"吧。由上城门和下城门隔开的山谷平坦地区，面积约为三十公顷（三十町有余）。这部分至今仍保留着许多土垒和石墙，根据小字的名字和传说可知，朝仓氏时代的武家宅邸和寺院遗迹随处可见。

这些一直进一步延伸到上城门的外侧，一乘谷上游的东新町、西新町附近，以及下城门外侧的安波贺一带。城门之内一带的小字中，不少都留下了朝仓的族人和家臣的姓名，或者寺院的名字。通常认为这是位于此地的武家宅邸的主人和寺院的名字。此外，安波贺的春日神社中还收藏了江户时代末期基于传承下来的资料绘制的《一乘谷城门之内古绘图》，其中记有合计三十多个宅邸名和寺院、神社名，比如小字出云谷和鱼住出云守宅邸、小字斋兵卫和朝仓斋兵卫宅邸、小字权头和朝仓权头宅邸等许多相互对应的名字。

从城门之内的中央部分稍微靠近上城门，在河东侧的地方有一个名为新御殿的小字，以被称为朝仓家主宅邸遗迹、朝仓宅邸遗址这个山谷最大的宅邸遗迹为中心，分布着新御殿、中之御殿等遗迹。其北部、河的东侧和靠近下城门的河的西侧有很多朝仓氏一族和近臣的宅邸，朝仓宅邸的对岸附近聚集了堀江、川合、山崎等朝仓氏旁系的有力家臣的宅邸。

朝仓宅邸的西北一带，河流对岸靠近山的地带分布着很多寺庙，让人想称这块土地为寺町。其附近有陷入御茸山连绵山峰中的八地谷、道福谷等小山谷，也能看到被石墙等分隔起来的小规模宅邸遗迹。这里俗称"八地千轩""道福千轩"等，应该是中、下级武士们的住所遗迹。

上城门南侧的山谷深处也有武家宅邸，以及很多寺院遗迹。这里能看到后来成为室町幕府末代将军足利义昭流亡各国的途中，从永禄十年（1567）开始暂时居住的御所，以及与朝仓氏关系密切的近江浅井氏、美浓斋藤氏等人的宅邸遗迹。另外，也有传说这附近有工商业者聚居地，且留下了东新町、西新町等村落的名字，以及锅屋、善斋等小字。

另一方面，在下城门外侧、一乘谷入口处的安波贺也有武家宅邸和寺院的遗迹。这里是背山面向足羽川的要害之地，有金吾谷、建之内等小字。金吾是指卫门府的官员，因此可以判断这里是朝仓太郎左卫门尉教景，也就是问题人物宗滴的宅邸遗址。这里正是扼守一乘谷北入口的重要地点，作为十分执着于与加贺军对决的宗滴的宅邸，真是个非常合适的地方。但从另一方面来看，它也表明宗滴的宅地未能放在城门之内。这也可以看作是他那还残留着部分谜团的生涯，以及诞生其曲折心情的背景在空间场域中的明显象征。

图中使用了昭和四十四年（1969）在足羽町（现福井市）进行的航空摄影测量图，特别史迹一乘谷朝仓氏遗址（千分之一，太平洋航业K.K.制作）。

以该图为基础，参考地籍图（福井市政府足羽分所保管，明治九年〔1876〕测量）以及朝仓氏遗迹调查研究所进行的各种调查、实测图，再加上实地调查的结果进行了绘图。

地名等是根据地籍图、江户末期的一乘谷鸟瞰图（春日神社收藏）、民间传说以及实地调查的勘察结果填写的。

至福井、三国
至大野
上田足羽川
西山光照寺
建之内（可能是示意图的意思）
金吾谷（现春日神社）
武者野
（安波贺）
下城町
出云谷
真正寺
朝仓中务大辅
朝仓武卫部助
鱼住出云守
佐佐布光林坊
朝仓左卫门尉
权头
（现八幡神社）
城门之内
本妙寺
道福谷
赤渊神社
游乐寺
瓢町
中总
兵库
马出
（现净觉寺）
（这部分的详细图示在403页）
大正寺
西光寺
涂香庵
小城
小见放城
至山城
安城寺
二（法满寺）
云正寺
木藏
（三反崎）
前波
（这部分的详细图示在403页）
八地谷
恩正寺
月见望楼
斋藤
山崎
市原
（西殿）
新御殿
中之御殿
朝仓三吾
（鳄渊将监）
川合殿
平井
大柳马场
马出
大宅邸
主宅邸
壕沟
全壕沟遗迹
昭和四十八年（1973）夏，发掘调查遗址（将棋子、木简出土）
至山城
南阳寺
蛇谷
观音山
英林家
诹访宅邸
米津
心月寺
当内殿
藤岛四明
外城
望楼
大平
大门
西新町
斋藤
青木
善斋锅屋
御所
小林谷
立之内
安养寺
至一乘瀑布
（现神明神社）
盛源寺
鹿川
N
0   300米

一乘谷（朝仓氏的城下町和城郭遗迹） 水藤真氏绘制

战国庭园的遗迹

目前为止所描述的一乘谷城门之内一带的情况，主要基于小字名和传说，以及石墙、土垒等遗迹，可能还留有一些未确定的因素。但最近几年考古发掘研究所取得的进展，不断将这个一乘谷战国村的真实面目展现在我们面前，告诉了我们许多珍贵的事实。

其开端首先是庭园遗迹的发掘。朝仓宅邸附近有三个庭园遗迹的石组，大部分都暴露在地表。作为战国时代庭园的遗迹，它受到了当地人们的关注。紧靠朝仓宅邸东南的高地是汤殿遗迹的庭园，宅邸东北、小字难阳寺的高台上留有南阳寺遗迹的庭园，与宅邸相隔两个山谷的高处是诹访宅邸的庭园，据说是义景的爱妾小少将的住所。这些都是由漂亮的立石组合而成的优秀庭园。

从昭和四十二年（1967）开始，当地的足羽町教育委员会在国库的补助下，制定了一项为期三年的计划，整修国家历史遗迹一乘谷朝仓遗迹的环境，首先就对该庭园遗迹进行了发掘调查。他们将在此之前埋在土中的石组完全发掘出来后，池塘的边界线、石组、用砂石和黏土建造的池底显露出来，各自展现出了美丽的战国时代庭园的全貌。三者之中，样貌最古老的是宅邸正上方的汤殿遗迹庭园，在比较狭窄的庭园里配置了许多巨石，建成了一种非常适合战国武将的具有魄力的庭园。从时间上看，应该是大永年间，即十六世纪二十年代左右的作品。

南阳寺遗迹的庭园是永禄十一年（1568）三月末，义景在盛开的垂樱下迎接足利义昭主仆，并终日举行酒宴的地方。史书《朝仓始末记》（卷三"南阳寺垂樱御览之事"）以"在一乘朝仓宅邸之艮（东北），有一处风景绝佳的灵地"，歌颂了这一日的游乐盛宴。我们站在能够俯瞰一乘谷、残存于高台上的这个院子，就会想起朝仓氏昔日荣华的场景。南阳寺据说是朝仓氏三代贞景为女儿重建的寺庙，使用巨大石块作为立石，与汤殿遗迹的庭园有相似之处。两者应该是同一时期的作品吧。

諏访宅邸遗迹的庭园是一乘谷现存最大的庭园。以高达四米的巨大立石为中心，建有瀑布和池塘，由许多石头组成。其设计很和谐，不愧是被传为义景为爱妾建造的庭园。据观察，这里的建造年代是三者中最晚的。

被发掘出的战国村

在结束对三个庭园的发掘调查后，第二年昭和四十三年（1968）他们开始了朝仓宅邸的发掘。起初人们认为这不过是为了整备环境而进行的事前调查，但随着挖掘的进展，幸运的是，遗迹以近乎完整的状态保留了下来。作为中世武士的宅邸遗迹，这非常罕见。朝仓氏在织田信长的攻击之下，灭亡得太快，也太轻易了。义景还没来得及在根据地一乘谷抵抗就从此地逃脱，之后一乘谷的城下町就全部被烧毁。仿佛讲述了这段历史的厚厚焦土和灰烬下出现的许多遗迹和遗物，是阐明因为是失败者而只留下了很少文献史料的朝仓氏历史的重要材料。

顺便说一句，朝仓宅邸的发掘作为案例稀少的战国大名宅邸遗迹之调查发掘而引起了举世瞩目，到了昭和四十四年和四十五年，作为农业结构改善事业，这片一乘谷一带推进了旨在实现水田大型化的农圃整备事业。根据日本考古学会编写的《埋藏文化遗产白皮书》（学生社，1971 年），埋藏文化遗产遭到破坏的三大原因之一就是这项农业结构改善事业，而且几乎都是在没有任何事先调查的情况下就被破坏掉了。

这种农圃整备事业在山谷地区的一乘谷也推行开来。首先，推土机从东新町附近进入，开始了大规模的地面挖掘，结果发现了许多陶瓷碎片等大量遗物。那正好是足利义昭逗留的御所附近，说明只有通过小字名和传说才能得知的许多武家宅邸和寺院的遗迹和遗物显然仍沉睡在地下。之后农圃整备事业延伸到了城门之内地区，但如此一来，城门之内一带也紧随其后，其武家宅邸和寺院的遗迹将不得不全部被摧毁。果然，这里也出现了保存文化遗产和地区开发这一现代的迫切课题。

然而幸运的是，一群为保护一乘谷而奔走行动的人们出现了。在当地的各位居民的理解和协助下，以文化厅为首的县、町等行政当局的热情开始奏效，农圃整备得以中止。在中世的历史遗迹当中，这几乎是第一次实现了二百七十八公顷大范围的历史遗迹指定，从城门之内一带到山城为止的地区得以实现"大面积保存"。

昭和四十七年（1972）起，福井县教育厅成立了朝仓氏遗址调查研究所，在调查、研究中接连发现了许多有价值的事实。接下来，我们就来一边学习其成果，一边去包括朝仓宅邸在内的城门之内一带参观吧。

观察朝仓宅邸

从福井乘坐公交车在"朝仓馆前"站下车，立刻就能看到被土垒包围的宅邸遗迹。临街的一座古色古香的唐门[1]，原来是伏见城的城门，相传是丰臣秀吉为了给朝仓氏祈祷冥福而捐赠的。朝仓氏灭亡之后的庆长三年（1598），与初代孝景有渊源的寺院心月寺从上城门以南迁至此地，但当时的古文书（「心月寺文书」3，『福井県史』资料编 3）明确记载它建于"义景御宅邸"的遗址上。庆长五年，德川家康的次子结城秀康进入福井城后，一乘谷一带的寺院大多迁至福井城下町，心月寺也迁至福井。在此之后，名称源于义景之戒名的松云院，作为心月寺的末寺在此建立，其东南部分建造了义景的坟墓。

这座宅邸呈不规则四边形，边长七十米至九十米，是一乘谷中最大的建筑。从上述事实来看，认为它是义景的宅邸应该没有问题。宅邸遗迹内部除了义景的墓地外，已经全面发掘完毕，并在柏油路面和铺满砂石的状态下保存发掘出来的遗迹。

1　日本建筑中门的一种样式。门檐呈现出上半部分突起，下半部分凹陷的形状。

这是一种遗址公园类别上的新的尝试。

进入宅邸，西半部因为明治以后建造了小学、村公所、公民馆等，遗迹的保存情况不佳，所以我们就从覆盖了一米左右的沙土的东半部看起吧。

首先映入眼帘的是从东南角出现的庭园。它从后山腰用蜿蜒的水渠将水引到瀑布口落下，在池塘的周边用石头加以装饰，整体给人一种沉稳的感觉，虽然很小，但与诹访宅邸遗迹的庭园相似。

庭园北侧有一块宅邸内部最大的基石，被认为是当时被称为主殿的主要建筑之遗迹。东西长约二十一米，南北宽约十四米，柱间东西十一间、南北七间。西侧正门正面建有玄关，东侧和南侧分别有通往庭园和中庭的楼梯。这是一座铺有地板的建筑，东、西、南三面带有落缘[1]。

在建筑布局上，它采用了从主殿出发可以自由来往于宅邸内各种建筑的样式。紧邻东南庭园向外突出的小建筑应该是茶室。池塘和庭园正好包围着这个房间，邻近的井里还出土了天目茶碗和茶壶等，所以这里无疑就是茶室。

紧邻主殿北面的建筑中有两座灶台，出土了水槽、土师器的盘子、越前烧的瓮、擂钵等，所以判定这里是厨房。有一座建筑通过走廊与主殿的东北方相连。这里被厚厚的灰尘覆盖，

1　比房间地面低一段的边缘部分。

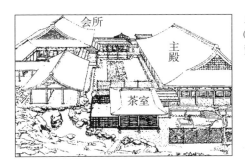

主宅邸主要部分推测复原图
（福井县立一乘谷朝仓氏遗迹
资料馆供图）

有上下水设备，所以可能是浴室。与其北方相连的建筑由地面铺有石头及未铺石头的房间组成，出土了很多施釉陶器、涂漆的摆设、石制的火炉等特殊的遗物。这地方很深，从出土物品的内容来看，应该是一个仓库。

主殿南侧有一个中庭，有东西长不到十米、南北宽不到三米的石砌花坛。我记得在《曾我物语》中，曾我兄弟向母亲最后告别时，就有一段对曾我宅邸庭院前花朵盛开的花园的描写。

主宅邸及其周围

在宅邸遗迹西侧半部，进入正门的左手边，有一座大型建筑的基石，柱间东西八间，南北五间，四面带有厢[1]和落缘。其规模仅次于主殿，但出土遗物较少，相邻建筑的布局也不清楚，所以其性质尚不明朗。不过，从柱间尺寸和方位的差异来看，

1　正房周边的细长小屋。

宅邸内的建筑似乎是在两个时期建造的。据推测，这座建筑可能就是初期的主殿。另外，在两块基石的表面发现了用墨水写的"十五"和"十七"。这样的事实表明柱石用于哪个部分是事先规定好的，在开始建造的时候已经做好了充分的准备。

除此之外，在北边的后门旁边还发现了类似于拴马的马厩的遗迹等几个建筑物遗迹，宅邸内没有出土一片屋顶瓦片且发掘出了作为屋脊装饰的凝灰岩制的鬼板[1]和屋脊瓦，所以屋顶可能都是桧木皮瓦或木板瓦吧。

宅邸遗迹三面的土垒高约四米，底部宽约八米，西南一角要高出一块，似乎是建成了望楼。其外侧环绕着一条宽八米、深五米的壕沟。戒备森严。根据小野正敏氏和水藤氏的意见，其更外侧的西北部分应有一段曲轮，可视作主宅邸的外围，由长达一百二十米的土垒包围。当时文献中的"西殿"指的应该就是这个。这部分也被称为寺田，传说曾经是松云院的寺地，是一片免租地。庆长三年（1598），心月寺迁至此地时，太阁检地的检地奉行提交的文书（「心月寺文書」3）留到了现在，其主旨是将"义景宅邸之内，以及犬马场、柳之马场土垒内的部分"免税。这部分地区正好对应于被土垒包围的"犬马场、柳之马场"的位置。

朝仓宅邸的南侧，隔着壕沟连接着被称为新御殿、中之御

1　日本建筑屋脊边缘的一种装饰，表面雕刻成鬼的形状。

殿的宅邸遗迹，再往南连接着在山腰上削出的几段或几排平地。以庭园知名的诹访宅邸就是其中之一。这些宅邸在城门之内占有很大的土地，传说中也被认为是义景的母亲或爱妾等朝仓一族和义景近亲的宅邸遗址。其东侧的山腰上有一座被称为英林冢的初代孝景的墓地。另外，在将朝仓宅邸南侧隔开的壕沟侧面，还发现了被认为是日本最古老的使用切割石块的石墙，说明了以主宅邸为核心的一族的宅邸的防御之坚固。

出土的中世木简

以上讲述的各种事实都如实地证明了这座主宅邸就是义景的宅邸。从《朝仓始末记》中记载的南阳寺位于朝仓宅邸东北方这一位置关系来看，也可以证明这一点。在如此强有力的证据之外，还发掘出了决定性的证据，那就是木简。

大家应该知道，在藤原宫、平城宫遗址中发现的大量记有文字的木片，即木简，在阐明日本古代史方面发挥了重要作用。此后各地的古代遗迹中陆续发现了同种类型的木简，在学界引起了轩然大波，以滨松市的伊场遗址为首的例子不在少数。而且近年来，也有报告发现了中世的同种木简。在中世史的领域，想必不久之后木简也会作为重要史料受到大家的关注。

昭和四十八年（1973）夏天，在将宅邸北侧的护城河底部抽干后进行发掘调查时，从底部堆积的淤泥中出土了许多件木制品。因为一直泡在水中，它们幸运地保存到了今天，其中有许多如将棋棋子一样的极其罕见的遗物，还有几件带有墨迹的木片。宅邸内部挖了排水沟渠，还建造了让水穿过土垒流入护城河的设施。正好有一条排水沟能够让水流入出土木制品的护城河，所以这些木片一定是从宅邸内部流出的。

在朝仓氏遗址调查研究所，我看到了这些木片的照片。其中很多都是标签的形状，有写明"永禄三年"，"永禄四年五月吉日，御羽田屋大人"，"御形 御番部屋 永禄十年正月十三日三番众"等年月日的，也有写明"御屋形大人"的。永禄三年（1560）至十年朝仓氏的"御屋形大人"，除了义景之外更无他人。如此一来，主宅邸是"义景宅邸"的事实就得到了充分的证明。

我在这些木片中还发现了一个标签，上面写的东西可以解读为"儿岛进呈给御殿大人"。回家后翻开《朝仓始末记》，发现此时位于九头龙川河口的越前重要港口三国凑，有一家名为儿岛九郎兵卫、儿岛太郎次郎等的豪族。所以，这个标签应该是贴在三国凑的儿岛氏进呈给义景的物品上。那这个物品到底是什么呢？可能是海产品，也可能是日本的特产，也可能是从海外进口的商品。三国凑是日本海海运中占有重要地位的港口，《朝仓始末记》中也记载有"唐船"直接停靠在该港口的事。

不仅是朝仓宅邸，一乘谷附近一带也出土了相当数量的遗物。茶具、花器、日用杂器等有使用痕迹的陶器类较多，也有很多陶瓷的碎片，以及许多中国产的青瓷和青花瓷。据说在明代的产品中，有时也会包括宋朝的青瓷。虽然也能看到朝鲜李朝的产品，但最多的还是日本产品，大部分是濑户烧，也有不少越前烧。这一事实告诉我们，一乘谷的文化不仅与日本国内，甚至与海外都有广泛联系。那个时候三国凑所起的作用也绝对不小。

城门之内的都市计划？

接下来，我们将目光转向围绕朝仓宅邸的武家宅邸。如果仔细观察城门之内的地图，就会发现在上城门和下城门附近有几条田埂，或与城门平行，或与其垂直。把方格纸放在现在的地形图上，就会发现城门之内由几个方形地块和两三个受山谷地形制约的不规则形状地块组成。当然，朝仓宅邸和一族的宅地也在这些地块上，这或许显示出当时有一种类似于城门之内整体城市规划的方案。正因为城门之内处于山谷的狭窄平地和山腰上被削平的平地之上，就算是乍一看没有明确的计划，家臣们的宅邸也绝不会完全没有秩序地陆续建造下去。

也是在昭和四十八年（1973）的秋天，朝仓氏遗址调查研究所发掘了位于朝仓宅邸西侧、河对岸的武家宅邸的一部分。可以判明，这里至少同时划分了三座相邻的宅邸，有一条南北走向的宽四米的道路，其西侧沿着道路建有土垒，并且每座宅邸都被一条东西走向的土垒分隔开来，且这些土垒都是同一时期的产物。

道路的东侧附设了一条路沟。土垒还是南北走向的。在其

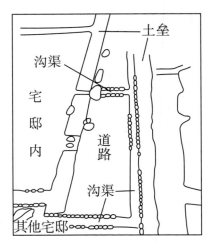

发掘出来的武家宅邸遗迹

东侧的宅邸内部也发现了建筑遗迹。在这附近的一侧有十几座大约三十米见方的正方形的宅邸，如果从三座宅邸的情况类推，它们可能也是在同一时期划分出来的。

我认为，这次发掘的成果对于思考整个一乘谷作为城下町的存在方式具有非常重要的意义。虽然时期还不能确定，但这在一定程度上证实了城门之内一个地块中的武家宅邸是在同一时期内有计划地建造的。至于时期，我衷心希望能够随着发掘工作的进展尽快查明，在这里我则通过一些文献史料做些推断。

永禄十一年（1568）五月，足利义昭访问朝仓宅邸时，沿途要道由朝仓氏的家臣守卫。《朝仓始末记》详细记载了这些人的名字和地点。从地名来看，有大桥大道、坂野小路、三轮小路、笠间小路等大道和小路，像鱼住前、诧美前、小林前这样家臣的宅邸好像都是面向大街的。另外，义昭的御所，和被认为是前一年被信长赶出美浓之后投靠朝仓氏的斋藤龙兴的宅邸，都在上城门的外侧，应该表明在那之前城门之内一带就已经被武家宅邸填满了。

虽然很难直接证明，但我认为，至少在五代义景时代，一乘谷城门之内一带存在具有一定统一规划的城下町或城郭。

大改造的时期

但即便如此，我并不认为从初代孝景将这片土地指定为根据地开始，就按照一贯的计划进行了土地划分，并对武士宅邸进行了配置。考虑到 371 页以后所述的孝景的实力，这应该是不可能的。更符合常理的说法反而是，一乘谷城下町是在初代孝景到五代义景之间的时期出现了重组和改造。

根据值得信赖的记录（『大乘院寺社雑事記』"文明十四年七月十二日"条），文明十四年（1482）一乘谷发生大火，不少人都被烧死，而朝仓宅邸和朝仓城却安然无恙。虽然这是改造一乘谷的一个机会，但这时是第一代孝景去世的第二年，第二代氏景继承之初，似乎还为时过早。下一次是在永正元年（1504），越前一带发生大地震，一乘谷一定也遭受了相当大的损失。此年正好是第三代贞景的时代，是将朝仓氏一族内部一分为二的大内乱景丰、元景之乱结束后的第二年。朝仓氏很可能以度过这场叛乱为契机，对家族成员和家臣团进行重组，并开始着手对一乘谷进行大改造。

　　一乘谷一带有很多寺院遗迹，安波贺的西山光照寺遗迹、西新町的盛源寺遗迹等，留下了很多优秀的石佛和石塔，但除此之外，在草丛树阴之下，甚至在路边，都有大量长满青苔的石佛和石塔，据说一乘谷一带合计达六千个。根据朝仓氏遗址研究所的调查，可能是家臣坟墓的五轮塔和石佛的数量急剧增加，其实是十六世纪三十年代的天文初年之后的事。那正好是四代孝景时代的后半段。据《朝仓始末记》记载，正是在孝景时代，一乘谷一带修建了许多寺庙。虽然其中大部分现在没有留存下任何遗迹，但建造如此多寺庙，可能就伴随着对一乘谷内部的大改造。一乘谷现存的庭园遗迹中，被认为是最古老的汤殿遗迹庭园，据推测就是同一时期建造的。这也是一项参考。

　　并且，建于孝景时代的英林寺、子春寺、天泽寺、性安寺，是以朝仓总领家的第一代孝景到第四代孝景的法名为寺名的寺院。可见，到了第四代孝景时代，朝仓氏对越前的支配终于稳定下来，他们终于有时间建造寺院来为近亲祖先祈祷冥福。同时，这一时期最有可能把一乘谷的城下町和城郭建造成今日遗迹所示的面貌。

为武士的"盆栽"化"修理根茎"

　　第四代孝景的时代也是之前那位宗滴的活跃时期。我一直在《敏景十七条》中看到宗滴的影子，怀疑它基本上是宗滴的作品。我认为，在一乘谷城门之内建造具有城市规划性质的武家宅邸的时期，很可能就是在这个时候。那么对于《敏景十七条》中最著名的一条，国内的城郭整顿令和家臣的城下町聚居令，该如何看待呢？

从368页之后我一直说，从朝仓氏在第一代孝景时代的实力来看，我不认为它们会出台这样的法令，且这种想法本身就不会产生。在知道了贯彻于一乘谷城门之内的整体计划的存在，并观察了同一时期营造的武家宅邸的建造之后，我现在觉得至少在四代孝景和宗滴的时代可以有这样的想法。

如果《敏景十七条》都是后世的伪作，那就另当别论，但如果把它看作宗滴集成、编辑之物，那我认为不把这一条特别视作后世的补充也可以。当然，也不必认为这一条的应用已经严格到像江户时代的一国一城令那样，需要破坏领地内的城郭。另外，有力家臣在各自的本领中建造自祖先以来之宅邸的状态也依然可以持续下去。可以这样去解释：这不过是以第一代孝景为象征的朝仓家的"家训"，只是一种心理准备而已。

如果这样理解的话，永原氏曾经在"敏景十七条"和一乘谷遗迹之间感受到的错位应该也会在一定程度上得到消除。而且，在战国大名的领导下，中世武士团特有的在地性逐渐开始被否定，即将为武士的"盆栽"化"修理根茎"，这应该也必须被视为事实。

之后的一乘谷

"町屋"的发现

自本书原版发行以来已经过了十五年,一乘谷朝仓氏遗址的发掘工作取得了长足的进步。在朝仓宅邸的对岸,以通称为平井地区的武家宅邸地区至其北方的赤渊、奥间野、吉野本地区为中心,战国的城下町从一乘谷川西岸一带的地下陆续复活。下城门、上城门也被发掘出来,显示出了过去的面貌。当地在下城门以北、足羽川附近的安波贺地区新建了一座宏伟的朝仓遗址资料馆,以易于理解的方式展示了许多出土的文物。因为正好处于从福井市中心进入一乘谷的入口,所以推荐大家在参观完当地之前或之后参观这个资料馆,了解广阔遗迹的全貌。

进入一乘谷后,发掘区域已经按照历史遗迹公园的方式进行了复原和整备,朝仓宅邸的对岸,平井地区的一角矗立着基于发掘成果修复的武家宅邸。参观这座拥有主屋、校仓[1]、仓库、厕所的宅邸时,我觉得被命令聚居到一乘谷的朝仓氏家臣团的身影更加触手可及了。

在这十五年的发掘成果中,最有趣的发现是在下城门、上城门包围的内部存在相当大面积的"町屋"。在朝仓宅邸对岸的平井地区,考古人员从巨大的武家宅邸并立的西侧地块和朝

1　由三角棱柱状的木材组合而成的建筑,在古代到中世主要被用作仓库。

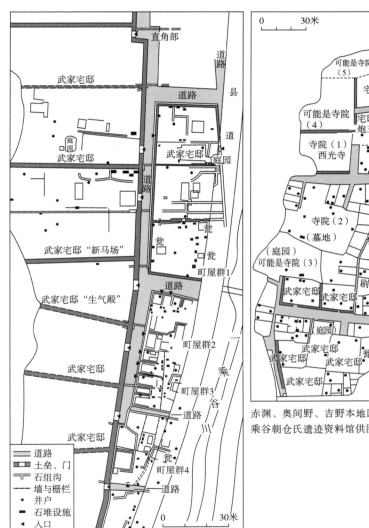

平井地区模式图。福井县立一乘谷朝仓氏遗迹资料
馆供图

赤渊、奥间野、吉野本地区模式图。福井县立一
乘谷朝仓氏遗迹资料馆供图

仓宅邸之间沿着一乘谷川的带状地区中，陆续发掘出了一些正面宽六米、深十一二米的小区域。宅地上几乎建满了房子，里面有厕所。这些小区域似乎是将当初的大武家宅地重新划分的。其中，五个区域的建筑物内各埋了几个越前烧的大瓮，被认为是用作蓝染的绀屋、酒类的酿造坊、油店等的房子。

并且在北方的赤渊、奥间野、吉野本地区，西侧山边排列着 saigou（可能是"西光"）寺等寺院，这些寺院和一乘谷川之间有一条南北纵贯一乘谷的道路。以这条道路为中心，考古人员发掘出了许多与平井地区几乎相同的小区划"町屋"。埋有几个大瓮的房子也有六家以上。在这个地区，根据遗物和遗迹，可以确认出铸造师、泥瓦匠、念珠师、桧物师[1]等的房子。这真是一个有趣的发现。

因为以前一乘谷的城门之内被武家宅邸（也包括中、下级武士）和寺庙等填满，商人町和工匠町被设想在上城门和下城门的外侧。然而，从朝仓宅邸的对岸到其北方区域，竟然发现了如此多的"町屋"，那么作为战国城下町的一乘谷的评价也必然要发生很大的变化。

剩下的诸多课题

包括这些问题在内，汇总之后的一乘谷的发掘成果，并结

1　以桧木、杉木为原料制造生活用具的工匠。

合近年来数量逐渐增加的其他地区战国城下町的发掘成果、文献、地籍图等进行研究并不属于本书处理的课题。听说已经有几个出版企划正在进行，所以在这里就不再赘述。

但是，即使在这些"町屋"地区确认到了工匠的家的存在，其面积也只占赤渊、奥间野、吉野本地区的小区划全体的一成左右。必须注意的是，没有证据表明其他小区划的所有住民都是工匠或商人。

这些建筑与大型武家宅邸相邻，且是将旧武家宅邸分割建成的；是独立性很强的一户样式；出土遗物的品质与大型武家宅邸几乎没有区别。把这些作为论据，则应该能认为这些小区划的住民很有可能是下级武士，特别是高级武士的随从。而且，即使是工匠，跟随高级武士也一点都不奇怪，所以关于这些"町屋"地区的定位还有很多课题等待解决。

不管怎么说，我认为一乘谷的发掘揭示了许多宝贵事实，也向我们提出了几个大课题，从这点来看也实在是一项意义深远的工作。衷心祈祷发掘工作今后能够顺利发展。

〔补注〕现在各个建筑的功能和称呼都被重新审视，"茶室"左手边的建筑被称为"会所（泉殿）"，左手边的"会所"被称为"主殿"，右手边的"主殿"被称为"常御殿"。另外，"茶室"也改成了"数寄屋"。

終章

失去的、发现的

《叫花子大将》的材料

在本书开篇登场的大佛次郎《叫花子大将》中的典型中世武士宇都宫镇房的形象，到底与实际的镇房形象一致到什么程度呢？在撰写本书的过程中，我多少感到有些不安，在执笔时寻找并阅读了有关镇房和丰前"国众"的史料，开始了与《叫花子大将》相对照的工作。

不知道是幸运还是不幸，关于这一事件的当时的古文书等优质史料几乎没有留下来，只有秀吉写给黑田氏的信（「御感書」94，『黑田家文書』1 ）中有一些提及。包括宇都宫氏在内的没落者一方的文书则完全找不到。由此我真实地感受到新支配者是如何彻底消灭旧支配者的痕迹的。

可谓胜利者之颂德碑的《黑田家谱》，是儒学者贝原益轩奉福冈藩主之命编纂的，一些地方原封不动地引用了秀吉的书信，似乎是做了相当多的调查之后再叙述的。虽然不能否认它有一种御用历史书的感觉，但从黑田氏的角度来看，事件的来龙去脉很完整。

另外，岩国藩吉川家的家臣香川氏所著的中世后期中国[1]地区史《阴德太平记》中，也以被派遣前去镇压国众一揆的吉川广家的动向为中心，描绘了宇都宫氏的没落。作为古老的丰臣秀吉传记之一，以包含独一无二之记录而闻名的《川角太阁记》，也站在第三者的立场叙述了这件事，内容相当有趣。

最后，无论如何都不能错过的是《城井斗净记》《城井军记》《城井谷合战》等书名。这些是从近世早期开始在城井谷一带流传的一系列军记。宇都宫家位于以修验山知名的求菩提山背面、可谓天险之地的城井川沿岸的峡谷之地。由此获取豪勇之名的宇都宫家族灭亡后，在旧臣之间流传的故事很快就在十七世纪中叶汇总，并产生了各种异本。这些军记有很多与前述著作相当不同的独特内容，但可以认为这是旧臣怨念之表现。

另外，城井谷所在的福冈县筑上郡筑城町（现筑上町）的历史遗迹调查委员会所编《筑城町的历史遗迹与传说：第一集宇都宫史》虽然是一本小册子，但是整理得非常好，读来有益。

一边展开两万五千分之一的地图进行对比一边阅读这些文献时，我被这些原始史料的独特魅力吸引。另一方面，作者将

1　日本的一个地区，位于本州岛西部，包括现在的冈山、广岛、山口、岛根、鸟取五县。

多样的传说进行巧妙的取舍，并将其融入故事之世界的技巧，如今仍让我感叹。但是，现在不是一味感叹的时候。这些史料之间有着相当大的差异，我们就以零碎的古文书的记载为轴，总结一下各个史料大致相同的地方吧。

宇都宫镇房的实际形象

（1）天正十五年（1587）七月，黑田孝高被秀吉授予丰前国大部分的六个郡，并进入这些地区。宇都宫镇房拒绝并归还赐给他的其他国（似乎不是四国的今治，而是在筑后国内）的所领，因此失去了领地，一度搬离了城井谷，移居到与黑田氏同时获得丰前国二郡的大名毛利吉成领地内的旧领地三个村中。

（2）同年十月初，他响应"国众"一揆，以武力重返城井谷，很快便击溃了黑田长政等人的进攻军队。对此黑田一方建造"付城"与其对峙，在此期间将大部分其他"国众"逐个击破。

（3）同年十一月中旬，得到吉川广家援军的黑田军再次包围并攻击城井谷。年末，在广家的斡旋下，镇房终于投降，交出了人质。

（4）此后，黑田氏计划在中津城谋杀镇房，灭亡宇都宫一族。在宇都宫氏有关人士的传说中，这一天通常在天正十七年（1589）四月，但在《黑田家谱》和其他史料中，这一天通常是天正十六年四月。从各方面来看，我认为后者是正确的。

虽然不太清楚镇房本人的人格和能力，但他似乎是一位武艺高超的了不起武士。只是如《叫花子大将》中所述，在守城约一年后终于投降，又有一年都不去中津城打声招呼，似乎有点对不上。镇房最多坚持了三个月左右，被谋杀也是四个月后的事情。

另外，他也暂时离开了先祖传下来的所领城井谷，移居到了毛利吉成给予的部分旧领地。该家族历经十八代，死守着这个城井谷，在镰仓时代后期还与北条氏联结在一起，担任肥后等国的守护代理，并在南北朝时期成为丰前守护。虽然他家似乎不像我们之前看到的小早川氏那样与将军有直接联系，但并不是单单作为城井谷一个地方的小领主生活了数百年的家族。诸如"他们作为领主定居在山区小盆地四百年，是作为与土地难以分离的支配者持续统治的中世武士团"的印象，应该还是需要修正的。

剩下的问题点

最后有一个问题我想提一下。我在开篇和"敌讨及其周边"一章中强调的中世武士团作为与土地紧密结合的地方支配者，其"家"支配权具有独立性这一看法是否过于片面了？与此相矛盾的事实不是有好几个吗？

回想起来，本书的叙述本身就出现了这样的问题。第一个是研究小早川氏的过程中出现的问题。首先是镰仓末期竹原家发生继承之争的诉讼时，幕府拒绝了双方的主张，竹原家的全部所领都被没收了（请参照 306 页之后内容）。虽说最终命令被撤回，但这可以说是镰仓末期北条氏得宗家的专制支配开始走向否定"家"支配权的一个例子。

接下来是室町中期在小早川本宗家发生的大规模继承之争。此时从结论上看，父亲的"悔返"得到了承认，乍一看似乎是"家"支配权的优势得到确认，但实质上绝非如此。如前所说，作为结果出现的"总领职"是由将军直接选定的，也即以将军权力为背景来对家族进行支配。曾经北条氏得宗专制所追求的方向，在小早川氏这里以这种形式实现了。

名为小早川氏的武士团在镰仓时代是在京御家人，在室町时代是奉公众，与将军和幕府紧密地联系在一起。从这一点来看，它们并非最一般的中世武士团。但即便如此，镰仓末期、南北朝以后的中世后期社会，也并非仅以武士团的"家"支配权这种理论就可以解释的单纯世界。

新的妻敌讨

第二个是从我在"敌讨及其周边"等章节中，作为"家"支配权之独立性外延的例子而举出的敌讨、妻敌讨，以及其外围诸种现象中，也能发现多少类似的问题。正如前举实例所论，至少在镰仓时代之前，敌讨作为一种社会性习惯显然是受到认可的。但另一方面，以石井良助为代表的法制史家主张中世时敌讨被禁止，其实也是有根据的。

以下是室町中期、文明十一年（1479）发生在京都的一次妻敌讨的事件（『晴富宿禰記』"文明十一年五月二十三日"条以下）。五条乌丸的梅酒屋老板小原某某在街头杀害了与妻子私通的奸夫、大名赤松氏的被官甘草（神泽）某某。主人赤松立即下令讨伐，但由于小原的儿子是斯波氏家臣板仓氏的被官，板仓氏协助了小原，甚至板仓氏的亲戚山名氏的家臣垣屋、太田垣两氏也共同保卫了小原的家。于是，事情发展成了可能引起幕府重臣赤松氏和山名氏正面冲突的重大事件。幕府出面为双方进行调解，通过"抵消的逻辑"说服了双方，即如果小原一方杀死妻子，双方就算是受到同等的惩罚了，由此事情终于告一段落。

当时，赤松一方主张"无论是父母的敌人，还是妻子的敌人，只要杀害对方就是死罪，这是'近代之御法'"，提出了抗议。石井的论据实际上就是赤松氏的主张。在目前留下来的室町幕府法中并没有发现有这样的法律，大概赤松氏是将"先例"表述为"御法"了。但在此时，无论是敌讨，还是在家的外部实行的妻敌讨都将成为惩罚的对象，已经是"近代之御法"了。

关于妻敌讨，幕府对这一事件的处理方式产生了很大的影响。在此之前，只杀害奸夫就能解决问题，但从那时起就要求必须杀死通奸男女双方了。战国大名的立法中，这样的规定也越来越显眼。根据前面提到的胜俣镇夫的研究，这是妻敌讨历史上的一个重大转折点，意味着新法理的形成。这种可以在敌讨、妻敌讨的历史上得到确认的变化，就像小早川氏的情况一样，应该可以视作与上层权力对"家"支配权的限制、对其内部的干预相类似的事实。

喧哗两成败法与敌讨

这里要考虑的是喧哗两成败法。对打架、使用暴力的人，不论是非，一律处以同等刑罚（原则上是死刑）的这一法律，在武田信玄家法以后的战国大名法中出现，之后得到了长足的发展，在江户时代被广泛接受为"天下之御法度"。无论什么理由都禁止使用武力的这项法律，无须赘言，与承认敌讨、妻敌讨等私力救济习惯的态度大相径庭。这也与70页以后作为敌讨相关现象提出的中世诸多现象处在完全相反的立场。

那么，一定有人会问，将这种喧哗两成败法作为"天下之御法度"贯彻下去的近世社会，按照普遍说法，又是日本历史上唯一公认敌讨的时代，这到底是怎么回事呢？这不是与前面的观点完全相反的事实吗？然而在我看来，只有近世江户时代才是唯一公认敌讨的时代这一认定本身就已经值得怀疑了。另外，在江户时代得到公认的敌讨性质，应该也有必要重新思考。

与曾我兄弟的敌讨齐名、日本三大敌讨之一，是荒木又右卫门在伊贺上野键屋十字路的敌讨。长谷川伸以这一事件为题材的小说《荒木又右卫门》，并没有将此认为是单纯的敌讨。他认为，对于杀死了冈山藩主池田忠雄的宠童渡边源太夫的河合又五郎，源太夫的哥哥渡边数马、姐夫荒木又右卫门是在遵守了藩主忠雄"把又五郎的头砍下来在我墓前供奉"的遗言之后才动身的。换言之，这是一种"上意讨"。这起案件并非单纯的敌讨，而是在上意讨的形式上对杀人犯强制执行的刑罚。

长谷川在敌讨的研究上也付出了很大努力，发表了名著《日本敌讨的异相》，其解释确实很好地捕捉到了事件的特点。然而，这一指摘应该也与作为近世公认制度的敌讨之本质有联系。

三大敌讨的最后一个是赤穗四十七士的讨伐。这自然也是以家臣执行已故主君意志的形式进行的。在三大敌讨中，中世的曾我敌讨与近世以后的两场敌讨性质非常不同。

妻敌讨也有相似的一面，丈夫逐渐有义务亲手将妻子连同奸夫一并杀死。如此一来，到了近世得以公认的敌讨也好妻敌讨也罢，都丧失了过去作为私力救济的性质，变成了一种让当事人代行本应由公权力执行之刑罚，或者当事人接受自上而下强加之权利的制度。这样想，喧哗两成败法与敌讨获得官方认可这两件事就不矛盾了。两者反而是相对应的事实，很好地表现了日本近世社会中的武士团的性质。

如果要大致区分日本的中世和近世，并比较它们的特色，我认为中世社会的基本特色是承认"家"支配权的独立性，或者说必须承认中世社会是以小国家性为前提的社会。其中坚人物正是作为扎根于土地之地方支配者的中世武士团。这种看法大体来说是正确的。

从中世到近世

正如本章至此所述，另一个无法忽视的事实是，从镰仓末期到南北朝、室町时代，否认"家"支配权的独立性的倾向相当明显。我称战国大名朝仓氏的家法中的那一条为武士"盆栽"化的准备，也是因为这一点。换言之，在中世社会之中，就萌生了将其否定的要素，为即将到来的近世社会做好了准备。

例如说到喧哗两成败法，我们思考一下其起源及成为"天下之御法度"的过程吧。战国时代的两成败法大致可以分为两个系统。

一种属于室町幕府自南北朝时期以来为禁止私斗而多次立法的《故战防战之法》。在这项立法中，无论理由如何，先发起攻击的一方都会被没收领地、流放乃至被判处死刑。防御方也会受到处罚，只是程度稍轻。最终攻击方和防御方无论理由如何，都会受到严厉的惩罚。这正是向喧哗两成败法靠近了一步。但是，喧哗两成败法并不只是这种自上而下的立法的简单延伸。

如前所述，自《今昔物语集》以来，武士之间争端的解决方法，就是当事人之间的决斗。大概是这种自古以来植根于武士社会的习惯，即自下而上的法，与自上而下的幕府法相接合，喧哗两成败法才得以成立。所以它不仅仅是由战国大名的专制权力自上而下地强加的。不如说，掌握权力的一方采纳、夺取自南北朝以来在中世社会内部成长起来的自下而上的部分要求，将其纳入自上而下的法律，这才创造出了喧哗两成败法。

否定"家"支配权的意义

在此我们再次思考一下 321 页之后提到的室町中期将军足利义教对小早川氏本宗家继承之争的态度。义教在处理这场纷争时标榜的是"承认族人、家臣等跟随的一方正当"的原则，就这一事件接受将军咨询的细川、畠山、山名等重臣也都表示完全赞同。佐藤进一在《南北朝的动乱》中已经敏锐地指出，四代将军义持在没有确定继承人的情况下临终时，对要求立遗嘱的重臣们说："即使我立了遗嘱，你们不遵守，就没有任何用。……就由你们协商，做出一个合适的决定吧。"说完这些就去世了。这正是相同的逻辑。也就是说，无论是将军家，还是守护以下的武士家，继承人并非单凭主人的意志决定。可以认为，掌握实质决定权之人，对于将军来说是重臣，对于武士家来说则是其族人、家臣。

支撑将军打破武士团的"家"支配权的独立性、介入其内部的逻辑是上述内容时，将军权力的强化就并非单纯代表无条件专制统治的成立。相反，它只有在获得被统治者支持之后才有可能实现。借用佐藤的话来说，"权力向被支配者集团内部的渗透与被支配者集团的政治参与是相关的。或者更应该说，前者在后者之后才得以达成"。我愿意认可这个观点在某种意义上是永恒的真理。

当中世武士团的"家"支配权减弱，并最终解体时，曾经被包含在其内部的个人和小集团就作为独立的单位出现。立于其上的权力支配这些个人和小集团，也被这些被支配者的动向所左右。佐藤所说的被统治者的"政治参与"，也意味着他们直接被编入了支配的网眼之中。支配者与被支配者处于相互规定的关系之中。其范围的扩张、网眼底边的增大，确实意味着历史的进步、前进。从中世到近世的发展，显然包含着这样的意义。

但在这块奖牌的背后，还存在另一面。将军足利义教介入武士团内部时虽然说"遵循族人、家臣的意志"，但将军成功将自己的意志强加于人的例子也不在少数。其中之一就是在前述小早川氏的继承之争前后发生的骏河守护今川氏的例子。

当时今川范忠被父亲剥夺了嫡子的地位，出家进京后侍奉将军的近臣。他在将军义教的支持下排挤掉了两个弟弟，最终成为骏河守护。此时，强行推举范忠的义教主张说，他确认过"国人、族人、家臣的意愿"，大家回答说"取决于将军的上意"，所以就根据"上意"做出了决定（『满济准后日记』"永享五年六月一日"条）。

这一主张很好地表明，对"家"支配权的否定，也是对制约将军权力之势力的否定，意味着对不从属于将军的独立性的否定。从中世向近世的进步中，失去的东西也是巨大的。《叫花子大将》中的宇都宫镇房、后藤又兵卫之所以至今仍给读者留下深刻印象，大概是因为现代的我们的心里还潜藏着这种对"失去之物""独立性"的要求吧。作者大佛次郎在太平洋战争末期"放言"，"因为都是太坏的军人，所以用这部小说来试着写写好军人"，之后才投入写作。就像这部作品从这种激烈的抵抗精神中得以诞生一样，我相信今后中世武士团好的一面也会被反复地重新发现，给生活在现代的我们带来某些启发。

写于文库化之际

　　本书于我来说回忆良多，是颇为怀念的著作。此前我在中央公论社版《日本的历史》中执笔《镰仓幕府》一卷，也算拥有了在"日本的历史"系列中负责撰写某一时代历史的经验。但是选取一个代表时代的社会集团——中世武士团为对象，来描画出其特色，于我来说还是从未有过的尝试。正因为如此，我记得从构思到执笔完成的那段时间都相当辛苦。

　　总之，本书的特色是强调与"土地"紧密结合的"家"之主人这一侧面，并将其视作中世武士团的特征；在方法上，尽可能活用之前没怎么被用过的留存至今的地名、节日仪式、传说，以及板碑和考古学上的发掘成果等各种资料，去接近中世武士团的实际形态等。为此，我前往之前从未到访过的地区调查，重新去了之前去过的地方实地考察。这份工作十分忙碌，但也很开心。编辑部的天野博之先生常常与我同行，给了我很多照顾。

　　至于力有未逮的部分，我选择仰仗专家的帮助。在板碑方面是千千和到氏、在一乘谷和朝仓氏方面是水藤真氏、沼田庄的高山城方面是荒野泰典氏。他们几位都为我的撰写工作提供了援助。看着诸位现在都在学界一线大显身手，我不禁想起当时给诸位添了很大麻烦，心里唯有感谢之情。

　　当时的学界觉得本书的主题和方法很与众不同。正因如此，我很开心地看到有很多读者愿意阅读本书，在那之后本书也重版了几次。特别是有很多读者拿着本书去造访沼田庄，还有读者阅读本书之后第一次知道"历史还可以这么去写啊"而不禁感叹。每当听说这些，我都会感到作为本书著者的幸运。

　　于我有着如此深厚回忆的本书，这回又要以文库本的形式再版，真是感激不尽。再版之际，我做了一些诸如删去冗长部分的修改，但有关当地状况的叙述还是尽可能地保留了当时的文字。毕竟那些对我来说是难以忘怀、令人怀念的风景，作为当时的记录，也有一定的意义。

　　只有一乘谷相关章节有所不同，因为我觉得有必要在后面补写一些书出版之后的发掘成果，就在"被埋没的战国城下町"的章末部分附上了"之后的一乘谷"这一小节。

1990 年初春

石井进

参考文献

这里精选了与正文相关的主要参考和引用文献。

■ 综合性著作

安田元久『武士団』(塙選書)塙書房，1964 年

　　本书收录了武士团形成过程的总论，和研究纪伊国武士团汤浅氏一族
　　的优秀论文。著者除了本书以外还有很多关于武士团的著作。

豊田武『中世の武士団』(「豊田武著作集」6)吉川弘文館，1982 年

　　本书收录了著者以『武士団と村落』『苗字の歴史』等著作为代表的
　　一系列与总领制相关的论文。

羽下徳彦『惣領制』(日本歴史新書)至文堂，1966 年

　　这本优秀著作在整理了以往的研究成果的基础上，以和田氏一族为例，
　　厘清了武士具体是如何结成一个家族的。

黒田俊雄編『講座　日本文化史』3　三一書房，1962 年

　　上横手雅敬氏执笔的第二章「中世の倫理と法」特别描写了武士团内
　　部的家族关系和主从关系，读来有益。

永原慶二『日本の中世社会』岩波書店，1968 年

　　本书对武士团的看待方式富有启发性。

藤直幹『日本の武士道』創元社，1956 年

相良亨『武士道』（塙新書）塙書房，1968 年（講談社学術文庫再版，
講談社，2010 年）

　　前者是历史学者解说武士道的书籍，后者则是伦理学者对此的研究。

高橋富雄『武士道の歴史』全三巻　新人物往来社，1986 年

　　本书十分独特，引用了从大伴家持到乃木希典的诸多实例讲述著者的
　　武士道观念。

上横手雅敬『日本中世政治史研究』塙書房，1970 年

　　本书以武士团成立到承久之乱这段时间为研究对象，是著者值得注目
　　的诸多论文的再编和集成。

河合正治『中世武家社会の研究』吉川弘文館，1973 年

　　本书站在文化社会史这个独特立场，广泛综合地看待中世武士团的历
　　史。是综观其成立到十七世纪为止这段历史的力作。有关小早川氏的
　　重要论文也收录在其中。上述两部著作内容水准很高，且意外地好读。

石母田正『中世的世界の形成』（岩波文庫）岩波書店，1985 年（初版
为伊藤書店，1946 年）

石母田正『古代末期政治史序説』上・下　未来社，1956 年

　　上述两部都是给战后中世史学以深远影响的名著，确立了对武士团的
　　看法这一点也很重要。

石母田正・佐藤進一等編『中世政治社会思想』上（「日本思想大系」
21）岩波書店，1972 年

　　本书精选了有代表性的武家法以及武士家训、置文等文书，并加以详
　　细的注解和解题。其中也收录了与小早川氏有关的资料。石母田氏撰
　　写的长文解说也是力作。

石井進『鎌倉武士の実像—合戦と暮しのおきて』（平凡社選書）平凡社，

1987 年

　　本书是著者将至今为止发表的有关论文加以若干增补而成的作品。

■ 曽我物语、敌讨

角川源義編『妙本寺本　曽我物語』角川書店，1969 年

　　本书是真字本曽我物语的翻刻和索引，另外附有编者的长文解说，读
　　来非常有益。

青木晃等編・福田晃解説『真名本　曽我物語』1・2（東洋文庫）平
凡社，1987—1988 年

　　本书编者合力将真字本译成汉字假名混写文体，并加以详细的注解，
　　是接触真字本的极好文本。

千葉徳爾『狩猟伝承研究』『続狩猟伝承研究』『狩猟伝承研究　後篇』『狩
猟伝承研究　総括編』風間書房，1969、1971、1977、1986 年

　　上述书籍是从民俗学视角研究日本狩猎史的大部头著作，有许多地方
　　值得参考。

石井良助『江戸の町奉行　その他』（江戸時代漫筆　第一）自治日報
社出版局，1971 年（原本为井上書房，1959 年）

　　本书收录了敌讨和妻敌讨的有关论述。

勝俣鎮夫『戦国法成立史論』東京大学出版会，1979 年

　　本书收录了著者研究妻敌讨的优秀论文。

■ 板碑

川勝政太郎『石造美術の旅』朝日新聞社，1973 年

　　本书并不局限于板碑，是广义上的石刻美术的入门书，也是一本优秀
　　的各地名品指南书。

服部清道『板碑概説』角川書店，1972 年（复刊。原版为 1933 年，鳳鳴書院）

　　本书是板碑研究史上最初的综合性研究。它是最大的大部头著作，现在也没有丧失价值。

千々和實『板碑源流考—民衆仏教成立史の研究』吉川弘文館，1987 年

千々和到『板碑とその時代—てぢかな文化財・てぢかな中世』（平凡社選書）平凡社，1988 年

　　前者是为板碑研究奉献一生的著者的代表性论文合集。后者是通过板碑来描画中世民众历史的野心之作。

■　小早川氏

宮本常一『瀬戸内海の研究』（1）未來社，1965 年

　　本书收录了著者研究小早川氏向大海、岛屿扩张势力的一章。有关小早川氏的优秀研究，除了前文列出的河合正治的『中世武家社会の研究』中的论文以外还有很多，但因为没有集结成书，或是刊行太过久远而很难获取。

田端泰子『中世村落の構造と領主制』法政大学出版局，1986 年

　　本书包含了题为「小早川氏領主制の構造」的一章。

『三原市史』第一巻（通史編 1）三原市役所，1977 年

　　本书中有关小早川氏的篇幅较多，叙述十分优秀。另外，这本市史的资料篇也很有用处。

■　庄园的实地调查及研究

古島敏雄・和歌森太郎・木村礎編『中世郷土史研究法』（郷土史研究

講座 3 ）朝倉書店，1970 年

網野善彦等編『 講座　日本荘園史 1　荘園入門 』吉川弘文館，1989
年

　上述两本书都把实地调查和研究方法讲得十分明白。

古島敏雄『 土地に刻まれた歴史 』(岩波新書) 岩波書店，1967 年

　本书通过现在耕地的景观去探究过去开发的历史，十分独特，其中有
　一部分以中世庄园为研究对象。

宮本常一『 中世社会の残存 』未来社，1972 年

　民俗学者做的这类研究能给我们很多启示。其中宫本氏的很多著作读
　来都很有益处，姑且先把他的代表作列在这里。

香月洋一郎『 景観のなかの暮らし―生産領域の民俗 』未来社，1983
年

香月洋一郎『 空からのフォークロア 』(ちくまライブラリー) 筑摩書
房，1989 年

　上述两本是民俗学者做的研究，对著者经过长年调查而得出的细致结
　论进行了易懂的说明。

小穴喜一『 土と水から歴史を探る 』信毎書籍出版センター，1987 年

　本书对农业用水系统和水田的耕地表土等做了细致调查，探明了文书
　史料中没有提及的有关于农村和水田的真实历史，是极为优秀的研究。

石井進編著『 都市と景観の読み方 』(「週刊朝日百科日本の歴史」歴史
の読み方 2) 朝日新聞社，1988 年

石井進編著『 中世に村を歩く 』(「週刊朝日百科日本の歴史」中世 1 ―
2) 朝日新聞社，1986 年

　前者对小穴氏的研究方法做了解说，后者对竹本丰重氏关于备中国新
　见庄的研究成果给予介绍。我想借此来引导读者进入这些领域。

木村礎『 村の語る日本の歴史 』全三巻　そしえて，1983 年

井上鋭夫『 山の民・川の民―日本中世の生活と信仰 』(平凡社選書)

平凡社，1981 年

神崎宣武『吉備高原の神と人—村里の祭礼風土記』（中公新書）中央公論社，1983 年

藤井昭『宮座と名の研究』雄山閣出版，1987 年

上列几本在各个地域使用不同方法，是令人印象深刻的著作。

稲垣泰彦編『荘園の世界』東京大学出版会，1973 年

本书活用实地调查的成果，积极地尝试再现十所庄园的历史。

永原慶二『日本中世社会構造の研究』岩波書店，1973 年

本书是著者的论文集。以调查入来院为基础的「中世村落の構造と領主制」等论文中提出的重视谷田、迫田的见解十分重要。

『豊後国田染荘の調査』Ⅰ・Ⅱ 大分県立宇佐風土記の丘歴史民俗資料館，1986—1987 年

『大分県立宇佐風土記の丘歴史民俗資料館 研究紀要』四、五号（特集 荘園村落遺跡の調査と保存 1、2）1987—1988 年

各地都有公立机关主导的跨学科研究调查，这里列出一些代表性成果。

小山靖憲・佐藤和彦編『絵図にみる荘園の世界』東京大学出版会，1987 年

庄园绘图研究近年来很盛行，本书作为了解利用这种方法所得研究成果的入门书是个不错的选择。

■ 朝倉氏和一乗谷

朝倉氏遺跡資料館『一乗谷』 朝倉氏遺跡資料館，1981 年

朝倉氏遺跡資料館『一乗谷と中世都市—まちなみとくらしの復元』朝倉氏遺跡資料館，1986 年

川原純之『一乗谷遺跡』（「日本の美術 214」至文堂，1984 年

将相对晚近的发掘成果辅以诸多照片进行了易懂的归纳。

笠原一男・井上鋭夫校注『蓮如・一向一揆』(「日本思想大系」17 岩波書店，1972 年

　本书收录了「朝倉始末記」的翻刻以及相当详细的注解。

松原信之『朝倉氏と戦国村一乗谷』福井県郷土誌懇談会，1978 年

　和著者的『越前朝倉氏と心月寺』(心月寺，1972 年)一样都是十分有条理的解说书籍。

水藤真『朝倉義景』(人物叢書)吉川弘文館，1981 年

　本书中义景以前的朝仓氏、一乗谷遗迹的复原占了很多篇幅。著者的『戦国豆本(第一号)一乗谷ひとり歩き』(朝倉氏遺跡保存協会民芸品クラブ，1976 年)也是必读的名著。

■ 宇都宮氏

城井不二夫『城井谷嵐』 1978 年

則松弘明『鎮西宇都宮氏の歴史』 1985 年

　虽然都是私人出版物，但都是和宇都宫氏或城井谷相关之人撰写的历史，颇有意思，读来有益。